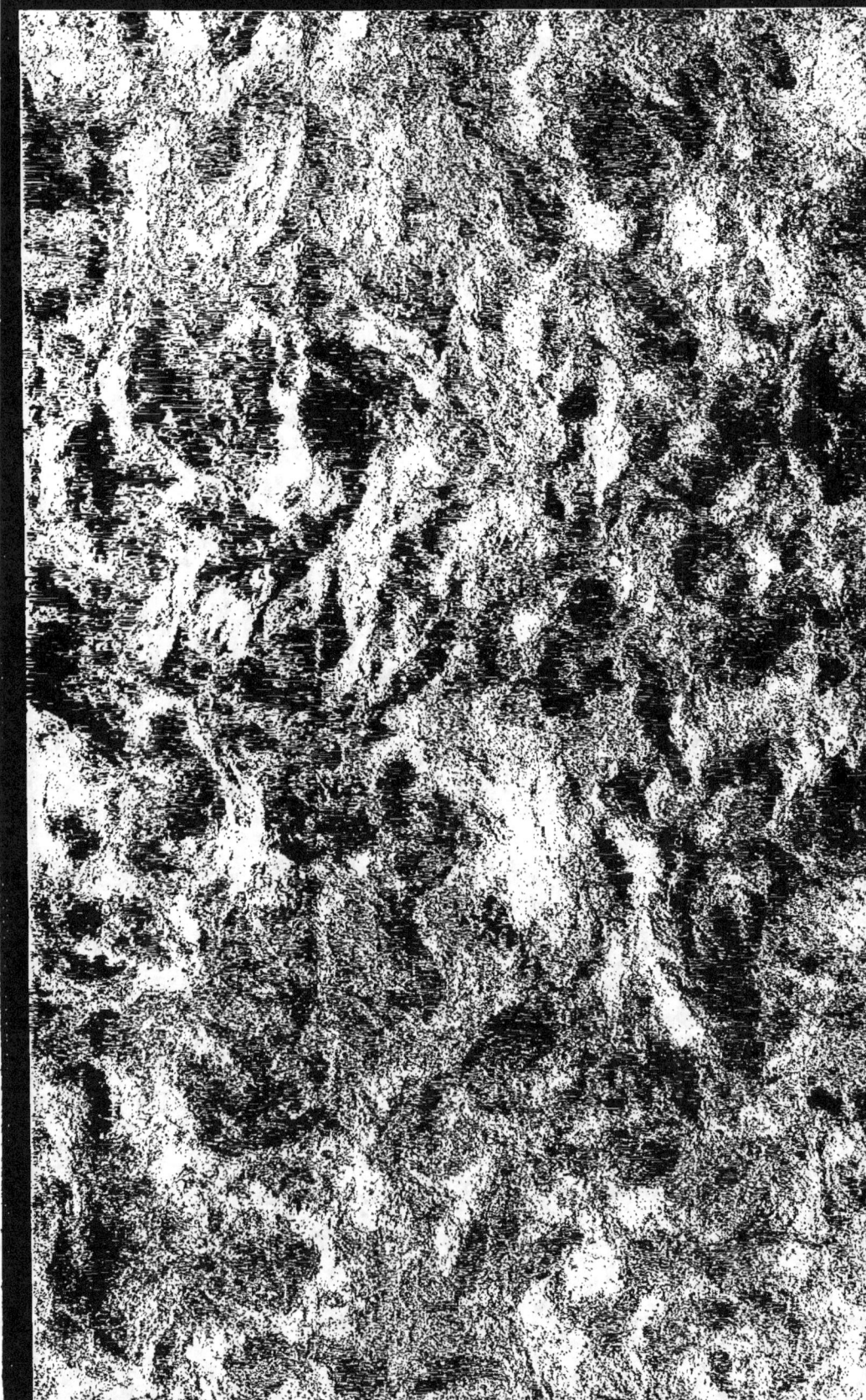

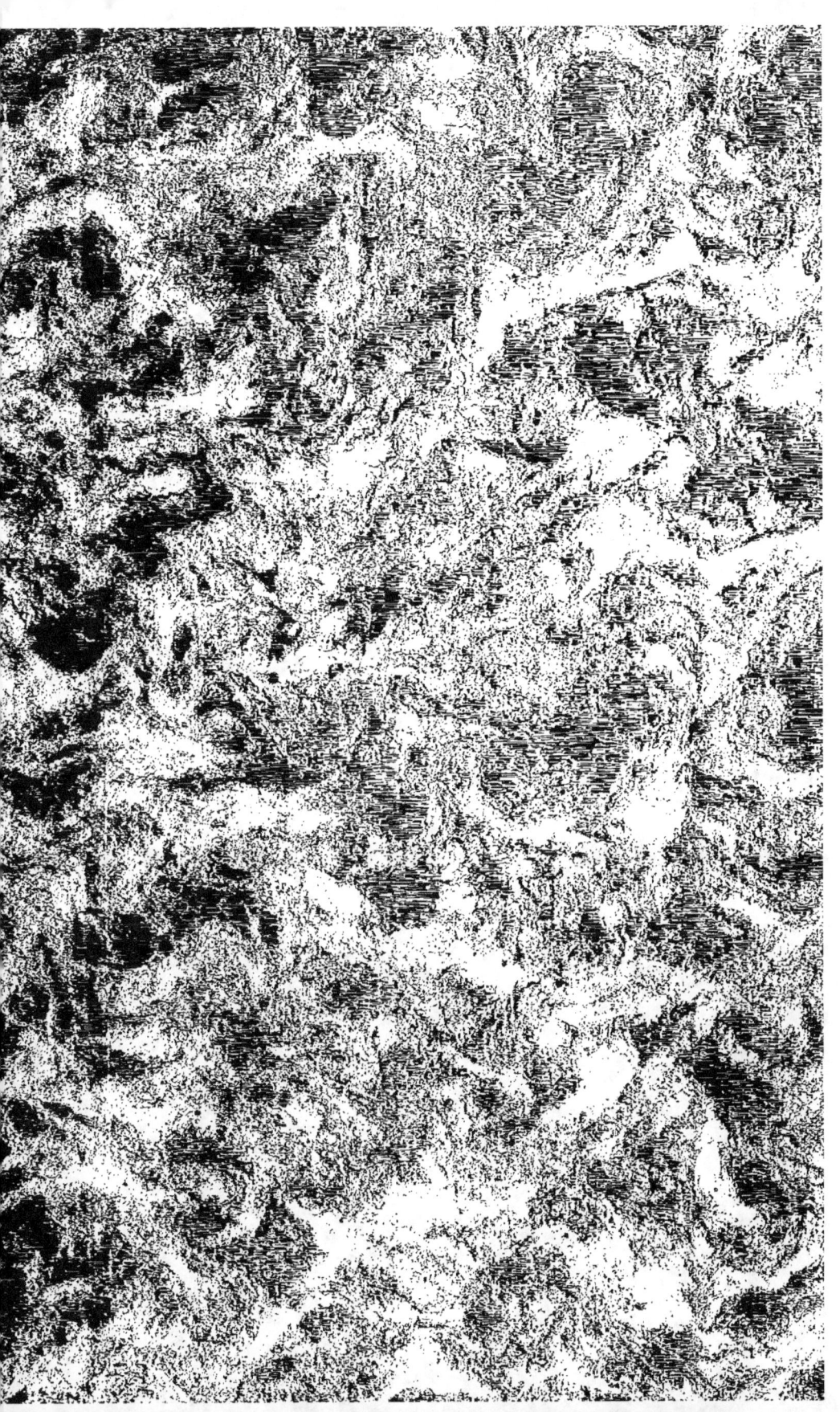

FERRET GUIONIE 1985

LA

VENDÉE

POËME

EN DOUZE CHANTS;

PAR

B. MOREAU,
Avocat à Napoléon,
Auteur des *Géorgiques Vendéennes.*

Dédié à Fr. GRILLE.

PARIS, | NANTES,
AUGUSTE AUBRY, | And GUÉRAUD ET Cie,
Libraire-Éditeur, | Imprimeurs-Libraires,
RUE DAUPHINE, 16. | QUAI CASSARD, 5.

1861.

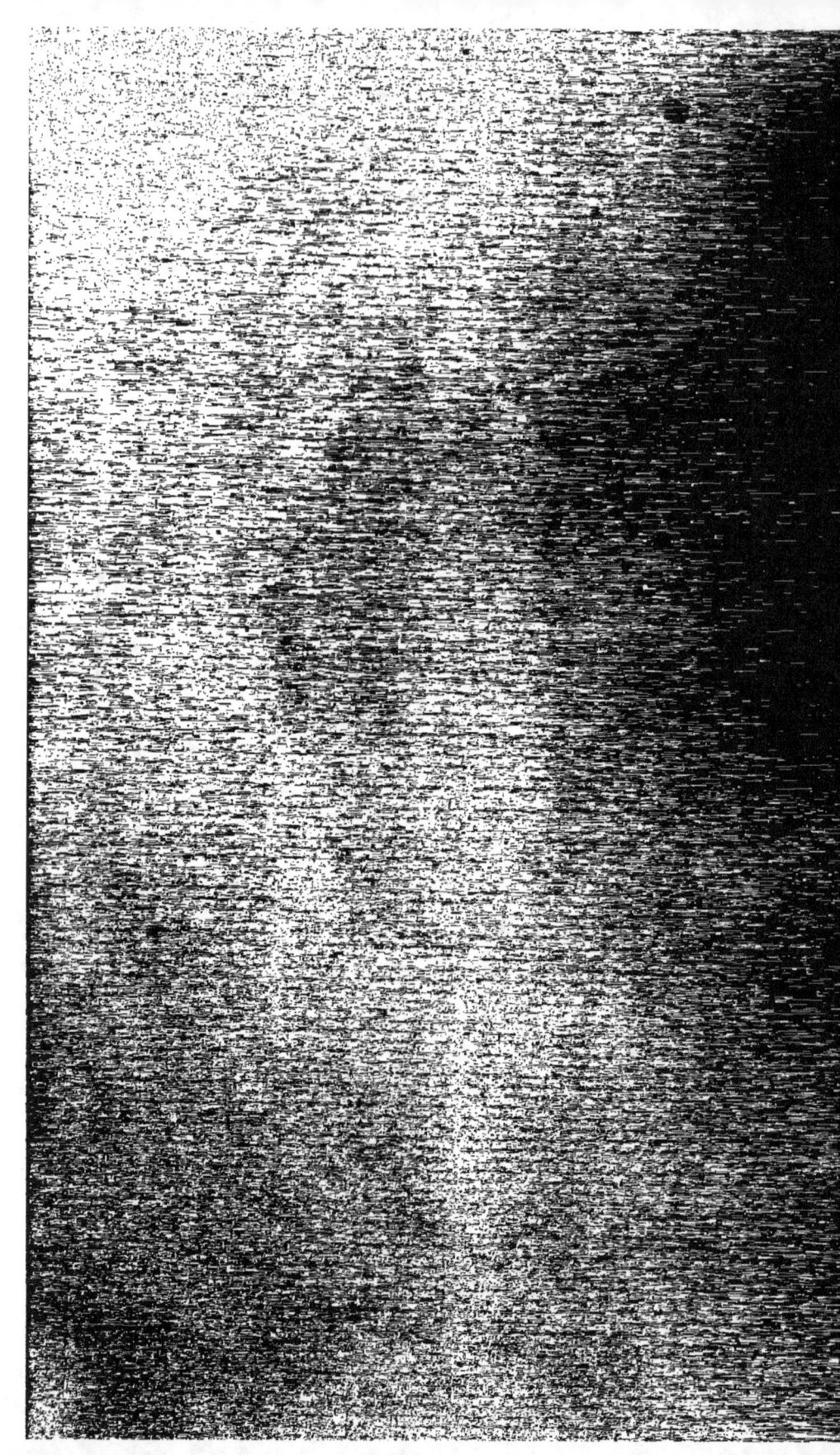

LA VENDÉE

POËME.

C.

LA VENDÉE

POËME

EN DOUZE CHANTS;

PAR

B. MOREAU,
Avocat à Napoléon,
AUTEUR DES *Géorgiques Vendéennes*.

Dédié à Fr. GRILLE.

PARIS,	NANTES,
AUGUSTE AUBRY,	And GUÉRAUD ET Cie,
Libraire-Éditeur,	Imprimeurs-Libraires,
RUE DAUPHINE, 16.	QUAI CASSARD, 5.

1861.

AVERTISSEMETN DE L'AUTEUR.

A Fr. GRILLE.

J'ai dédié ce poëme à Fr. Grille. C'était justice. C'est lui qui m'en a donné l'idée par son excellent ouvrage sur notre grande guerre vendéenne, où ma Muse a largement puisé. C'est lui qui, dans cette carrière épique si épineuse, l'a soutenue et guidée, tant qu'il a vécu, tant qu'il lui est resté un souffle de vie!

Hélas! il n'a pu lire lui-même que le premier et le deuxième chant! le troisième lui a été présenté, au moment suprême où sa belle âme, se dégageant des liens terrestres, allait nous quitter. Il n'a pas voulu partir sans le connaître. Il se l'est fait lire, à son lit de mort, par sa chère compagne, qui, après cette lecture, a écrit pour moi, sous sa dictée, une dernière et bien précieuse lettre. Et il est parti!...

Quelle perte pour les siens, pour ses amis, pour la cause

de la liberté et de l'humanité, et en particulier pour mon cœur et pour ma Muse! Mais les bons ne meurent pas : leurs âmes viennent des sphères célestes communiquer avec les vivants qu'elles ont aimés ; et chaque fois que ma Muse m'inspirait, il me semblait que ce bon génie, en tiers avec nous deux, nous donnait toujours d'utiles conseils et d'affectueux encouragements.

Grâce à son assistance, nous avons pu arriver au terme de notre longue et laborieuse course. Puisse l'âme de cet ami si cher et si regretté, être sensible, du haut des cieux, à l'hommage que lui fait ma Muse, en déposant ce faible ouvrage aux mains de celle qui fut ici-bas la digne moitié de lui-même!

ARGUMENT OU SUJET DU POËME.

Le sujet de ce poëme est la lutte de la Vendée et de la République en 93, dite la *Grande Guerre,* pour la distinguer de celles qui l'ont précédée ou suivie. — L'action commence à l'arrivée des Mayençais, qui donnèrent à cette guerre une face nouvelle, et furent, avec l'armée de Luçon, commandée par Marceau, les vainqueurs de la Vendée. — Les faits antérieurs sont racontés, dans un récit fictif, aux Mayençais, afin de leur faire connaître le pays qu'ils ont à soumettre et l'ennemi qu'ils viennent combattre. — Les deux rives de la Loire sont, dans le poëme, comme dans l'histoire, le théâtre de cette lutte célèbre, qui se termine à la bataille de Savenay. — La première moitié de l'action (les six premiers chants) se passe sur la rive gauche, l'autre moitié (les six derniers chants) sur la rive droite de ce fleuve, que l'on pourrait appeler le Xanthe Vendéen, s'il avait son Homère !

CHANT PREMIER.

LA VENDÉE

POËME.

CHANT PREMIER.

O compagne de l'homme, et sa vertu suprême,
Fille de l'Éternel, si tu n'es Dieu lui-même,
Vierge, effroi des tyrans, céleste LIBERTÉ,
Qui donnes à nos cœurs une mâle fierté,
Salut, toi l'ornement et la force de l'âme,
Reine de l'univers, que réchauffe ta flamme!
Tandis que ta lumière, éclairant la raison,
De la pensée humaine agrandit l'horizon,
Tu parles à l'instinct de la brute sauvage,
Qui dérobe sa tête au joug de l'esclavage,
Et rugit de plaisir, errante au fond des bois:
Pas un être animé qui n'entende ta voix!
Tu parais? à ton souffle on sent la vie éclore,
De verdure et de fleurs la terre se colore,
L'air embaumé s'épure, et la voûte des cieux

Resplendit : tout enchante et le cœur et les yeux !

Ta main fend les rochers, aplanit les montagnes,
Transforme les déserts en fertiles campagnes,
Des cités, qu'elle fonde, affermit les remparts,
Éveille le génie, électrise les arts !
Ainsi la Grèce et Rome, à ton culte fidèles,
Ont du grand et du beau créé les vrais modèles ;
Et ces peuples pourtant, dont tu gravas le nom
Et sur le Capitole et sur le Parthénon,
Ces peuples immortels, adorant ton image,
Ne firent qu'entrevoir l'objet de leur hommage.
Sur tes autels brisés, le colosse romain
Chancelle et tombe : alors, aux yeux du genre humain,
Liberté ! tu revêts une forme nouvelle,
Et, dans tout son éclat, ta beauté se révèle !
Une voix dit au monde : « Esclave, lève-toi,
« Sois libre : Dieu le veut, et j'apporte sa loi.
« Tous égaux devant lui, mortels, vivez en frères,
« Aimez-vous : l'amour seul finira vos misères ! »
A ces mots, où brillait l'avenir dévoilé,
Les tyrans ont pâli... Le Juste est flagellé ;
L'Homme-Dieu, sur la croix, pour le faible s'immole,
Et le sang des martyrs féconde sa parole.
Elle vaincra ! le Ciel ne promet pas en vain !
Mais, démentant la foi de l'oracle divin,
Rois, prêtres, tour à tour ennemis ou complices,
Au nom d'un dieu de paix, règnent par les supplices.
Toujours la servitude, et les larmes toujours !
Des peuples opprimés toi l'éternel recours,

Tu retrempes les cœurs, tu soutiens la faiblesse,
Et des morts, à ta voix, la cendre vengeresse
Se ranime et produit d'intrépides héros,
Des apôtres, tout prêts à braver les bourreaux.
Présente sur la terre, invisible génie,
Tu veilles, poursuivant partout la tyrannie,
Extirpant les erreurs, les superstitions,
Faisant luire, aux regards des générations,
La sainte vérité, qu'annonça le Messie,
Et par les imposteurs trop longtemps obscurcie.
Tu l'emportes enfin : l'esclave s'est levé,
L'oracle s'accomplit, et le monde est sauvé !

Toi de qui le flambeau, signe de délivrance,
De ses vives clartés illumina la France,
La France, ma patrie, où son feu ranima
Ce vieux sang qui toujours à ton nom s'enflamma,
Nation généreuse, en tout temps la première
A voler aux périls, à suivre ta lumière,
Déesse des Gaulois, seconde mon dessein,
Et verse, ô Liberté, ton esprit dans mon sein !
Viens, je voudrais chanter cette lutte énergique
De l'agreste Vendée et de la République,
Guerre plus que civile, où la cause des rois
Et le sort des humains s'agitaient à la fois.
Les rois furent vaincus ! Nous dirons la vaillance
Des dignes défenseurs que t'envoya Mayence,
Brave élite unissant, en glorieux faisceau,
Les noms de Dubayet, de Kléber, de Marceau.
Ces guerriers citoyens, sublimes d'héroïsme,

Au milieu des fureurs du cruel Fanatisme,
Restent purs, et le crime, en ces jours inhumains,
Respecte le drapeau que tu mets dans leurs mains.

Mais peindre cette guerre et sa funèbre gloire,
Des bords de l'Océan aux rives de la Loire,
Tout un peuple égaré repoussant tes bienfaits,
La Discorde mêlant et vertus et forfaits!...
Lamentable sujet, où fermente la haine!
Devant ces noirs tableaux, Française et Vendéenne,
Ma Muse recula : son luth, mouillé de pleurs,
Ne put trouver d'accens pour de telles douleurs!
Le sol fumait encor des feux de l'incendie;
Mais, aujourd'hui, la cendre est partout refroidie,
Et, d'un pas moins timide, au foyer des volcans,
Elle ose interroger leurs débris éloquens.
Dans nos champs, reverdis sous le sang et les larmes,
Nos pères ont laissé leur dépouille et leurs armes,
Et leurs tombeaux, couverts de riantes moissons,
Du passé, désormais, nous livrent les leçons.
Penché sur les guérets, ou dans les forêts sombres,
De ceux qui dorment là j'évoquerai les ombres,
Pour apprendre à leurs fils, nés sous d'autres Tarquins,
Ce que firent pour nous ces fiers républicains.
La race de nos jours, de mollesse pétrie,
Verra comme ils aimaient et servaient la patrie;
Et de ces dévouemens puisse le souvenir
Achever leur ouvrage et fonder l'avenir!

Muse, toujours fidèle à la démocratie,

Qui, du pays natal stimulant l'inertie,
Montras au laboureur, dans l'ornière arrêté,
Les routes du progrès, fils de la Liberté,
Viens, et reprends ton luth; mais, pour des chants épiques,
Ne fais plus résonner les chalumeaux rustiques.
De la fière trompette et du clairon guerrier
Les accens doivent seuls aux tiens se marier.
Que dis-je? il faut encore, à la voix des bergères,
Unir les tendres sons des musettes légères.
Dans ces terribles chocs des bataillons rivaux,
A nos yeux vont s'offrir les champs et leurs travaux :
Sous le voile sanglant des scènes de carnage,
Apparaît la Vendée, avec son frais Bocage,
Avec ses laboureurs, qui deviennent soldats,
Tantôt à la charrue, et tantôt aux combats.
Titans audacieux, que la Patrie accuse,
Et pourtant qu'elle plaint, qu'elle admire, ô ma Muse !
Vieille race celtique, incapable de peur,
Il en sort des héros : le monde, avec stupeur,
Voit ce peuple, inhabile au métier de la guerre,
Défier le pouvoir le plus fort de la terre,
Et tenir en suspens, d'un courage indompté,
Les destins de la France et de l'humanité :
Vainqueur, s'il reste uni dans sa ligue rebelle,
Et s'il ne quitte pas la terre maternelle !

Et toi qui vis de près les Brigands [1] et les Bleus,

---

[1] Cette expression, qui revient plus d'une fois dans ce poëme, n'a rien d'injurieux : c'était un terme historique et de plus pittoresque et poétique, qui s'offrait à l'auteur, pour désigner les Vendéens, comme celle de Bleus pour désigner les Républicains.

Ami ! raconte-moi ces débats fabuleux,
Avec leurs passions, leur scènes émouvantes,
Que ton burin fidèle a su rendre vivantes.
Ma Muse est attentive à tes doctes récits,
Et sur eux veut régler ses accords indécis.
Déroule, à ses regards, les fastes de l'histoire,
Et reçois, si l'ouvrage est digne de mémoire,
L'hommage de ses chants, qui te sont consacrés,
Et que ton âme ardente aura seule inspirés !....

Depuis que la Vendée a levé ses bannières,
Quatre mois de combats, de luttes meurtrières,
Ont désolé nos bords, frappés par le destin,
Et ce débat suprême est encore incertain.
D'un renom trop fameux l'éclat et le prestige,
D'incroyables succès, qui tiennent du prodige,
Puis le sort inconstant, qui trahit sa valeur,
Les revers, et le poids d'une immense douleur,
Voilà ses tristes fruits !... Troublée et stupéfaite,
Elle a fléchi; mais, grande et forte en sa défaite,
Du héros (¹) qu'elle pleure, emportant le débris,
Et de son cher Bocage implorant les abris,
Elle y vient retremper son indomptable audace :
Tel un serpent blessé se redresse et menace,
Et, gonflé de colère, effrayant du regard,
Du taillis, en sifflant, allonge un triple dard.
Bientôt le Fanatisme a calmé les angoisses

---

(1) Cathelineau, blessé mortellement au siége de Nantes. (V. le 2ᵉ chant.)

Et ranimé l'espoir des fidèles Paroisses.
Comme au feu se durcit l'étincelant acier,
Le courage renaît sur le sol nourricier,
L'âme devient plus ferme, et la foi se ravive.
Ce n'est plus cette foule, éparse et fugitive ;
Les chefs l'ont ralliée, et le vaincu d'hier
A des combats nouveaux marche intrépide et fier.
La Révolte, partout, défend son territoire,
Sous le drapeau des Lis ramène la victoire,
Et partout, au dehors, repoussant l'ennemi,
Croit son pouvoir, chez elle, à jamais affermi.
Vain espoir ! cette foi, dont l'ardeur la consume,
Va s'éteindre, aux rayons de la foi qui s'allume :
Ainsi pâlit et meurt, sitôt que le jour luit,
Le flambeau qui brillait dans l'ombre de la nuit.

Cependant les moissons, en tous lieux jaunissantes,
Rappelaient aux hameaux leurs peuplades absentes.
L'ordre est donné : soudain soldats, canons, drapeaux,
Tout part ; mais pour les chefs il n'est pas de repos.
Tandis qu'en paix s'endort l'insoucieux vulgaire,
Leur esprit inquiet, cette âme de la guerre,
Toujours veille, agité, dans ces graves momens,
Par des récits tout pleins de grands événemens.
Cathelineau n'est plus !... et l'on dit qu'une armée
S'avance, de périls et de gloire affamée !...
De braves légions, quittant les bords du Rhin,
Viennent venger les droits du Peuple souverain !...
Élire un chef nouveau ! conjurer cet orage !
Que de soins ! quels efforts de zèle et de courage !

Ils feront face à tout : Mayence peut ouvrir
L'arène où, cette fois, il faut vaincre ou périr.

L'Océan, dans son gouffre, en silence élabore,
Puis vomit, tout à coup, la tempête sonore,
Qui s'élance effrayante, ébranle nos forêts,
Et sur le pampre vert, sur les tendres guérets,
Secoue, avec fureur, de ses ailes sinistres,
Les noirs fléaux, du ciel implacables ministres.
Ainsi, près de briser ses arsenaux brûlans,
Notre sol vendéen, dont bouillonnent les flancs,
Loin d'annoncer l'éclat d'une horrible secousse,
Du calme offre en tous lieux l'image la plus douce.
Un rayon de bonheur se répand au dehors :
Partout, l'été fertile, étalant ses trésors,
Appelle à la moisson les agrestes familles.
Déjà, sous le tranchant des rapides faucilles,
L'épi tombe à main pleine, et les faisceaux de blés
S'élèvent, au soleil, dans l'aire amoncelés.
Déjà, de toutes parts, pressés par l'abondance,
Résonnent les fléaux, qui battent en cadence ;
Et le soir, la musette, enflant ses joyeux sons,
Anime, avec transport, la ronde et les chansons.

Oh! que l'esprit de l'homme est léger et frivole,
Et comme sa douleur rapidement s'envole !
Ces champs que l'on dépouille, et leurs blés florissans,
Portent l'empreinte, hélas! de carnages récens.
Aussi, dans les hameaux, que de pertes amères!
Au toit désert, combien de vierges et de mères,

Qui pleurent à l'écart, la vierge ses amours,
Et la mère le fils, espoir de ses vieux jours!
Et, les ébats finis d'une joie insensée,
Quand chacun veille ou dort, seul avec sa pensée,
En est-il dont le cœur ne regrette un parent,
A l'ami, qui n'est plus, ne songe en soupirant?
Trop heureux si, la nuit, leur image sanglante
Ne vient pas, devant lui, se dresser menaçante,
Et lui montrer le sein déchiré par son bras :
Exemple trop fréquent de ces affreux combats!
Mais ce peuple aveuglé, jouet de l'imposture,
Entend-il, dans son cœur, la voix de la nature?
Criminel sans remords, il croit, dans son erreur,
Prêter à Dieu l'appui d'une juste fureur.
Le front calme, il retourne à son labeur champêtre,
Et, dévoué, docile aux volontés du prêtre,
Il ira, de nouveau, tuer frères, amis,
Pour mériter le Ciel, à son zèle promis!

Le moment n'est pas loin, où la lutte obstinée
Va renaître et fixer enfin la destinée.
Voici les Mayençais! Pour eux d'un grand conseil
Saumur a déployé l'imposant appareil.
Là siégent réunis, et les chefs militaires,
Et les Représentants, courageux mandataires,
Proconsuls de l'armée, observant tous ses pas,
Et souvent, avec elle, affrontant le trépas :
Sénat républicain d'hommes fermes et braves,
Qui sauront discuter des intérêts si graves.
Presque tous, de l'État héroïques soutiens,

Ont ces mâles vertus qui font les citoyens,
Et de la Liberté, sur leur visage austère,
Respire, en ce moment, le sacré caractère.
Muse! redis les noms que rassemble ce lieu :
Merlin de Thionville, et Rewbell, et Choudieu,
Fayau, Richard, Bourbotte, et Ruelle, et Méaulle,
Cavaignac, Philipeaux, tous dignes de leur rôle!
Parmi les généraux, que de cœurs éprouvés!
Canclaux, cher aux Nantais, que son glaive a sauvés,
Menou, qui ne sent pas sa récente blessure,
Le prudent Dubayet, âme loyale et pure,
Salomon, Mieskowski, gardien du bord des mers,
Rey, Chalbos, accourus de leurs postes divers,
Vergnes... Mais, dans ces temps que la Discorde agite,
L'Intrigue à des héros mêle plus d'un Thersite,
Et, parmi ces guerriers, noble et brillant essaim,
C'est elle qui jeta Rossignol et Ronsin,
Comme des flots troublés sort une immonde écume,
Quand, grosse de courroux, la mer bouillonne et fume!
Ronsin, esprit vulgaire, aux féroces instincts,
Exploite, en dictateur, nos malheurs intestins.
Il veut que, devant lui, tout cède, tout fléchisse,
Que l'Ouest en tremblant à ses lois obéisse,
Appelant au secours de son ambition
Jusqu'aux plus vils ressorts de la délation.
Rossignol, qui le sert, Rossignol son ouvrage,
Général inhabile, et guerrier sans courage,
Comme lui toutefois envieux du succès,
Convoite avec ardeur l'appui des Mayençais,
Sûr de vaincre par eux! Mais la vaillante Élite,

Traversant les desseins que la ruse médite,
Aux ordres d'un tel chef rougit de se plier.

La séance est ouverte, et Ronsin le premier
Se lève, impatient d'étaler sa faconde :
Fier du plan qu'il rêva, que Rossignol seconde,
Le front haut et superbe, il se pose en vainqueur;
Mais, orgueilleux sophiste, il n'a pas, dans le cœur,
Ce foyer de vertu (1), cette chaleur divine,
Qui de l'homme éloquent fait battre la poitrine ;
Lâche et pervers, en lui tout est faux, apprêté,
Sa parole est sans force et sans autorité :
« Frères et citoyens, dit-il avec emphase,
« Que l'amour du pays de ses feux nous embrase !
« Croyez-le, un zèle ardent, qui ne sache fléchir,
« Peut seul du despotisme à jamais l'affranchir.
« Vil suppôt des tyrans, et leur stupide esclave,
« La Vendée est vivante, elle vit et nous brave :
« De ses halliers maîtresse, elle insulte à nos lois !
« D'un pied victorieux, nos bataillons vingt fois
« Ont marché sur sa tête insolente et rebelle,
« Et sa tête toujours se relève éternelle !
« Plus fière que jamais, elle ose défier
« Nos bras républicains, prêts à la châtier !...
« La France est en péril, si le mal se prolonge :
« C'est à nous d'extirper ce cancer qui la ronge;
« Et plus il est profond, plus il est douloureux,
« Plus il faut un remède et prompt et vigoureux.

(1) Vir bonus, dicendi peritus...
Pectus est quod disertos facit.

« Ni pitié, ni retards : dans ce repaire infâme
« Portons, de tous côtés, et le fer et la flamme ;
« Et que sous notre effort, puissamment combiné,
« Ce peuple de brigands périsse exterminé !...
« Moi qui connais les lieux, enfant (1) de cette terre,
« Et qui voudrais, dit-on, éterniser la guerre,
« Dans quel but ? on devrait au moins le définir,
« Je dis que d'un seul coup nous devons en finir !
« Qu'un cercle étincelant de feu, de baïonnettes,
« Enserrant l'ennemi, dévorant ses retraites,
« (Ce plan dans mon esprit depuis longtemps est mûr,)
« L'enveloppe et l'écrase, en partant de Saumur.
« Une armée intrépide à souhait nous seconde :
« Sur le Bocage en feu qu'avec nous elle fonde,
« Et presse la Révolte, étreinte sous nos coups,
« Hommes, femmes, enfans, entre la mer et nous ;
« Et que dans l'Océan cette ennemie altière,
« L'exécrable Vendée expire tout entière !
« Je le redis enfin : ni grâce, ni lenteurs,
« Et telle est ma réponse aux calomniateurs ! »

Il dit, et ce discours, respirant l'artifice,
Agite le Conseil par sa chaleur factice.
Philipeaux y répond, en habile orateur :
Entre les passions sage médiateur,
Esprit juste, avec calme il voit, il apprécie ;
Déplorant les écarts de la Démocratie,
Afin d'en rallier les fougueux élémens,

---

(1) Ronsin était né à Fontenay.

Il fait un noble appel à tous les dévouemens,
Appel à la Concorde, et parle ainsi : « Personne,
« Ici, comme au dehors, que j'accuse ou soupçonne !
« Marchant au même but par différens moyens;
« Nous n'avons qu'un désir : nous voulons, citoyens,
« Servir la République, et, d'une ardeur égale,
« Étouffer au plus vite une guerre fatale.
« Le Bocage renaît, et s'arme : ce parti,
« Que l'erreur d'un moment disait anéanti,
« Mutilé par le fer, il croît, il se relève,
« Tel qu'un robuste chêne, au retour de la sève.
« Et toute sa vigueur, il ne la puise pas
« Dans le sol fanatique, où se portent nos pas;
« Non, il en trouve ailleurs : sur les terres voisines,
« Plus loin même, il étend ses funestes racines.
« De nos divisions le fier ressentiment
« Surtout le favorise et lui sert d'aliment;
« Je le dis à regret, mais il fallait le dire :
« Loin de nous la discorde, et j'ose vous prédire
« Que l'orgueil vendéen, cet espoir du Passé,
« Tombera sans retour, à nos pieds terrassé !
« Voyez comme à l'envi nos légions entre elles
« Rivalisent d'ardeur, oubliant nos querelles !
« Comme de nos drapeaux l'élan national
« Avec impatience attend votre signal !
« Parlez, et montrez-leur l'essor qu'ils doivent prendre :
« Ils vaincront, citoyens, prêts à tout entreprendre,
« Si nous marchons d'accord, soumis à votre plan,
« Et si les chefs enfin secondent leur élan !
« Comme un devoir sacré, que chacun se l'impose

« Je repousse, en un point, celui qu'on vous propose.
« Par un puissant concours, nos forces, je le crois,
« Doivent sur l'ennemi tomber de tout leur poids.
« Mais par où l'attaquer? par Saumur, ou par Nantes?
« Entre ces deux partis les voix sont hésitantes.
« Après mûr examen, par la raison vaincu,
« Mon esprit au dernier se range convaincu.
« De nos armes, là-bas, que la foudre se porte,
« Et frappe la Vendée où la Vendée est forte.
« Le succès en dépend : de la mer, de ses bords,
« Emporter chaque poste, et fermer les abords,
« Disperser du Marais les bandes redoutables,
« Tandis qu'Angers, Saumur, Niort, Luçon, les Sables,
« Porteront à la fois leurs troupes en avant,
« Qui viendront du midi, du nord et du levant,
« Dans un réseau de fer enlacer le Bocage,
« L'étreindre, à l'ennemi ne laisser qu'un passage,
« L'y pousser, le jeter, hors du pays natal,
« Sur la Loire, où le sort fut pour lui si fatal,
« Où son trouble verra les colères célestes,
« Et, là, de la Vendée exterminer les restes !...
« Ce plan que sans retard vous devez adopter,
« Ce plan nous fera vaincre, et, pour l'exécuter,
« Il faut, à l'instant même, après votre séance,
« Aux soldats de Canclaux joindre ceux de Mayence ! »

L'assemblée, à ces mots, d'un mouvement suivis,
S'ébranle, et, partagée entre ces deux avis,
Dont le courant contraire et la pousse et l'entraîne,
Avec un bruit confus, longtemps flotte incertaine.

CHANT PREMIER.

Tel, par deux vents rivaux à la fois tourmenté,
L'Océan, dans son lit, s'enfle et gronde irrité.
L'intrigue agit : Ronsin va l'emporter peut-être !
Mais Merlin, d'un coup d'œil, a deviné le traître.
Merlin, puissant tribun du peuple et des soldats,
Hardi dans les conseils, hardi dans les combats,
Et que jamais en vain le danger ne réclame,
Est le bras de la France, et Carnot en est l'âme :
L'un fougueux, l'autre austère, énergiques tous deux,
Soumis et dévoués, dès qu'elle a besoin d'eux.
Le tribun suit Mayence, à son devoir fidèle;
De lui Mayence est digne, et Merlin digne d'elle :
Le nœud qui les unit n'est-il pas cimenté
Par l'amour du pays et de la Liberté ?
Tandis que l'assemblée en tumulte balance,
Il se lève, et, d'un geste imposant le silence :
« Suivons, dit-il, suivons l'avis de Philipeaux ;
« A Nantes, citoyens, envoyez nos drapeaux !
« C'est le désir du chef (et celui qu'il désigne,
« Dubayet, de sa place, approuve par un signe);
« C'est notre vœu, dicté par l'amour du pays,
« Et ses chers intérêts ne seront pas trahis,
« Nos bras l'arracheront au sort qui le menace !
« Quoi ! pousser à la mer tous les brigands en masse !
« Conseillers imprudens ! eh ! voyez donc, là-bas,
« Le perfide Insulaire, heureux de nos débats !
« Sa flotte les attend : là-bas, sur nos provinces,
« Elle est prête à vomir des armes et leurs princes !...
« Jetons-nous sur la côte, et fermons-en l'accès.
« Laissez, par ce début, laissez les Mayençais

« Donner de leur bravoure une éclatante preuve :
« L'Insurgé la redoute, il en fera l'épreuve !
« Que, réduit à lui-même, et, sous nos coups pressans,
« Harcelé, nuit et jour, de combats incessans,
« Foudroyé sans relâche, il se disperse, et fuie
« La terre où, comme Antée, invincible il s'appuie,
« Et qu'en ses flots vengeurs, la Loire, et non la mer,
« Engloutisse tous ceux qu'épargnera le fer !...
« Ne délibérons plus : par ce plan de campagne,
« Nos armes, dans huit jours, s'uniront à Mortagne.
« Marchons ! mais point d'excès : sous nos pas triomphans
« Écraser les vieillards, les femmes, les enfans,
« Dans un pays de France ! et, pour auxiliaire,
« Nous, citoyens, saisir la torche incendiaire !
« Acheter à ce prix la victoire !... non ! non !...
« Le fer dans notre main ! le fer dans le canon !
« Le fer suffit pour vaincre, et par lui l'homme est libre :
« Quand, sous la voix d'En Haut, le cœur d'un peuple vibre,
« C'est le fer qui défend la patrie en danger,
« Qui punit l'oppresseur, qui chasse l'Étranger ! »

Cet accent, ce regard, ce feu patriotique,
Entraînent l'assemblée, et l'ivresse publique
Accueille avec transport son vote et ses sermens,
Couverts de cris de joie et d'applaudissemens.
Rossignol et Ronsin frémissent de colère,
Et répondent : Vengeance ! à l'élan populaire.
Mais l'intrépide armée est en marche, et partout
Le sol ému tressaille, et le peuple est debout.
Elle suit, en chantant, sa rapide carrière :

La Loire, qui revoit cette pompe guerrière,
Coule avec plus d'orgueil, et l'écho de ses bords
Répond, de tous côtés, à leurs mâles accords.
Leur course triomphale est une longue fête :
La Liberté les guide, et, planant sur leur tête,
Elle enflamme leurs traits, les voix et les regards,
Fait sonner les clairons, flotter les étendards,
Et leur enthousiasme en tous lieux communique
Aux cœurs électrisés sa puissance magique !
Quels hommes ! quelle armée ! Oh ! non, sous le soleil,
Les peuples n'ont rien vu, rien rêvé de pareil.
Vingt mille ! et tous amis, tous frères, tous semblables :
Simples, bons, généreux, mais fiers, inébranlables ;
Grands par le caractère, et forts par le devoir.
Sans attendrissement, sans respect, qui peut voir
Ce drapeau qu'on adore, et sous la discipline
(Merveille dans ces jours !) chaque front qui s'incline,
Cet accord fraternel, et cette égalité !
Chefs, soldats, n'ont qu'une âme et qu'une volonté.
Race d'hommes nouveaux, fils de la République,
Taillés et ciselés sur le modèle antique ;
Des Romains du vieil âge, et non moins valeureux
Que les héros d'Homère, et que les nobles preux !
Jugez-en par les chefs : à leur tête est un sage,
Un brave, humain et doux de cœur et de visage,
Dubayet les commande ; et Vimeux ! et Beaupuy !
Vingt autres ! tous pareils, et tous dignes de lui.
Et Kléber ! quelle flamme en ses veines circule !
Le feu de son génie embrase cet Hercule.

A ces noms, un guerrier (¹), héros adolescent,
Bientôt joindra le sien, de gloire éblouissant.

Avec de tels enfans, France ! ô patrie aimée !
La Liberté jamais sera-t-elle opprimée ?
Un jour peut-être, un jour, le foyer s'épuisant
Peut s'éteindre !... il bouillonne, il déborde à présent.
Trempée au feu sacré, qui donne un nouvel être,
Mayence à l'ennemi va se faire connaître.
La Révolte frémit, en la voyant venir,
S'inquiète, se trouble, et pressent l'avenir.
C'est en vain qu'elle affecte une fière assurance,
Et qu'elle voit partout des signes d'espérance.
Son destin s'accomplit, et les temps sont marqués :
Les chapelets bénis, tous les saints invoqués,
Et la guerre étrangère, et l'appui des despotes,
Les discordes des chefs dans les camps patriotes !
Vains secours ! le Ciel parle, et cette intime voix
De nos républicains lui prédit les exploits.
Les voilà ! de ses vœux Angers les accompagne ;
Ils ont franchi le seuil de la vieille Bretagne,
Et Nantes les reçoit : les fleurs et les lauriers
Sur eux pleuvent, au son des instrumens guerriers,
Et les banquets, les chants, la joie universelle,
Ont scellé des drapeaux l'union fraternelle !

Canclaux est chef suprême, et son activité
Répond à sa bravoure, à son habileté.

---

(1) Marceau, qui était dans l'armée de Luçon.

Dubayet, à sa voix, Beysser et sa colonne,
Tout est prêt : des combats la soif les aiguillonne.
Voyez ces deux coursiers, ardens, les crins épars,
De vitesse et de cœur lutter au champ de Mars :
Ils dévorent l'espace ! ainsi, les deux armées
Volent au but commun, par la gloire enflammées.
Voyez de l'Apennin deux torrens élancés,
Dans leurs lits tortueux courant à flots pressés,
Après de longs circuits dans les gorges profondes,
Mêler, en mugissant, la fureur de leurs ondes ;
Ainsi des légions le rapide concours,
Partout victorieux, précipite son cours,
De la Loire et des mers nettoyant les rivages,
Terrible, mais bientôt fécond dans ses ravages.
Déjà, sur tous les points, brillent les trois couleurs,
Heureux signe annonçant la fin de nos malheurs.
L'Anglais voit dans les airs cette lueur flottante,
Et s'éloigne, trompé dans sa perfide attente.
La côte est libre ! où sont ces fameux révoltés ?
Ces enfans du Marais, si fiers, si redoutés ?
Ils ont fui Machecoul, lieu de sang [1] trop célèbre,
Que leurs mains ont couvert d'un souvenir funèbre.
Dubayet et Beysser les chassent devant eux,
Pareils à deux lions, poursuivant l'ours affreux,
Qui, de leurs lionceaux, dans sa cruelle rage,
A fait, en leur absence, un horrible carnage :

[1] C'est à Machecoul, qu'au début de la guerre, en mars et avril 1793, les insurgés, sous les ordres du barbare Souchu, égorgèrent cinq cents prisonniers, massacre que n'avait provoqué jusque-là aucun excès de la part des Républicains, et qui lança les deux partis dans la voie sanglante des représailles.

De leurs rugissemens tout tremble!... l'Insurgé,
Fuyant de poste en poste, abandonne Legé,
S'empare, à Montaigu, des coteaux de la Maine,
Et, là, croit arrêter l'ardeur républicaine.
Vain espoir! sur ses pas, vient à gauche Kléber,
Dubayet par le centre, à la droite Beysser;
Ils viennent, et soudain s'engage la bataille :
Le canon mayençais, vomissant la mitraille,
Repousse, avec fureur, le feu des assiégés,
Par la ville et le fort vainement protégés.
Tout à coup une voix crie : A la baïonnette!
C'est la voix de Kléber, et le cri qu'elle jette,
Comme celui de Mars [1] retentit, dominant
Tous ceux de la bataille et le bronze tonnant.
Alors la charge sonne, à l'assaut on s'élance;
Merlin aux combattans le dispute en vaillance,
Il marche, il les excite, et, le sabre à la main,
A côté de Kléber, s'ouvre un sanglant chemin.
La mort plane autour d'eux: de leur âme animée,
Mayence dignement soutient sa renommée.
Son bras est foudroyant, tout cède à ses efforts;
Et, laissant la victoire et des monceaux de morts,
Qui de sang inondaient la ville et la colline,
L'ennemi, par la fuite, échappe à sa ruine :
Il fuit, il se disperse, et, dans ces premiers coups,
Croit voir tomber sur lui le céleste courroux!

Mayence est triomphante, et s'enivre de gloire!...

---

[1] Mars, blessé par Diomède, poussa, dit Homère, un cri plus fort que celui de dix mille combattans. (*Iliade*, liv. V.)

Mais soudain quel spectacle attriste sa victoire?
Spectacle douloureux, l'opprobre de ces temps!
Dans la ville muette et vide d'habitans
On entre, et des soldats, affamés de pillage,
Vainqueurs, souillent leurs mains par un vil brigandage.
Kléber accourt: « Eh quoi! vous soldats, vous Français!
« Vous oublier, descendre à de pareils excès!
« Dans une ville amie, à notre foi livrée,
« Sans défense, et par nous des Brigands délivrée!...
« Citoyens! quel délire égare ainsi vos sens?...
« Écoutez-moi!... » Mais, sourde à ces nobles accens,
La Licence poursuit son effroyable orgie!...
Le héros indigné, redoublant d'énergie,
S'enflamme; de ses yeux jaillissent des éclairs,
Et sa colère éclate en reproches amers.
C'est Beysser qu'il attaque : il l'accuse, il l'accable,
De cet affreux désordre il le rend responsable,
Et, d'un rival superbe abaissant la fierté,
Fait battre le départ, avec autorité :
Il craint l'entraînement, et sa retraite prompte
A ses braves soldats en épargne la honte.
Beysser ne le suit pas : furieux, ulcéré,
Il reste avec les siens, de vengeance altéré...
Mayence part : on dit qu'une horde cruelle
Vient de fondre à l'instant sur Clisson, qui l'appelle.
Kléber se hâte, y vole, et dans ce beau séjour
Entre en libérateur, avant la fin du jour.

Devant les Mayençais partout l'Insurgé plie,
Et leur tâche avec gloire est à moitié remplie.

Que tous suivent comme eux le sentier du devoir,
La Vendée est vaincue et tombe sans espoir!
D'un pas ferme et rapide, au but de l'entreprise,
Canclaux marche, et l'armée, à ses ordres soumise,
Se rassemble à Clisson, sur un vaste plateau,
En face de la ville et de son vieux château,
Où la Sèvre et la Moine, aux pittoresques rives,
Murmurent, en mêlant leurs eaux claires et vives.
Lieux charmans, qui de l'art empruntant les secours,
De leur onde, avec grâce, embellissent le cours.
Mais la nature, alors, de ses beautés sauvages,
Seule ornait ces coteaux, ces rochers, ces rivages,
Où deux ombres (1), le soir, venaient se réunir,
Dans ces bois, toujours pleins de leur doux souvenir!
Sur ce paisible bord, où le camp se déploie,
Règnent le mouvement, le tumulte et la joie,
Et les bruyans tambours, et les clairons perçans,
Réveillent les échos, au loin retentissans.
Le sol a disparu, sous un amas de tentes,
De canons, de drapeaux, et d'armes éclatantes.
Le soldat à regret y foule un frais gazon,
Ravi d'étonnement devant cet horizon,
Dont la vue, à la fois, saisit, enchante, impose;
Merveilleux paysage, où fièrement se pose
Le castel d'Olivier, avec ses hautes tours,
Qui menacent encor ses rians alentours.
Insensés, qui voudraient, de ces noires bastilles
Restaurer les cachots, les donjons et les grilles,

(1) Les ombres d'Héloïse et d'Abélard.

Et livrer ces beaux champs, déjà libres, heureux,
Au vautour féodal, prêt à fondre sur eux!

Dès que ses bataillons s'offrent tous à sa vue,
Le général ordonne une grande revue,
Prescrit le jour et l'heure; et l'orient lointain
A peine se rougit des lueurs du matin,
On entend le tambour, la joyeuse fanfare :
A cet appel, le camp s'agite, se prépare,
Et, dans les champs voisins, tout entier réuni,
Se déroule bientôt, sur un sol aplani.
Les chefs sont à leur poste, assigné par les grades :
En ordre de bataille, ils rangent leurs brigades,
Et, de ces corps divers ne formant qu'un seul corps,
Plein d'une âme invisible, aux magiques ressorts,
L'armée, après les jeux d'une manœuvre habile,
S'arrête, l'arme au bras, et le front immobile.
Ce mélange éclatant, qui n'a rien de confus,
Le bronze des canons, dressés sur leurs affûts,
Les harnais des coursiers, les enseignes brillantes,
Et, parmi les drapeaux, les armes scintillantes,
Aux rayons du soleil, éblouissant les yeux,
Comme une mer de flamme illuminent ces lieux!
Le général paraît, et soudain le sol tremble
Au bruit des instrumens, qui résonnent ensemble.
De son état-major il s'avance entouré,
L'air grave et martial, le regard assuré,
Sous le feutre à cocarde, à plumet tricolore,
Et l'habit à revers, que l'écharpe décore,
Où pend le large sabre, en son fourreau luisant,

Des chefs républicains uniforme imposant.
Parcourant chaque ligne, il inspecte, interroge,
Sévère dans le blâme, et juste dans l'éloge,
Exhorte l'officier, enflamme le soldat,
Et rappelle à chacun son glorieux mandat.
Puis, l'examen fini, le défilé commence :
Artilleurs, fantassins, cavaliers, masse immense,
Tout s'ébranle et, marchant d'un mouvement égal,
Vient passer, tour à tour, devant le général,
Aux belliqueux accords du chant patriotique,
A ces cris répétés : Vive la République!

Canclaux parle, et l'armée, au signal des tambours,
Fait silence, attentive à ce noble discours :
« Soldats! la République est fière de vos armes;
« Vous avez promptement dissipé ses alarmes,
« Et vous êtes l'orgueil du pays rassuré.
« Il triomphe, le plan que nous avons juré!
« La victoire, avec vous, s'élance au pas de course.
« En vain le Fanatisme (impuissante ressource!)
« Rassemble ses débris, tente un suprême effort :
« Que peuvent ses fureurs? Votre zèle est plus fort!
« Dans nos bras, désormais, la Vendée est étreinte;
« Encore une bataille, et la guerre est éteinte.
« Quelle gloire pour vous! De ce grand résultat
« Une ombre cependant vient obscurcir l'éclat.
« Que ne puis-je effacer des scènes déplorables!...
« Soldats! je vous comprends : je connais les coupables!...
« Et si mon cœur gémit, vous-mêmes, je le sais,
« Avez frémi d'horreur, à ces tristes excès.

« Vous êtes citoyens, et l'honneur vous anime,
« L'abus de la victoire à vos yeux est un crime :
« Je le sais! vous avez vaillamment combattu,
« Mais vous voulez surtout vaincre par la vertu.
« Amis! la Liberté sur la vertu se fonde!
« A vous, ses dignes fils, de le prouver au monde :
« Servons la République, en la faisant aimer!
« Ah! je vois, à ce nom, tous les cœurs s'enflammer :
« Au rendez-vous promis, nous serons à Mortagne,
« Vos rapides exploits ont hâté la campagne.
« Il nous reste deux jours, donnons-les au repos :
« Après, la Liberté guidera nos drapeaux! »
Et l'armée, à sa voix, dans le camp se retire,
Tout entière aux transports que ce discours inspire,
Et remplissant les bois, les vallons et les airs,
De cris d'enthousiasme et de joyeux concerts!

Le soldat s'abandonne à sa vive allégresse,
Et de l'oisiveté savoure en paix l'ivresse.
Mais les chefs mayençais ne perdent point ce temps,
Que leur zèle consacre à des soins importans.
La guerre, ses progrès, comment elle a pu naître,
La Vendée et son peuple, ils veulent tout connaître;
Et, dans cette pensée absorbés nuit et jour,
Interrogeant la ville et les champs tour à tour,
Explorant les forêts, les châteaux, les chaumières,
Partout, avec ardeur, ils cherchent des lumières.
Le soir, quand du bivouac sont allumés les feux,
Assis près du soldat, se mêlant à leurs jeux,
Ils se font raconter ces faits dont la merveille

Tient la foule captive et prolonge la veille,
L'espoir des deux partis, leurs forces, leurs projets,
Et rien n'est oublié de ces graves sujets!

O Muse! je t'invoque : à toi de nous redire
Ces récits que la Sèvre enseignait à ta lyre,
Quand sa rive, à tes yeux, de ces fiers bataillons
Révéla le passage, empreint sur les sillons.

FIN DU Iᵉʳ CHANT.

CHANT II.

CHANT II.

Tandis qu'avec fureur se réveille la guerre,
La nature embellit et féconde la terre.
L'automne, qu'elle amène, après un riche été (¹),
Dans les champs vient répandre abondance et gaîté.
Tout reverdit, les bois, les vergers, les pacages :
La voix du rossignol manque seule aux bocages.
Sous le faix des trésors l'arbre opulent fléchit.
Le ciel, qu'un vent léger mollement rafraîchit,
Donne au camp de beaux jours, des nuits encor plus belles;
Et sitôt que, le soir, veillent les sentinelles,
Le tranquille bivouac, dans le calme des airs,
N'entend que la cascade, en ces vastes déserts.

Un jeune Vendéen, officier dans les Guides (²),
Sous des traits gracieux et des dehors timides,
Cachait une âme ardente, un esprit élevé,

---

(1) Mercier du Rocher *(Mémoires inédits)* rapporte que la récolte de 93, dans la Vendée, fut très-abondante.
(2) Chasseurs patriotes de la Vendée.

Vif, brillant, par l'étude avec soin cultivé.
L'étude le console, au milieu des alarmes :
Poëte, il prend son luth, quand il pose les armes ;
Et pour la Liberté, qu'il chante, en la servant,
Point de cœur plus épris, d'apôtre plus fervent.
Patriote fidèle à sa cause sacrée,
Il accourt, maudissant une lutte exécrée,
Où, par un jeu cruel, la Discorde avait mis
Son frère unique, hélas! dans les rangs ennemis,
Le frère le plus cher! Quel coup pour sa tendresse!
Cette noble figure, où se peint la tristesse,
Ces regards, cette voix au douloureux accent,
Des peines de son cœur tout en lui se ressent.
Sous un voile modeste, en vain du jeune barde
Le génie, un moment, se dérobe, il ne tarde
A se produire au jour, à frapper les esprits
Et des chefs de l'armée, et du soldat surpris!
De tous ses compagnons, qu'à la gloire il excite,
Kléber surtout, Kléber honore un tel mérite,
Dans ses tendres chagrins avec lui de moitié,
Grâce aux nœuds fraternels d'une sainte amitié.

Autour du camp tout dort, et le dernier bruit cesse :
La nature se tait. On l'entoure, on le presse :
« Daniel! lui disent-ils, parle de ton pays ;
« De ces bords malheureux, par la guerre envahis,
« Dis-nous les mœurs, la foi, les combats, les désastres :
« Pendant que de la nuit roulent en paix les astres,
« Oh! daigne nous instruire, en charmant nos loisirs,
« Sers de guide à nos pas!... » Il cède à leurs désirs,

Il commence, et la foule, immobile et muette,
A sa voix suspendue, écoute le poëte :

« Vous voulez que, rouvrant une source de pleurs,
O braves Mayençais! je dise nos malheurs,
Et les tristes exploits de ma terre natale!...
Pays infortuné!... lutte impie et fatale!...
Quand doit-elle finir?... Celui dont les mortels
De larmes et de sang arrosent les autels,
Le Fanatisme affreux l'attise, la prolonge,
Et, pour mieux dominer, dans le crime nous plonge!
Son pouvoir expirait devant la Liberté,
Qui de longues douleurs vengeait l'humanité.
Messagère divine, ici-bas descendue,
Et des airs, comme un trait, parcourant l'étendue,
De la jeune Amérique elle brisait les fers,
Et venait ranimer notre vieil univers,
Annonçant son retour par ces grands phénomènes,
Célestes précurseurs dans les choses humaines.
La nature s'émut : l'hiver, en nos climats,
Fit briller, comme au nord, d'éblouissans frimas;
Et, sillonnant les cieux de sa longue crinière,
La comète apparut : sa paisible lumière,
Vive et pure, à la nuit donnait l'éclat du jour!...
Par la crainte et l'espoir agité tour à tour,
Le vulgaire inquiet trembla; mais l'œil des sages
Reconnut l'Immortelle, à ces divins présages.

« Elle vient, et vers nous dirige son essor,
(Le peuple crut la voir, sur un nuage d'or)!

Elle vient radieuse, et sa chère Lutèce
La salue, en poussant un long cri d'allégresse!
La reine des cités l'attendait, et ses mains
Travaillent, sans retard, au bonheur des humains.
Tout est mûr, par les soins de la philosophie,
Noble sœur, dont l'amour éclaire et fortifie,
Qu'un zèle pur enflamme, et qui brave pour nous
Tant d'outrages sanglans et de perfides coups!
Par elle, tout se prête à cette œuvre féconde,
Qui change les destins de la France et du monde.
Le despotisme, usé par ses propres excès,
En prépara lui-même et hâta le succès;
Et de la Liberté, qui marche sans obstacles,
La voix enchanteresse enfante des miracles!
Bientôt la terre est libre, et d'un joug dégradant
Le colon délivré, respire indépendant.
L'Égalité renaît, le sujet rompt sa chaîne;
La loi règne, et l'amour triomphe de la haine.
Roi, peuple, sont unis par un sacré lien:
L'esprit n'a plus d'entrave; et l'homme, citoyen,
L'homme, qui ne sent plus sa poitrine oppressée,
Élève en paix à Dieu son cœur et sa pensée!
Quels beaux jours! quel accord de travaux et de vœux!
Quel heureux avenir promis à nos neveux!

« Mais, ô trompeur espoir! à côté de nos fêtes,
Le sombre Fanatisme amassait les tempêtes.
Fils de la nuit, jaloux d'un triomphe si beau,
Il rugit de fureur, à l'aspect du flambeau
Qui, portant la clarté dans ses affreux royaumes,

CHANT II.

Comme des songes vains, dissipe leurs fantômes.
Il en veut à la France, où brille ce fanal,
Foyer de la lumière; et le monstre infernal,
Lui vouant une haine implacable, éternelle,
Va tout bouleverser, tout déchaîner contre elle.
Et de sombres vapeurs soudain l'air s'obscurcit,
D'orages effrayans l'horizon se noircit.
Qu'importe qu'au sommet il attire la foudre!
Que trône et roi, frappés, tombent réduits en poudre!
Il faut, à son orgueil, la domination :
Périssent, tout ensemble, et trône et nation!
Périsse l'univers, plutôt que son empire!
Et contre l'Immortelle, à sa voix, tout conspire :
Il met l'Europe en feu; les despotes armés
Se liguent contre nous, pour leur sceptre alarmés.
La France est profanée, et la terre des braves
Se soulève d'horreur, sous le pied des esclaves!
Vainement la Discorde agite son tison :
Nos bras, nos bras vengeurs, malgré la trahison,
Rejettent l'étranger du sein de la patrie!

« Sur l'abîme des flots, que troublait sa furie,
Quand le calme renaît, l'aquilon irrité
Se retire, en grondant, d'un vol précipité,
Et, bientôt plus terrible, y ramène l'orage.
Ainsi, voyant la France échapper à sa rage,
Le tyran des humains, par de nouveaux efforts,
Ranime sourdement la tempête au dehors.
Le nuage, aux flancs noirs, déjà gronde... Exaltée
Par les mâles accens du moderne Tyrtée,

La France va répondre aux menaces des rois.
Une moisson de fer, pour défendre nos droits,
Se dresse, et jamais peuple, au soin de sa vengeance,
N'apporta plus d'ardeur et plus de diligence.
L'Esprit du mal s'effraie. Eh! comment arrêter
Cet amour du pays, qu'il a fait éclater?
Des tyrans conjurés la ligue renaissante
A cet élan oppose une rage impuissante.
Alors, pour l'affaiblir, l'épuiser dans son cours,
Le monstre (à quels forfaits ses ruses ont recours!)
Veut que la France tombe, à ses pieds abattue,
Et, de ses propres mains, se déchire et se tue!
Sa fureur va pousser, par un crime nouveau,
Français contre Français, drapeau contre drapeau!
Et, soudain, emporté par ses ailes funèbres,
Il s'avance, pareil à l'oiseau des ténèbres,
La nuit, sur notre sol vient s'abattre, et sa voix,
Lugubre, lamentable, épouvante nos bois!...

« Apprenez, Mayençais, quelle est cette contrée,
Étrangère à vos mœurs, du monde séparée,
Vaste plage, immobile au sein du mouvement,
Qui vit seule et se plaît dans son isolement.
De là tous ses malheurs! la Liberté peut-elle
Échauffer ce pays de sa flamme immortelle?
Là, point de ces foyers, prêts à la recueillir,
Et qui, loin autour d'eux, la fassent rejaillir;
Point de ville, au milieu de cet immense espace:
Le rare voyageur, qui d'aventure passe,
N'aperçoit que des bourgs et des hameaux épars;

Nul éclair de génie, et nul rayon des arts.
Partout la solitude : un chant mélancolique
Seul parfois y résonne ; et ce peuple rustique
A pour tout horizon, grave et silencieux,
Le champ qui le nourrit, le ciel de ses aïeux.

« De la crédulité l'Ignorance est la mère ;
Et des fantômes vains l'effrayante chimère
Aussi le poursuit-elle, au gré des Imposteurs ;
Pour lui, pour ses troupeaux, il craint les enchanteurs.
Serf de la glèbe, en vain la corvée et la dîme
L'écrasent à la fois, fait au joug qui l'opprime,
Il souffre, sans former le désir ou l'espoir
D'un avenir meilleur, qu'il ne peut concevoir.
Et puis, briser ses fers ! l'oserait-il, en face
Du château féodal, qui toujours le menace ?
En face de l'Église, où son esprit troublé
De plus sombres terreurs est encore accablé ?
Il faudrait l'arracher de cette nuit profonde,
Et lui montrer le Dieu qui délivra le monde,
Qui ne veut pas d'esclave, et punit l'oppresseur ;
Et, de l'ombre sans cesse augmentant l'épaisseur,
La main de ses tyrans, sacrilége et barbare,
Au lieu de l'éclairer, le trahit et l'égare !
L'âme, ainsi façonnée à la servilité,
Voit-elle la grandeur de la Divinité ?
Pauvre peuple ! une image ou de bois ou de plâtre,
Une pierre est l'objet de son culte idolâtre !
Qu'elle orne sa fontaine ou son humble foyer,
Devant elle, à genoux, plein d'ardeur à prier,

Il veut qu'on la respecte, et contre elle un blasphème
Le révolterait plus, que l'offense à Dieu même!

« Et pourtant cette race est pleine de vigueur:
Le vieux sang qui lui donne un indomptable cœur,
Et l'esprit belliqueux de ses braves ancêtres,
Plus d'une fois, en elle, ont fait trembler ses maîtres.
Un long servage a dû calmer ce noble instinct;
Mais le feu sommeillait, il n'était pas éteint:
Comme il s'est réveillé! Tel un coursier farouche,
Obéissant au mors, qui gourmande sa bouche,
Conserve la valeur et l'intrépidité,
Où du sang paternel éclate la fierté.
Cette vie, en plein air, vouée à la culture,
Retrempe du colon la robuste nature.
A de rudes labeurs en naissant condamné,
Il y puise la force, un courage obstiné,
Patient, mais étroit, qui sans art, sans étude,
Suit les sentiers battus, où pousse l'habitude.
La routine est, chez nous, la loi du laboureur:
Le progrès y rencontre une instinctive horreur.
Là, de pieux respects la vieillesse entourée,
Commande, et des anciens la méthode est sacrée.
Ce peuple, aux changemens rebelle à se plier,
Et simple dans ses mœurs, est bon, hospitalier,
Généreux et sensible : avec quelle tendresse
Sa main soigne leurs bœufs, les nourrit et les dresse!
Doux serviteurs, par lui baptisés de beaux noms,
Et qui, de ses travaux paisibles compagnons,
Sans jamais le quitter, couple aimant et docile,

Tristes, mènent leur maître à son dernier asile !

« Mais, pour ce cher pays, qui nous donna le jour,
Du colon vendéen rien n'égale l'amour,
Et cet amour encore est de l'idolâtrie :
Sa paroisse est pour lui la France, la patrie,
Il n'en connaît point d'autre; et de ce vieux clocher
Son regard attendri ne peut se détacher !
Et ces champs, dont le sol de sa sueur transpire,
Où sa vie est écrite, où son âme respire,
Confidens de son cœur, et témoins de son sort,
Ces doux champs, les quitter serait pour lui la mort !

« Faut-il du pays même esquisser la peinture ?
La Loire et l'Océan lui servent de ceinture :
Et quels traits vigoureux, quels genres de beautés,
Dans ce vaste tableau, la nature a jetés !
Différentes d'aspect, de sol, de caractère,
Trois grandes régions dessinent cette terre.
Ici, la Plaine, où l'œil s'égare à l'infini,
Et dont le sein brillant, comme un beau lac uni,
D'ondoyantes moissons s'enrichit et se pare !
De l'abîme grondant le Marais la sépare :
Par des canaux sans nombre en carrés divisé,
Et conquis sur les flots, qui l'ont fertilisé,
Le Marais opulent sur la côte s'étale;
Parmi de gras troupeaux, là bondit la cavale,
Là jaunit le froment, et se condense à l'air
Le sel, fils du soleil et des eaux de la mer.

« Mais le Marais, la Plaine, où perce la lumière,

Du pays vendéen ne sont que la lisière.
Vous avez nettoyé la plage d'Occident,
Qui prête au fanatisme un zèle aveugle, ardent,
Et dans la lutte apporte un féroce courage.
Le pays vendéen, c'est le sombre Bocage,
Sol terrible, où vos pas à peine ont pénétré,
Et sous qui le volcan bouillonne concentré.
En sauvages attraits nul autre ne l'efface.
Comment vous peindre, amis, cette rustique face ?
Ce dédale de bois, forêts, taillis, halliers,
Que peuplent le renard, les loups, les sangliers ;
Ces champs liés entre eux par de vives clôtures,
Prés verdoyants, guérets, bruyères et pâtures,
Où fleurit le genêt et l'ajonc épineux ;
Ces vallons ombragés, ces coteaux buissonneux,
Ornés de chèvrefeuils, d'églantiers, de troënes,
Qui des vents de l'été parfument les haleines ;
Et ces ravins profonds, où mugit le courroux
Des torrens orageux, roulant sur les cailloux ;
Et cet amas d'étangs, de ruisseaux, de rivières ;
Ces chemins creux, étroits, et pleins de fondrières,
Défilés effrayans, où nos braves soldats
Rencontrent les périls, la mort, à chaque pas !

« Tel est notre Bocage : un long rang de montagnes
Le divise, et s'élève au-dessus des campagnes,
Du fier Agésinate autrefois le séjour ;
Sur ces sommets, frappés des premiers feux du jour,
Campa Jules César, avec son aigle altière,
Qui d'un peuple indompté respecta la frontière :

C'est la basse Vendée, invincible en son fort.
Puis, au delà des monts, vers l'est et vers le nord,
S'étend le haut pays, où régna le Teyphale;
La Sèvre, à quelques pas, baigne leur capitale,
Tiffauges, qui n'a plus qu'un débris de splendeur,
Un château délabré, reste de sa grandeur :
Le villageois tremblant évite ce lieu sombre,
Où de la Barbe-Bleue il croit voir marcher l'ombre.
Voilà cette Vendée, âpre et funeste sol,
Sur qui le noir Génie a dirigé son vol!...

« Quelle joie est la sienne! à ces fatales rives
S'attachent du passé toutes les forces vives.
Le régime vaincu s'y relève, et le sert :
Tel, frappé de la foudre, au tronc qui reste vert
L'ormeau se réfugie et d'un épais feuillage
Veut abriter encor les danses du village.
De notre déité les mortels ennemis,
Le seigneur féodal, et le prêtre insoumis,
Ont envahi ces bords, et sont d'intelligence,
Unis par l'intérêt, unis par la vengeance.
Le Bocage fermente, agité de complots,
Et le foyer du mal, c'est un pieux enclos,
Ce couvent (¹) de la Sèvre, hospitalière enceinte,
Qui conspire, infidèle à sa mission sainte !
La révolte y rugit : la main des chastes sœurs

---

(1) Saint-Laurent, sur la Sèvre Nantaise, couvent des Sœurs de la Sagesse, fondé par le père Montfort, ermite, dont on montre la grotte dans la forêt de Vouvant. Cette maison, sous les dehors de l'humilité, était déjà opulente. Habitée d'un côté par les Sœurs grises, et de l'autre par les Frères du Saint-Esprit, elle donnait asile à tous les prêtres réfractaires, et était le foyer de la révolte.

Prépare et fait bénir rosaires, sacrés-cœurs,
Perfides ornements, qui d'un peuple rebelle
Vont égarer la foi, vont enflammer le zèle.
Bientôt, les cris de guerre, et les arrêts de mort,
Sortiront du tombeau de l'ermite Montfort !

« Des nobles, cependant, le fier courroux balance (1) :
Au fond de leurs manoirs, gémissant en silence,
Ils pleurent, en secret, et la chute des Lis,
Et leurs antiques droits, avec eux abolis.
La République est forte : elle imprime une crainte,
Qui refoule en leurs cœurs le regret et la plainte.
Ils attendent : l'espoir enfin renaît pour eux,
A de sourdes rumeurs, à des signes nombreux...
Le clergé les devance : il parle, agit, fomente
Le trouble des esprits, milice impatiente.
Le Fanatisme a vu cette ardeur, et soudain
Il vole à Saint-Laurent, délicieux Éden,
Humble et riche demeure, asile du bien-être.
Le cruel, dès longtemps, connaît l'âme du prêtre :
Il sait quelle est sa haine, avec quelle chaleur
Elle en veut au pouvoir, qui renversa le leur,
Et ravit à leurs mains une si belle proie,
Ces biens, source d'orgueil, de puissance et de joie !
Ces voluptés du monde, il les faut ressaisir,
S'en repaître, et surtout, pour comble de plaisir,
Se venger, dussent-ils tout perdre, tout confondre !...

« Le monstre, qui les voit à ses desseins répondre,

---

(1) Ce fait repose sur des documents historiques incontestables. Il est confirmé par Mercier du Rocher, dans ses *Mémoires inédits*, déjà cités.

Se révèle, et son souffle, excitant leurs transports,
Allume, sur le champ, le feu de nos discords.
Sans mesure et sans frein, la haine catholique
Déborde avec fureur contre la République,
Et, sous des traits affreux peignant la Liberté,
Fait voir le trône en cendre et l'autel insulté,
De nos temps désastreux, par une infâme adresse,
Imputant les malheurs à l'auguste déesse,
Seigneurs, grands de l'État, ministres du Très-Haut,
Persécutés, proscrits, mourans sur l'échafaud,
Le roi, le roi lui-même, immolé par le crime,
Le sang coulant à flots, et la France, victime,
Livrée à des tyrans, qui sur la nation
Ont fait tomber du ciel la malédiction!...

« Et la cause, on la cache (¹)! Aussi le mal circule,
Croît sans cesse, et ce peuple, ignorant et crédule,
De colère et d'horreur frémit, à ces tableaux :
Tous les vents déchaînés irritent moins les flots.
Et, malgré tant d'efforts, la révolte impuissante
Expire : tout à coup un homme se présente,
Un homme résolu, plein d'ardeur et de foi,
Comme tous ceux qu'appelle une secrète loi,
Confondus dans la foule, et s'ignorant eux-mêmes,
Et se levant toujours dans les momens suprêmes!
La Vendée enfanta son Masaniello,
Le paysan du Pin, l'humble Cathelineau.

---

(1) Il est certain que les excès de la Révolution n'ont été produits que par la résistance au cours naturel et pacifique de l'idée nouvelle, c'est-à-dire au travail de l'humanité; ce que l'on se gardait bien d'expliquer aux paysans de la Vendée.

Il est là, dans le peuple, au rang le plus infime,
Inconnu : mais bientôt, dans un élan sublime,
Le héros va sortir, en mortel inspiré,
Et de tout l'occident, comme un saint, vénéré.
Être prodigieux, il cache, sous la bure,
Un courage intrépide, une âme grande et pure,
Le coup d'œil du génie et du commandement,
Cette éloquence, enfin, pleine de sentiment,
De vigueur et de feu, qui, des cœurs souveraine,
Saisit la multitude, et l'étonne et l'entraîne !

« Que le sein d'un mortel, de la sorte embrasé,
Sente approcher l'orage, il est électrisé !
L'orage vient, il gronde, éclate... la patrie,
Par les rois menacée, et s'alarme, et s'écrie :
Aux frontières ! Ce cri, des mères la terreur,
Citoyens ! nous remplit d'une sainte fureur,
Et le prêtre, de joie !... il perdait l'espérance,
Sa voix tonnait en vain ; et l'appel de la France,
Secours inattendu, vient accomplir ses vœux !
Ce cri, du Vendéen fait dresser les cheveux ;
Dans nos champs l'épouvante aussitôt se propage :
L'amour du sol natal, cet instinct du Bocage,
Puissant comme la foudre, et prompt comme l'éclair,
Soulève les hameaux, de la Loire à la mer ;
Il fait trembler la terre ; et, dans toutes les âmes,
La colère, attisée à ses brûlantes flammes,
Bouillonne... Quel moment ! et comme sans retard
Le Fanatisme en use et l'exploite avec art !
A sa voix, Saint-Laurent vomit toute sa lave :

CHANT II.

« Quoi! de libre qu'on est il faut se faire esclave!...
« Soldat! et pour servir l'ennemi de la foi,
« Les bourreaux dont la main a tué notre roi!
« Ceux qui, reniant Dieu, notre souverain maître,
« Ont fermé notre église, en ont chassé le prêtre!...
« Quoi! partir, et quitter, peut-être pour toujours,
« Nos champs, nos bœufs si beaux, le soc et les labours!
« Dire adieu pour jamais au clocher du village,
« A la fête du saint, aux Pâques!... Non, je gage!
« Viennent les régimens! viennent les citoyens!
« On verra!... » Ruse affreuse, exécrables moyens!
Et pour notre Jeunesse, hélas! trop douce amorce!
Contre elle, de l'État le décret est sans force.
La voix des magistrats cherche à persuader,
Mais en vain; on essaie alors d'intimider,
Et le canon fatal du district de Montglône (1),
Part, engage la lutte, en ne blessant personne.
C'en est fait, la révolte égare les esprits,
Se déchaîne, et triomphe; et les jeunes conscrits,
Parcourant la campagne, y sèment les alarmes :
Aux armes! on entend crier partout : Aux armes!
Et le tocsin, qui tinte, à ces cris menaçans,
Mêle et prolonge au loin ses lugubres accens!...

« A ce bruit, qui le frappe en son foyer paisible,
Cathelineau bondit, comme un lion terrible,
Que le cor et la meute aux rapides abois
Réveillent en sursaut, dans le calme des bois!

(1) Saint-Florent.

Femme, enfans éplorés, rien alors ne l'arrête;
Il vole aux Insurgés, il s'élance à leur tête :
« Mes enfans! leur dit-il, (à peine il a parlé,
« Le héros de la Foi soudain s'est révélé!)
« Armez-vous pour le Ciel, qui m'inspire et nous guide,
« Et suivez-moi! » Ce ton, ce visage intrépide,
Qui d'un éclat céleste éblouit leurs regards,
Communiquent la force aux jeunes campagnards.
Tous jurent de le suivre; et leurs mains empressées,
De fourches, de bâtons et de faux redressées
S'arment, et sous le chef, que Dieu leur a donné,
L'agreste bataillon, d'un pas déterminé,
Marche, plein d'assurance, et sûr de la victoire;
Et, dès le premier jour, il emporte, avec gloire,
Jallais et Chemillé, début de ses travaux;
Puis il fond sur Cholet, où des succès nouveaux,
Plus étonnans encor, signalent son audace :
Malgré notre vigueur à défendre la place,
Cholet succombe et livre un immense butin,
Et Vihiers, à son tour, subit même destin.
L'ardent Cathelineau, sans laisser prendre haleine,
Suit sa course, et partout la résistance est vaine.
L'effet de ses exploits est rapide, éclatant;
Déjà, de tous côtés, la révolte s'étend :
Tout se lève en trois jours! Tel, enflé par l'orage,
Un fleuve porte au loin le bruit et le ravage;
Tel encor, dans les bois, par les vents excité,
Le feu s'allume, aux yeux du pâtre épouvanté,
Et se répand soudain, effrayant météore,

Dans toute la forêt, qu'il embrase et dévore!

« Ainsi, des fils du peuple, ouvriers, paysans,
Se lèvent contre toi, repoussent tes présens,
Céleste Liberté! leur étrange délire
Croit que, pour se venger, Dieu daigna les élire!
Dieu, de nos faibles bras se faire un instrument!...
Hélas! sans le savoir, dans leur égarement,
Ils servent une cause à ses yeux criminelle,
La cause des tyrans! Ta lumière éternelle
Frappera, mais trop tard, leur esprit aveuglé.
Les partis sont aux mains, et le sang a coulé;
Deux peuples, deux drapeaux, se heurtant avec rage,
Vont saccager nos champs, les baigner de carnage.
Lequel des deux vaincra? le Passé? l'Avenir?
Les Brigands sont debout, et les Bleus vont venir!

« Mais Pâques approchait : pour cette auguste fête,
Chef habile et pieux, Cathelineau s'apprête :
« Séparons-nous, dit-il; Dieu, qui nous rend vainqueurs,
« Dans ces jours solennels, fortifiera nos cœurs.
« Que la communion, mes enfans! nous dispose
« A servir dignement sa glorieuse cause;
« Et, pleins de son esprit, sous notre saint drapeau,
« Trouvons-nous, le lundi de la Quasimodo! »
Et la Vendée, ainsi, quand cette voix l'ordonne,
Tantôt vole aux combats, tantôt les abandonne :
C'est le plan qu'au héros son génie a dicté,
Et qui tient toujours prêt le pays révolté.

« Tout part, et nous croyons que le volcan s'apaise;

Mais brisant, tout à coup, son ardente fournaise,
Il ébranle le sol, dont le calme profond
Cachait, à nos regards, le feu dormant au fond ;
Et bientôt, à travers la flamme et la fumée,
De ses flancs déchirés sort une double armée :
L'une suivant Charette et couvrant le Marais,
L'autre du haut Pays inondant les guérets.
Les châtelains, au bruit des secousses nouvelles,
Tirent l'épée enfin et quittent leurs tourelles.
C'est en vain, désormais, qu'ils voudraient se cacher :
Leurs vassaux, devant eux, les forcent de marcher.

« Je dirai leurs exploits, et les chefs les plus dignes :
La Rochejaquelein, Bonchamp, guerriers insignes,
Puis Lescure, et d'Elbée, et Talmont, et Royrand,
Stofflet, de qui les noms brillent au premier rang.
Je dirai le Conseil, âme de cette Ligue,
Où le prêtre Bernier domine par l'intrigue,
Et les moyens divers, patens et ténébreux,
Que la Vendée oppose à vos bras valeureux.
Mais, avant d'aborder cette grave matière,
Amis, il nous faut suivre, au bout de sa carrière,
L'homme prédestiné, dont la sainte ferveur
A l'étendard des Lis promettait un sauveur ! »

L'attention redouble à ces mots : l'auditoire
Prête une oreille avide à l'héroïque histoire.
Daniel reprend ainsi : « De ces nouveaux croisés
Les efforts par le Ciel semblaient favorisés.
La discorde agitait Paris et l'assemblée :

La République, alors, affaiblie, accablée,
S'épuisait, au milieu de funestes débats.
Aussi, les Insurgés, dans leurs premiers combats,
Renversent, tour à tour, et nos jeunes recrues,
Sous d'intrépides chefs à la hâte accourues,
Et nos vieux bataillons, eux-mêmes culbutés,
Qui, devant l'ennemi, cèdent de tous côtés.
La victoire est complète, et la blanche bannière
Commande, en souveraine, à la Vendée entière !

« Et c'est Cathelineau, c'est l'humble villageois,
Dont le bras accomplit ces merveilleux exploits !
Il communique à tous son courage et son âme :
Habile, actif, ardent, il excite, il enflamme,
Fait taire, au nom du ciel, la voix des passions ;
Et du sein du désordre et des dissensions,
De vingt corps séparés, sans frein, sans harmonie,
Sort une grande armée, œuvre de son génie !

« Et les chefs, enivrés d'un triomphe pareil,
Pour de vastes desseins convoquent le Conseil.
La fortune est pour eux : la stupeur de la France,
La guerre des partis, secondent leur vaillance.
Profiter du succès, et porter de grands coups,
Saisir l'occasion, tel est le vœu de tous,
Un vœu d'enthousiasme ! il faut franchir la Loire,
Ce nouveau Rubicon, limite de leur gloire,
Par Vendôme ou par Tours, s'élancer sur Paris,
Et, frappant le Pouvoir au cœur, sur ses débris,

Proclamer un monarque, et relever le trône !

« Mais, pour le paysan, Paris, c'est Babylone,
C'est l'impure Sodome ! Et comment s'éloigner,
Comment fuir la patrie ! « Essayons, dit Bernier,
« Commençons par Saumur : le Ciel, qui nous écoute,
« A nos pas saura bien, alors, ouvrir la route ! »
L'ambition l'emporte : en vain Cathelineau
De la foi, qui l'inspire, invoque le flambeau,
Peint l'esprit vendéen, à cet avis contraire,
Et montre les périls d'un projet téméraire :
Seul contre tous, il cède ; et, sans peur et sans fiel,
Il marchera, soumis aux volontés du ciel.
Dans le Marais, Charette observera la plage,
Et d'Elbée et Bonchamp garderont le Bocage.
Avec les autres chefs, le sort en est jeté,
Le héros marchera vers le but projeté.

« A Saumur ! le mot d'ordre aussitôt se répète :
A Saumur ! le tocsin, leur sinistre trompette,
Sonnant de toutes parts, rassemble, en un moment,
Les enfans des hameaux, pour ce grand mouvement.
Ils viennent, et l'ardeur des Paroisses fidèles
Les emporte : on dirait que l'armée a des ailes,
Tant son essor est prompt, rapide, impétueux !
Telle, rompant ses bords, à flots tumultueux,
La mer, avec fracas, envahirait la plaine.
Rien ne peut arrêter la fougue vendéenne.
Doué les voit, après un combat de trois jours,
Écraser nos soldats, qui lui portaient secours.

CHANT II.

Et Saumur, menacé du choc de l'avalanche,
Et qui nous promettait une insigne revanche,
Saumur, vaillant et fort, plein d'hommes aguerris,
Généraux, citoyens, soldats... Saumur est pris!
Est emporté d'assaut! et nos troupes chassées
Laissent tout au vainqueur, par l'effroi dispersées!

« Saumur pris! quelle proie aux mains des assiégeans!
Et le riche butin, sur ses flots diligens,
La Loire, à leurs dépôts, l'emporte sans obstacle.
Que fera la Vendée, après un tel miracle?
Sa force est un mystère, un pouvoir surhumain,
Dont Dieu tient le secret et le sort dans sa main.
Dieu, c'est Cathelineau, l'envoyé, le prophète!
Il peut tout : cette foule, à sa voix stupéfaite,
S'incline, et, lui croyant un invisible appui,
Elle est prête à le suivre, et s'abandonne à lui.

« Il faut un général, de qui la main puissante
Étouffe, dans le camp, la discorde naissante,
Qui gouverne et commande, et, de tous respecté,
Impose à tous le frein de son autorité,
Qui dirige la guerre en souverain arbitre!
Dix chefs pourraient prétendre à ce superbe titre,
Pourraient le disputer, avec des droits égaux,
Par le nom, la naissance, ou leurs brevets royaux,
Par le rang, la valeur... Mais à la nouvelle ère
Tout cède : au paysan, au peuple il faut complaire!
La force est là. Ton souffle, ô sainte Liberté,
A répandu dans l'air l'esprit d'égalité,

Et la terre, avec joie, en reconnaît l'empire :
Dans les villes, aux champs, partout on le respire,
Dans le Bocage même, et les sens, le cerveau,
Le cœur est imprégné de cet esprit nouveau,
Brillant avant-coureur du jour qui doit éclore ;
Aussi le drapeau blanc, le drapeau tricolore,
Tout en a ressenti l'effet miraculeux,
Et la main des Brigands (1), comme celle des Bleus,
Au sol de l'avenir semant l'idée humaine,
Féconde, ô Liberté, ton immortel domaine !
Tu vois enfin, tu vois tous ces preux chevaliers,
Suivis de leurs vassaux, avec eux familiers,
Tes plus fiers ennemis, sous leurs nobles enseignes,
Armés pour te combattre, et montrant que tu règnes !
Ces seigneurs dont l'orgueil s'abaisse, tu les vois
Nommer Cathelineau, se ranger sous ses lois,
Et l'armée applaudir à ce choix unanime,
Qui fait d'un paysan son généralissime (2)!...

« Mais le flot vendéen, où va-t-il se porter ?
Cathelineau, craignant de le voir s'écarter,

---

(1) Fr. Grille trace du paysan vendéen le portrait suivant, qui, à l'époque où nous vivons, est encore étincelant de vérité : « Le paysan craint et n'aime pas. Il pense à lui,
« rien qu'à lui. En traçant son sillon, il réfléchit. Et combien n'en a-t-on pas entendu dire
« dans leur langage naïf : Cette terre dont je suis métayer, que mon père a labourée,
« que son père a aussi lui labourée, et que nous avons tous creusée, retournée, nettoyée,
« séchée, trempée de sueur, *quand sera-t-elle à nous ?*... Ce mot est là dans toutes les
« pages de nos guerres civiles, pour qui sait y lire. La Vendée a, dans son sein, la révo-
« lution. Elle la veut, elle la fait, et si elle la combat, c'est qu'elle se trompe. Les
« temps le prouveront !... »

(2) Déjà Stofflet avait déclaré fièrement aux marquis et aux comtes, rangés sous ses enseignes, et qui voulaient qu'il fût leur inférieur : « Qu'il combattait pour la religion
« qui rendait les hommes égaux ! » (Mercier du Rocher, *Mémoires inédits*.)

CHANT II.

Dit aux chefs : Le Seigneur, qui nous comble de gloire,
« Nous défend d'exposer les fruits de sa victoire,
« Et nous les perdrions sur des bords étrangers.
« N'allons donc pas trop loin ! Je vous réponds d'Angers,
« Et, par Nantes conquise, à nos compagnons d'armes,
« Je veux rendre les champs, pour eux si pleins de charmes,
« Ces champs où les rappelle un souvenir si doux ;
« Et quand Saumur, Angers, Nantes, seront à nous,
« Croyez-moi, croyez-en le Ciel que j'en atteste,
« Content de nos efforts, le Ciel fera le reste.
« Bretons, Normands, la France, oui la France, à sa voix,
« Avec nous, lèvera le drapeau de ses rois ! »

« Et, sans perdre un instant, sur Angers il s'élance :
Angers, terrifié, se livre sans défense.
Tout a fui sans combattre, ô lâche trahison !
Tout, gardes-citoyens, magistrats, garnison.
Patriote cité, dont l'ennemi s'empare,
Au nom du roi chrétien de France et de Navarre,
Mais qui d'un tel revers bientôt se vengera (¹) !
La basilique s'ouvre, et l'Évêque d'Agra,
Les prêtres vendéens, célèbrent avec pompe
Ce triomphe d'un jour, vain éclair qui les trompe :
L'encens fume, les chants font redire au saint lieu
L'hymme de la victoire et de louange à Dieu.
O délire ! du sang, versé par la discorde,
Louer le Dieu de paix et de miséricorde !
La ville, consternée, a pris un air de deuil :

---

(1) V. le 10ᵉ Chant.

Le vainqueur, dans l'ivresse, y trouve un morne accueil,
Le silence y répond à ses fêtes bruyantes,
Et, s'arrêtant à peine, il va fondre sur Nantes.

« Le sixième soleil du premier messidor
Se lève sur la France, et de son disque d'or
Tombent des traits de feu sur le front de l'armée ;
Elle descend le cours de la Loire alarmée,
Suit le rivage à droite, et marche à pas pressés.
Bientôt Saint-George, Ingrande, Oudon sont dépassés,
Puis l'Erdre, ce beau lac, aux rians pâturages :
Déjà Cathelineau campe sous leurs ombrages.
Nantes est loin encor; mais, avant de frapper,
Il manœuvre avec art et veut l'envélopper.
Il médite, il prépare un assaut formidable !
L'aspect de la cité n'est pas moins redoutable :
L'esprit républicain, dans toute sa chaleur,
De nos fiers bataillons enflamme la valeur.
Le peuple, les soldats, et leurs chefs héroïques,
Et le maire Baco, digne des temps antiques,
Tous ont fait le serment, qui rend l'homme si fort,
Tous feront leur devoir : la victoire ou la mort !

« L'Ennemi quitte l'Erdre et ses fraîches savanes :
Sur les routes d'Angers, de Rennes et de Vannes,
Il se poste, et s'arrête, en nous serrant de près.
Les bandes de Lyrot, et celles du Marais,
Doivent, sur l'autre bord, concertant leurs attaques,
Enlever Pont-Rousseau, s'emparer de Saint-Jacques.
Charette accourt; Lyrot, fidèle au rendez-vous,

Amène, en même temps, ses braves du Loroux :
Et les Brigands, alors, avec des cris sauvages,
De la Loire effrayée ébranlent les rivages.
C'est le signal! l'assaut, dès l'aube commencé,
Sur l'une et l'autre rive, est d'abord repoussé.
A gauche, où s'avançaient et Lyrot et Charette,
L'impétueux Beysser les force à la retraite ;
Et, de l'autre côté, Bonvoust, non moins vaillant,
Coustard, avec ardeur, fondent sur l'assaillant.
Le fier Cathelineau, déjà près de nos portes,
Devant eux voit céder ses plus braves cohortes,
Il le voit, et s'écrie : « Eh quoi! vous les élus,
« Les serviteurs du Christ, amis! n'êtes-vous plus
« Les hommes de Saumur? est-ce donc le courage
« Qui vous manque, au moment d'achever votre ouvrage ?
« Vengeurs du roi-martyr, soldats du Dieu vivant,
« Cette ville superbe est à nous, en avant ! »

« Et la voix inspirée aussitôt les arrête,
Et ces fiers paysans, pareils à la tempête
Qui dans l'air tourbillonne et sur nos champs s'abat,
Plus brusquement encor, retournent au combat.
Leur fougue se ranime, et devient indomptable !
Alors éclate un feu terrible, épouvantable :
Quel spectacle! la grêle, à coups moins redoublés,
Avec moins de fureur, hache vignes et blés.
Les corps jonchent la terre ; et dans les intervalles
Où cessent de siffler les boulets et les balles,
Des voix montent en chœur et, derrière les rangs,
Mêlent des chants de gloire aux plaintes des mourans :

Les prêtres vendéens, par de sacrés cantiques,
Échauffent au combat les bandes fanatiques;
Et, pour comble d'horreur, leur homicide main,
Levant un crucifix, souillé de sang humain,
Aux lèvres des mourans le porte pour absoudre!...

« Les Brigands, enivrés et de chants et de poudre,
Semblent sortir de terre, et se multiplier !
Il faut, à notre tour, céder, se replier,
Tous nos efforts sont vains ; et dans les palissades
Ils nous suivent, forçant toutes nos barricades.
Ils s'y jettent en foule, et le feu cesse alors,
Alors c'est la mêlée : on se prend corps à corps,
Et, dans l'horrible accès d'une rage muette,
On s'égorge, on se larde à coups de baïonnette.
Le carnage est affreux!... La ville, sans remparts,
Au flot des assaillans s'ouvre de toutes parts;
Le flot grossit sans cesse, il gronde, il nous entoure,
Mais l'excès du péril exalte la bravoure,
C'est là qu'est le salut : l'intrépide Baco
Vole, excite, et partout sa voix trouve un écho;
Blessé, le sang l'inonde, ô dévouement sublime !
Et toujours il combat, toujours il nous anime !
Et Canclaux, avec lui l'espoir de la cité,
Quel sang-froid, quand la ville est dans l'anxiété,
Quand il voit le danger de plus en plus extrême !
Il est debout, et calme et maître de lui-même,
Suit de l'œil la bataille et ses destins flottans,
Commande : à ses côtés sont les Représentans,
Et, rangés près de lui, grenadiers, volontaires,

Canonniers, de sa voix, de ses regards austères,
Attendent le signal, pour se précipiter !
Un mouvement subit est venu l'agiter :
Marchons ! dit-il, et tous, patriotes fidèles,
S'élancent, sur ses pas, au-devant des rebelles.
Le choc est effroyable, il va fixer le sort,
C'en est fait... L'ennemi, par un dernier effort,
L'emporte ! il entre, il touche à la place Viarme,
Et, la main sur le cœur, en y pressant son arme,
Un villageois, un homme, à l'œil étincelant,
Avec la blanche écharpe et le panache blanc,
S'avance, et, le front nu, modeste dans sa gloire,
Remercie, à genoux, le Ciel de la victoire !

« Je l'ai vu !... mais soudain, sur lui-même affaissé,
Il fléchit, tombe ; un cri s'élève : il est blessé !
Cathelineau blessé !... Grand Dieu ! quel coup de foudre
Sur les rangs ennemis éclate !... Que résoudre ?...
Que faire ?... Le désordre, en ce moment fatal,
Est au comble... Sauvez, sauvez le général !
On l'enlève... O douleur !... O joie !... On pleure, on crie :
Cathelineau se meurt !... Victoire à la patrie !...
Ils mollissent, leurs chefs les retiennent en vain :
Dans ce coup foudroyant, on voit le doigt divin ;
Celui qui devait vaincre, en cet assaut funeste,
Est frappé !... C'est peut-être un châtiment céleste !
Et c'est un ordre au moins !... Le prestige est détruit.
Cathelineau se meurt ! il faut partir : tout fuit !
Avec lui meurt la foi, la fièvre de l'idée :

Il n'est plus de héros! il n'est plus de Vendée!

« Nantes, ivre de joie, après un tel danger,
En est tremblante encore, et frémit d'y songer :
Tant il était horrible! et tant sur les visages
La Peur, livide et blême, accablait les courages!
Mais, échappée enfin à des maux si pressans,
De fleurs le jour, la nuit de feux resplendissans,
La cité se couronne, et les fêtes civiques
Se disputent les quais et les places publiques.
Cent mille voix, roulant sur le fleuve enchanté,
Font retentir le cri : Vive la Liberté!

« Que devient l'Insurgé? Dans sa prompte déroute,
De Mauves, d'Ancenis il regagne la route,
Passe la Loire, et rentre en ses genêts touffus,
Haletant et meurtri, de sa chute confus.
Le héros qu'il emporte, hélas! respire encore;
Mais pas d'espoir! le ciel, que le Bocage implore,
Accorde seulement quelques jours à ses pleurs,
Et l'homme, digne objet de si tendres douleurs,
Rend doucement à Dieu, sur une terre aimée,
Cette âme par la foi d'un feu pur enflammée!

« Ainsi tombe et finit ce courageux mortel,
Le plus puissant soutien du trône et de l'autel,
Dans sa gloire frappé, sur le champ de bataille,
Quand d'effroi, devant lui, tout un peuple tressaille,
Au moment où son bras, fort et victorieux,
Du devoir accompli prend à témoin les cieux!

Comme un malheur public, amèrement pleurée,
Sa mort d'un deuil immense a couvert la contrée.
Les fronts par la douleur sont encore abattus;
Tout gémit : les drapeaux, de crêpes revêtus,
Tristes, semblent touchés d'une perte cruelle;
Mais cette mort n'a point terminé la querelle.
La Ligue se relève, et l'âme du héros
Anime encor la terre, où reposent ses os! »

FIN DU IIe CHANT.

CHANT III.

CHANT III.

Daniel ainsi charmait la première veillée :
Il s'arrête, et Mayence, émue, émerveillée,
Se retire, admirant et la vie et la mort
Du héros vendéen, dont elle plaint le sort :
Tous le pleurent! Les chefs sous la tente reposent;
Mais ces drames sanglans, qui devant eux se posent,
Ce peuple, ce pays, que leur bras doit dompter,
Cette guerre, la nuit, les force à méditer.
Le soldat, plus heureux, que nul soin n'inquiète,
Dort en paix, enivré des récits du poëte.
Par des songes légers le sommeil mollement
Le berce, et dans un vague et long enchantement
Le promène, à travers de riantes féeries,
Sous l'ombrage des bois, sur l'émail des prairies,
Lui montre l'Océan, tour à tour, à ses yeux,
Dans son immensité, tranquille ou furieux,
Et la mer, aux flots d'or, qui sur la Plaine ondoie,
Et les vallons, séjour du calme et de la joie,
Où, près d'une onde claire, au milieu des troupeaux,

D'heureux bergers, à l'ombre, animent leurs pipeaux.
Et quand, avec le jour, le clairon se réveille,
Dans les bois, où la chasse enchante son oreille,
Il s'égare, et longtemps il croit, rêvant encor,
Au sein de la forêt, ouïr les sons du cor !
Mais ce bruit prolongé des fanfares guerrières
Dissipe les vapeurs qui chargent leurs paupières,
Et tout le camp s'agite aux premiers feux du jour.
Les Mayençais, du soir attendent le retour :
Daniel achèvera l'histoire commencée !
Voici l'heure : la foule, autour de lui pressée,
Et plus nombreuse encor que la première fois,
Se tait avec respect, dès qu'elle entend sa voix :

« La Vendée, à l'abri de ses réserves sûres,
Se repose, dit-il, et guérit ses blessures;
Puis, tous les chefs bientôt se lèvent, résolus
A périr ou venger le héros qui n'est plus !
Amis ! vous avez là de dignes adversaires,
Unissant la bravoure aux talens militaires :
Vous les verrez à l'œuvre ! un seul, vaincu par vous,
Charette, avec honneur, vient d'affronter vos coups.
La Liberté n'a point d'ennemi plus farouche :
Les périls, la pitié, le remords, rien ne touche
Le Soliman chrétien (1), de qui l'âme de fer,
Jeune encor, s'est trempée aux vagues de la mer.
Ce cœur connaît l'amour, et d'intrépides femmes,

---

(1) C'est au Soliman de la *Jérusalem délivrée* que l'on entend comparer Charette, dont le caractère avait bien des traits de ressemblance avec celui du chef infidèle si admirablement dépeint par Le Tasse.

Qu'il entraîne et soumet à ses jalouses flammes,
Suivent dans les combats le terrible guerrier ;
Mais l'Amour obéit à ce despote altier,
Impérieux sultan d'un sérail d'amazones.

« Ce chef si courageux, fier champion des trônes,
Longtemps pressé, balance et craint de s'engager :
Comment compterait-il sur un peuple léger,
Horde indisciplinée, et s'offrant, à sa vue,
De vivres, et de poudre, et d'armes dépourvue ?
Mais qui pourrait prévoir et vaincre son destin ?
Tranquille, il se livrait aux plaisirs d'un festin,
Et, pendant les ébats de la joyeuse fête,
Toute une armée arrive et l'appelle à sa tête.
Il refuse, on insiste, et le rude marin
Au flot qui l'investit veut imposer un frein.
Inutiles efforts ! la vague impatiente
Autour de lui bouillonne, orageuse et bruyante,
Et menace ! Au milieu de ce mugissement,
Charette se recueille et médite un moment ;
Puis, déployant aux yeux de la foule intraitable
Un blanc tissu de lin, qu'il saisit sur la table,
Et pâle de courroux, frémissant, l'œil en feu :
« Vous le voulez, dit-il, je cède à votre vœu ;
« Et voici mon drapeau ! comptez sur ma parole :
« Je le suivrai toujours, ce glorieux symbole ;
« Oui, jusques à la mort ! mais on m'obéira,
« Et malheur à celui qui l'abandonnera ! »
Par le sort des combats sa valeur secondée
Bientôt le rend fameux dans la basse Vendée.

On y tremble à son nom ; et l'altier général,
Maître absolu, commande et ne veut point d'égal.
Les plus superbes chefs, avant lui sous les armes,
Fléchissent, et de rage ils en versent des larmes.
Mais il faut obéir ; à son autorité
Personne ne résiste, avec impunité :
Le despote cruel sans pitié sacrifie
Tout rival qui le brave ou dont il se défie !

« Tel est cet ennemi, par vous dix fois battu :
Le lion est blessé, mais non pas abattu,
Et c'est dans les revers que son génie habile
Tout entier se déploie, en ressources fertile.
A peine est-il vaincu, d'autres plans sont dressés ;
Et déjà, ralliant ses débris dispersés,
Pour fondre à l'improviste, il sort de ses retraites,
Plus fier, plus redoutable, après tant de défaites.
De votre gloire, amis, brûlant de vous punir,
Aux chefs du haut Pays il va se réunir.
Que, vainqueur avec eux, il triomphe et se venge,
Il voudra que sous lui tout cède, tout se range ;
Et s'il ne force pas ses rivaux à ployer,
Seul, au fond du Bocage, il viendra guerroyer.

« Unis, qu'ils seraient forts ! mais ce fier capitaine
Jamais n'assouplira sa rudesse hautaine,
Et l'orgueil du pouvoir, fatal à tous les camps,
Déjà soulève au leur des orages fréquents.
Fille des passions, la Discorde cruelle
Ne laisse aucun repos à la race mortelle ;

Elle règne ici-bas : le drapeau de la foi
Est sujet, comme un autre, à la commune loi.
Depuis que son héros a fermé la paupière,
La discorde l'agite, et la sainte bannière,
A l'ombre de ses plis, voit dans les rangs chrétiens
De sages défenseurs et de pieux soutiens.

« D'Elbée, au premier rang, vanté pour sa prudence,
Se confie en sa cause et dans la Providence.
Le métier de la guerre a mûri ses talens,
Et sa froide raison conçoit d'habiles plans,
Que l'ardent Forestier, plus actif dans la lutte,
D'un bras plus vigoureux et plus ferme exécute.
Mais Bonchamp, jeune encore, et déjà vieux soldat,
Les efface au conseil, les efface au combat :
Vertueux ennemi, Bayard de la Vendée,
Par la foi, par l'honneur sa bravoure est guidée,
Et, pur d'ambition, son noble dévouement
Hait le faste, et voudrait triompher noblement.
Un vieillard, comme aux jours où brillait sa jeunesse,
Joint l'ardeur du courage aux fruits de la sagesse :
C'est le brave Royrand, vénérable Nestor,
Qui, de la Liberté favorisant l'essor,
Aux champs de l'Amérique a combattu pour elle,
Et des rois en Europe embrasse la querelle.
Le fils des La Trémouille, intrépide comme eux,
Talmont, parmi ces chefs, apporte un nom fameux.
Vos yeux seront frappés de sa haute stature :
Jeune, et de traits charmants doté par la nature,
Il fait aimer sa grâce et son urbanité,

Et d'un cœur généreux la douce humanité.

« De ces hommes d'élite, et grands de renommée,
Le plus jeune est Henri (1), l'Achille de l'armée.
Ce bel adolescent, svelte, agile et nerveux,
Laisse au vent sur son cou flotter ses blonds cheveux ;
Aux travaux endurci, plein de cœur, il endure
Besoin, peine, fatigue, et soleil et froidure :
Il n'est point dans nos camps un pareil écuyer,
Plus vaillant et plus leste : au vol de son coursier,
Sans effort, il saisit un caillou sur la terre.
C'est du preux chevalier le brillant caractère,
C'est l'orgueil et l'espoir de la rébellion :
Il s'élance au combat, comme un jeune lion.
De son valeureux père invoquant la mémoire,
Suivi d'un corps fidèle, il court à la victoire ;
Et, dès le premier coup, son bras victorieux
Révèle un digne fils des Croisés ses aïeux.

« Un brave, à la valeur joignant la modestie,
Lescure est son ami : l'âge et la sympathie
Dès l'enfance ont fait naître, en les charmant tous deux,
Ce lien dont la guerre a resserré les nœuds.
Lescure, de la foi gardant les mœurs antiques,
En observe avec soin les austères pratiques ;
C'est le saint du Poitou. Des transports violents,
Et dont sa piété modère les élans,

---

(1) Henri de La Rochejaquelein, que les paysans appelaient toujours M. Henri, nom sous lequel il sera désigné dans ce poëme. Quand la guerre commença, il n'avait que dix-huit ans.

Entraîneraient parfois cette âme si timide,
Pleine, dans le combat, d'une ardeur intrépide!

« Compagne du héros, une jeune beauté
A ses destins s'attache, et veille à son côté.
Angéline(¹) est son nom : sa naissance est obscure,
Mais par le même sein nourrie avec Lescure,
Élevée avec lui, dans le même séjour,
Ils ont grandi, s'aimant d'un fraternel amour.
De nos tristes discords le cri s'est fait entendre :
Sous un habit guerrier, sœur courageuse et tendre,
Elle a suivi son frère, et contre le danger
C'est un ange gardien qui le veut protéger.
Pour défendre ses jours, la charmante Angéline
Brave tous les périls, généreuse héroïne,
Sublime, dévouée, et simple en sa grandeur;
Et le camp tout entier, respectant sa pudeur,
La vénère, à l'égal de la Vierge céleste.
L'Amour aussi l'admire, et la beauté modeste
L'ignore : à leur insu, par un attrait vainqueur,
Ses yeux d'un jeune chef ont embrasé le cœur.
Sous les armes, au camp, Silvain la voit à peine,
Il frissonne, le feu lui court de veine en veine,
Son visage pâlit et rougit enflammé :
Il aime, c'en est fait, un coup d'œil l'a charmé!
Et depuis lors il brûle, il se consume, et n'ose
Avouer son tourment à celle qui le cause;

---

(1) Ce personnage et celui de Silvain sont historiques. Les noms seuls ont été changés.

Il n'ose approcher d'elle, il tremble à son aspect,
Tant la chaste héroïne imprime de respect,
Et, dans son tendre cœur, cet amour solitaire,
De larmes abreuvé, se cache avec mystère !

« Au signal des combats, Silvain, fils du hameau,
Accourut, prit Cholet, avec Cathelineau,
Et, de l'homme inspiré qui vit son noble zèle,
Il devint, dès ce jour, le compagnon fidèle,
Et l'ami dévoué : le premier dans ses bras
Il le reçut, couvert des ombres du trépas,
Il sauva du héros le lamentable reste,
Et, veillant comme un fils, jusqu'à l'heure funeste,
Recueillit, quand la mort vint enfin l'assoupir,
Sa dernière pensée et son dernier soupir !
Silvain, cœur intrépide, âme pure et naïve,
Aime Angéline et Dieu, de la foi la plus vive.

« Un autre chef, de mœurs et d'esprit différents,
Et fils du peuple aussi, commande aux premiers rangs.
C'est vous nommer Stofflet(1), le fameux garde-chasse,
Grand, robuste, et trempé de courage et d'audace,
Mais farouche et brutal, et, dans son âpreté,

---

(1) Mercier du Rocher donne sur Stofflet des détails curieux et intéressans, que l'on ne trouve dans aucun autre historien. Il raconte comment cet aventurier, venu d'Allemagne, s'était acquis une grande réputation parmi les paysans de la contrée qu'il habitait, pour l'adresse avec laquelle il escamotait et faisait mille tours de jonglerie, exécutant, au moyen de l'aimant, des choses qui le firent longtemps regarder comme sorcier. Il aima mieux passer pour prophète. Ennemi irréconciliable de la Révolution, qui détruisait la Noblesse qui le faisait vivre, il s'attacha aux paysans, qui venaient le consulter sur leurs maladies ou se faire tirer la bonne aventure, car il se mêlait aussi de médecine et de nécromancie. Il leur parlait toujours de la perte de la religion catholique; il leur prédisait de grands combats pour le rétablissement de l'Église, ne donnant toutefois,

Adoré du soldat, dont il est redouté.
Cruel dans ses penchants, la basse jalousie,
L'orgueil éclate en lui, comme une frénésie.
Et l'insolent affecte, avec un front d'airain,
D'un comte de Poitou le pouvoir souverain.
Il veut tout gouverner : son arrogance inculte
Prodigue à ses rivaux la menace et l'insulte,
Et de troubles sans cesse elle agite le camp.
Un jour, dans le Conseil, il attaque Bonchamp,
Le provoque et lui jette un cartel téméraire;
Et le héros chrétien lui répond sans colère :
« Un défi! non, Stofflet, je ne puis accepter
« Celui qu'imprudemment vous venez de porter :
« Dieu, le roi, peuvent seuls disposer de ma vie,
« Et leur cause trop bien par la vôtre est servie! »

« Stofflet a pour appui ce prêtre ambitieux,
Qui couvre ses projets de l'intérêt des cieux.
Le curé de Saint-Laud le flatte, le maîtrise,
Rêvant, si des combats le sort les favorise,
Des hautes dignités la puissance et l'éclat,
Et des Gaules déjà marchant l'heureux prélat!
Rien ne lui coûte : audace, intrigues, maléfices,

---

sombre et dissimulé, aucune prise sur sa conduite, et prêchant même l'obéissance aux lois civiles. A la mort de Louis XVI, il dit aux paysans : « Louis vient de périr victime « de son amour pour Jésus-Christ. Nous pouvons être égorgés comme lui. Tenons-nous « prêts, et ayons toujours dans nos maisons des armes pour nous défendre. » Il recommanda le secret sur ce point. Tout le monde se pourvut de quelques livres de poudre, de balles et de fusils en bon état. Lorsqu'au mois de mars le tocsin de la révolte se fit entendre, il parut, et dit que le moment était venu de combattre, et il eut bientôt une armée de 12,000 hommes. Les nobles, rangés sous ses enseignes, voulaient qu'il fût leur inférieur, et c'est alors qu'il leur fit cette fière déclaration, déjà citée (Chant II), « qu'il « combattait pour une religion qui prêchait l'égalité! »

Bernier met tout en œuvre; et, par ses artifices,
Soulevant ciel et terre, il pousse habilement
Stofflet, de ses desseins l'orgueilleux instrument.
Auprès du paysan à toute heure il le prône :
Stofflet est le soutien de l'autel et du trône,
Est l'ami du soldat, et, du peuple sorti,
Du peuple, avec chaleur, il défend le parti !
Puis aux chefs, à leur tour, l'homme de Dieu s'adresse,
Et, glissant du guerrier l'éloge avec adresse,
Au sein du grand Conseil, où domine sa voix,
Vante ce bras puissant, dont le Ciel a fait choix !

« Ce suprême Conseil, qu'un Évêque préside,
Pour diriger la guerre, à Châtillon réside.
L'œil ouvert sur l'armée, il veille à ses destins,
Délibère les plans, dresse les bulletins,
Lance les mandemens, les bulles, les oracles,
Et du ciel au besoin fait parler les miracles.
Bernier de l'assemblée est l'âme et l'orateur,
Et l'évêque d'Agra, vain fantôme imposteur,
A pour lui l'appareil, et Bernier l'influence;
Bernier gouverne tout : sa fougueuse éloquence
Tonne et, du Fanatisme exhalant la fureur,
Répand dans les esprits le trouble et la terreur !

« La superstition surtout lui vient en aide,
Et, parmi les moyens que le prêtre possède,
Je dois vous signaler un célèbre canon,
Dont jusqu'à vous sans doute a volé le renom.
Le Vendéen, crédule et fort de sa croyance,

Dans un vain simulacre a mis sa confiance.
Jadis à Richelieu ce bronze fut donné,
Et, merveilleux ouvrage, avec art façonné,
Du prélat catholique il retrace la gloire.
Là d'un siége fameux revit toute l'histoire :
On y voit La Rochelle et ses remparts fumans,
Les vaisseaux d'Albion sur les flots écumans;
Ils viennent soutenir le parti patriote,
Les enfans de Calvin ; et la ville, la flotte,
Et cette mer mobile, au reflet azuré,
Tout respire en ces traits, vivement figuré.
Le cardinal-ministre, à la démarche altière,
Au milieu du tableau, montre une ardeur guerrière.
Il parle, on croit l'entendre, on le voit se mouvoir,
Animer les sujets qui servent son pouvoir,
Esclaves dont le bras, vil instrument d'un prêtre,
Proscrit la Liberté, pour deux siècles peut-être,
L'Immortelle guidait les drapeaux de Calvin.

« Dans Cholet assiégé, l'intrépide Silvain
Au début de la guerre enleva cette proie,
Présent miraculeux que le Ciel leur envoie.
Le paysan surpris, d'un avide regard,
Y dévore aussitôt les merveilles de l'art,
Et, de la noble pièce admirant l'origine,
La nomme Marie-Jeanne, à la Vierge divine
La consacre, l'embrasse et l'arrose de pleurs,
Et l'orne avec amour de rubans et de fleurs.
Tout pour eux, Marie-Jeanne est leur foi, leur symbole,
Leur soutien, du Bocage est la reine et l'idole,

Et par les Vendéens ce fétiche adoré
Pour eux de la victoire est le gage assuré.

« Vous voyez les moyens dont la Ligue dispose,
Et quels fiers ennemis à vos bras elle oppose,
Avec quel peuple enfin vous avez à lutter :
Combien de noms encor pourrais-je vous citer?
Donissan, Marigny, d'Autichamp... De ma bouche
Allait en sortir un, dont la gloire me touche,
Un nom cher à mon cœur, bien cher, et qui pourtant
Fait croître mes chagrins, plus il est éclatant!... »
Et Daniel, tout à coup, s'interrompt et soupire,
Sa voix, dans les sanglots, dans les larmes expire.
L'auditoire attendri cherche à le consoler,
L'entoure; mais ses pleurs ne cessent de couler :
Le souvenir d'un frère a glacé son courage,
Et la douleur longtemps l'accable. Le nuage
A la fin se dissipe, et son front s'éclaircit,
Et, d'une voix émue, il reprend son récit :

« La guerre, O Mayençais, depuis Nantes sauvée,
A signalé ces chefs, jusqu'à votre arrivée.
Elle a fait éclater la valeur des deux parts,
Mais par des flots de sang, sur des débris épars;
Et la Victoire, après tant de luttes cruelles,
S'était fixée enfin au drapeau des rebelles :
Ici, toujours, la gloire a des voiles de deuil!...
Cathelineau s'éteint et descend au cercueil;
Il faut un successeur au commandant suprême :
D'Elbée obtient ce titre, et change de système.

Quel est son plan ? Il veut diriger avec art
Cette sauvage ardeur, qui triomphe au hasard,
Il veut du Vendéen gouverner la furie,
Et soudain il rassemble une troupe aguerrie,
Aventuriers (1) nouveaux, étrangers et français,
Qui doivent, par l'exemple, assurer le succès :
Un chef des plus vaillants, Kessler en est le guide.
La moisson avançait, et le fléau rapide
Déjà ne battait plus : on entend le tocsin !
Chaque Paroisse, alors, comme un léger essaim,
Prend son vol et s'élance, à ce bruit qui résonne,
Et partout les appelle, affreux et monotone.
Les voilà, se pressant sous le drapeau royal,
Et toutes, à grands cris, demandant le signal.
Il est donné : pour eux c'est une voix divine !
Bonchamp court occuper la Vendée angevine,
Il observe la Loire, et seul, avec son corps,
Ose à nos camps volans en disputer les bords.
Et le gros de l'armée ? Il sort de ses broussailles.
Où va-t-il donc tenter le destin des batailles ?
Dans la Plaine : il y vole, et, brûlant le chemin,
Menace Fontenay d'un hardi coup de main.

« Cette antique cité, qui les tient en haleine,
Surveille le Bocage, et commande à la Plaine,
Couvre Niort, l'Aunis : ses murs, encor puissans,
Dans les siècles passés brillèrent florissans,
Et, riche en souvenirs, dont elle est toujours fière,

---

(1) Voir dans *la Jérusalem* ce qu'était le corps des Aventuriers.

Elle voit, à ses pieds, couler cette rivière,
Qui, modeste en son cours, à la Postérité
Doit laisser un grand nom... triste célébrité,
Nom de révolte, hélas! et de guerre civile!...
Armes, vivres, trésors, abondent dans la ville,
Et dix mille soldats, à vaincre décidés,
En défendent l'accès, par Chalbos commandés.
L'ennemi veut venger le désastre de Nantes.
Il accourt du levant : ses bannières flottantes
L'annoncent, et leurs pieds, en épais tourbillons,
Soulèvent dans les airs la poudre des sillons.
Mais nos Républicains lui ferment le passage,
Et ce premier combat le repousse au Bocage :
Chalbos, avec ardeur, suivi des cavaliers,
Le charge et le refoule au fond de ses halliers.
Plus d'un brave, en ses rangs, a mordu la poussière,
Et d'Elbée est blessé!... les jeûnes, la prière,
Les messes, les sermons redoublent, et bientôt
Leur zèle est préparé pour un nouvel assaut.

« Plus nombreux, et les mains par leurs prêtres bénies,
Ils viennent, récitant les saintes litanies,
Priant, baissant les yeux, avec humilité :
Et tous les chefs sont là, tous, Charette excepté,
Qui ne partage pas la ferveur unanime,
Et rejette l'espoir dont le ciel les anime.
Six canons, plus de poudre, et pour chaque soldat
Trois cartouches : n'importe, ils volent au combat,
Sûrs de vaincre, et le cœur détaché de la terre!
Et pourtant, écrasés par nos foudres de guerre,

On les voit hésiter, et même, devant nous,
Offrir à Dieu leur vie, en tombant à genoux!...
Oh! quel tableau! Bonchamp survient et les admire;
Son âme, à cette vue, et s'émeut et s'inspire.
Le péril est pressant : ses fidèles Bretons,
Les hommes du Loroux, armés de longs bâtons,
S'élancent, à sa voix, sur les bronzes qui tonnent;
Sous leurs coups imprévus nos artilleurs s'étonnent,
Et surpris, renversés, se défendent en vain.
Lescure, en ce moment, accourt avec Silvain,
Et des canons muets, que ces braves enlèvent,
Il reste maître : alors, les paysans se lèvent,
Et sur nos bataillons, d'un élan vigoureux,
Fondent tous à la fois, avec des cris affreux.
Henri, les animant, soudain se précipite,
Bonchamp blessé les suit, Forestier les excite,
Et le torrent, qui roule et mugit irrité,
S'ouvre, à flots effrayants, les murs de la cité.
A ce choc, dans nos rangs le désordre est extrême;
Ils sont forcés, rompus. Chalbos, Chalbos lui-même,
Entraîné par les siens, qui ne l'écoutent plus,
Fait, pour les rallier, des efforts superflus :
Sa vaillance, ô douleur! par le sort est trahie!
L'ennemi se répand dans la ville envahie;
Et que voit-on alors? On vous l'a raconté :
Un soldat vendéen, devant la Liberté,
L'ajuste, et tout à coup, par un bizarre hommage,
Se découvre, au moment d'insulter son image!....

« Et nous, un tel succès nous frappe de stupeur :

L'Insurgé pouvait tout, dans ces momens de peur,
Sa marche était tracée, et sa route était prête;
Mais il fallait agir, se hâter... Il s'arrête,
Il s'endort dans sa gloire et perd en vains débats
L'irréparable temps, qui l'invite aux combats.
Nous reprenons courage, et faisons diligence :
Un si cruel échec resterait sans vengeance !
Non, non ; Carnot veillait, et de puissans renforts,
A la hâte envoyés, secondent nos efforts.
Au cœur de la Vendée ils tombent, et sans crainte
Sondent tous les détours du sombre labyrinthe.
Du Layon, de la Sèvre, et du Thoué surpris,
Les bords sont ravagés, les postes sont repris.
Tandis qu'à Fontenay le vainqueur dans l'ivresse
Discute et délibère, un long cri de détresse
Arrive du Bocage et, troublant leurs discours,
Pour leurs propres foyers réclame un prompt secours !

« Ils quittent leur conquête, et courent les défendre :
On leur dit les châteaux, les villages en cendre,
Tout brûlé, massacré ; l'Ange exterminateur
Se promène, agitant son glaive destructeur ;
Ou plutôt c'est l'enfer, c'est Satan en personne,
Qui, déchaîné contre eux, tue, embrase et moissonne !
Mille étranges récits, l'un l'autre se heurtant,
Que l'armée, en chemin, recueille à chaque instant....
Westermann dans les cœurs jetait cette épouvante :
Bouillant, impétueux, téméraire, il se vante
D'étouffer la Révolte et de l'anéantir,
Fier d'un brillant renom, qu'il craint de démentir.

C'est l'ami de Danton : il suit ses destinées ;
Il était, à Paris, de toutes les Journées
Où de la Royauté se décida le sort.
Il amène avec lui sa légion du Nord,
De la Convention les grenadiers le suivent :
Tous, jurant de mourir ou de vaincre, ils arrivent.
Quel homme! quel soldat! le sabre est sa raison,
Sa loi, sa foi, son dieu : tel qu'un ardent tison,
Dans sa terrible main le sabre nu flamboie,
Et, comme le tonnerre, il surprend, il foudroie :
La terreur et la mort, au milieu des éclairs,
Accompagnent ses coups et volent dans les airs.

« Il dit : Marchons ! et part. La pensée est moins prompte,
Moins fougueux l'ouragan ; malheur à qui l'affronte !
Comme son bras bientôt a vengé Fontenay !
Cinq mille Vendéens chassés de Parthenay,
La ville en moins d'une heure aux Brigands arrachée,
Un village, où leur troupe en vain s'est retranchée,
Et sous le feu vengeur fumant enseveli,
Lescure s'échappant, son château démoli,
Les siens battus partout sur le sol des deux-Sèvres,
Et le fameux combat de leur Moulin-aux-Chèvres,
Humble nom qu'on dérobe à son obscurité,
La Duberlière (1) en flamme, et Bressuire emporté,
Et Châtillon enfin capitulant lui-même,
Bernier, les chefs, l'armée, et le conseil suprême,
Fuyant tous en désordre, à l'aspect du vainqueur :

(1) Château de La Rochejaquelein.

Voilà par quels exploits, avec quelle vigueur,
Westermann sur la scène apparaît et signale
Ce bras qui semble armé de l'épée infernale !

« Il a promis, il veut un triomphe complet :
Il marche sur Mortagne, il fondra sur Cholet.
Mais, avant de frapper un dernier coup de foudre :
« Il me faut, écrit-il, des hommes, de la poudre ;
« Envoyez Mieskowski, pressez-le, et sans retards
« Qu'il vienne : le tocsin sonne de toutes parts ! »
Nul secours : il est seul, avec sa faible armée,
Que la victoire même a déjà décimée ;
Seul ! et tout le pays se lève avec fureur,
Indigné, frémissant, honteux de sa terreur,
De vengeance affamé ! Que pouvait le courage ?
Que pouvaient nos soldats contre une aveugle rage ?
Ils meurent en héros, et vendent cher leurs jours ;
Mais de leurs ennemis le nombre croît toujours :
Mille contre un ! on voit, aux combattans mêlées,
Les femmes, en hurlant, courir échevelées,
Du cruel Marigny seconder les transports,
Se vautrer dans le sang, et, torturant les corps,
S'acharnant aux blessés, gisans sur les bruyères,
Leur brûler les cheveux, leur brûler les paupières :
Massacre épouvantable !... et les bras épuisés
S'arrêtent seulement, de fatigue brisés !....

« Que devient Westermann ? Il échappe au carnage :
Le sabre le protége et lui fraie un passage.
Il fuit, désespéré de ses lauriers flétris,

Avec trois cents des siens, tout sanglans, tout meurtris.
Bressuire les repousse, et l'ennemi les chasse,
Meute avide et féroce, attachée à leur trace.
Bernier, Bernier triomphe : il proclame en tous lieux
Satan exterminé, le Ciel victorieux !....
La guerre se rallume, ardente, opiniâtre :
L'Insurgé veut au loin en porter le théâtre,
Il menace à la fois Niort et Saint-Maixent ;
Mais Chalbos, ranimé, tout à coup s'élançant,
L'arrête, et dans ses bras reçoit et reconforte
Les restes mutilés de la fière cohorte.

« Westermann, accusé, se défend, est absous :
La haine le poursuit, et l'éloigne de nous.
Il n'est plus général : dépouillé de son grade,
Il part, vole à Paris. Carnot, qu'il persuade,
Veut qu'on rende à l'armée un homme si vaillant,
Et victime, dit-il, d'un zèle trop bouillant.
Les revers l'ont instruit ; ce dur apprentissage
En fait un citoyen à la fois brave et sage :
Pour sauver la patrie, il faut des cœurs ardens ;
Il faut à nos soldats de pareils commandans !....
A la Convention le guerrier se présente :
« Je suis libre, dit-il d'une voix imposante,
« Libre et fier, Citoyens, d'offrir à mon pays
« Tout le sang qui me reste : ordonnez, j'obéis.
« Ce drapeau, que ma main dépose entre les vôtres,
« Je l'ai pris aux Brigands, et j'en prendrai bien d'autres ! »
Ces mots sont applaudis : puis il est décrété
Que de la République il a bien mérité ;

Et la grande Assemblée honore sa vaillance.
Le Comité, qui veille au salut de la France,
Reconnaît son civisme, et rend à nos drapeaux
Ce chef impatient, qu'indigne le repos.
Vers nous, avec ardeur, il revole sans doute :
Le bruit de son retour, que l'Insurgé redoute,
S'épand dans le Bocage, où ne s'efface pas
La terreur de son nom, la trace de ses pas !

« L'Insurgé, de Niort faisant déjà sa proie,
Repoussé par Chalbos, essaie une autre voie.
Il attaque Luçon, où, vainqueur riche et fier,
Il pourra dominer ce Marais et la mer,
Et s'ouvrir des chemins aux rives de Charente ;
Luçon, qui de sa flèche élancée, élégante,
Voit la plaine de Corps, les vallons de Dissay,
Les coteaux de Mareuil, et les tours de Bessay.
Le Lay majestueux, la limpide Semagne,
Fécondent ces vallons, cette belle campagne,
Sites charmans, coteaux rians et fortunés,
D'ombrages, de moissons, de pampre couronnés.
Et voilà que la guerre apporte à ces rivages
La désolation, la mort et les ravages,
Envahit cette Plaine et ces bords si joyeux,
Et chasse les plaisirs de ces paisibles lieux.

« Mais cette affreuse guerre ici révèle encore
D'intrépides soutiens au drapeau tricolore.
Tuncq, qui vient de la Loire et succède à Sandos,
A peu de bataillons, mais il a des héros,

Des bras vaillans, un parc d'agiles batteries :
Quand le peuple, au Dix Août, força les Tuileries,
Il était à sa tête et fit preuve à la fois
De zèle et de courage à défendre ses droits.
Chef capable, il unit la bravoure à l'adresse,
Et la plus noble élite autour de lui se presse :
Bard, Lecomte, Sagot, Monet, liés entre eux,
Et de patriotisme émules généreux,
Et le jeune Marceau, que cette élite adore,
Et qui tous les éclipse, à sa brillante aurore !
Quel avenir, s'il peut triompher des destins !
C'est le héros naissant; dans ses traits enfantins
Se mêle à la douceur la fierté martiale :
Tel Virgile nous peint le charmant Euryale,
Tel, à nos yeux ravis, de son divin pinceau,
Le Tasse peint Renaud, tel éclate Marceau.
Et le voir, c'est l'aimer : sa blonde chevelure,
Sur le front partagée, ondoyante parure,
Tombe jusqu'à l'épaule, et, de chaque côté,
Avec grâce flottante, ajoute à sa beauté.
De sa légère teinte une douce tristesse
Rend plus touchant encor ce front plein de noblesse :
Du génie en travail serait-ce la pâleur ?
Ou le signe imprimé par le doigt du malheur ?
Qui sait ! ou quelque peine enfin se trahit-elle ?
Mais, sous de beaux dehors, quelle âme grande et belle !
Et, dans ce jeune cœur, quelle intrépidité !
Et pour vous quel amour, Patrie et Liberté !
Kléber ! ô Mayençais ! vous allez reconnaître

Un frère, un digne ami, sitôt qu'il va paraître !...

« Mais des événements, que la guerre a produits,
Suivons le cours. Luçon, fier de pareils appuis,
Est sans peur : tous les fronts rayonnent d'assurance.
Cependant l'Insurgé part de Sainte-Florence :
On dirait que la terre enfante des soldats,
Le pays tout entier respire les combats.
Mais Tuncq oppose au nombre une défense habile :
Retranché dans la Plaine, il protége la ville.
Il a su tout prévoir : trois mille fantassins,
Dans les fossés tapis, secondent ses desseins,
Et les canons, masqués par la forêt voisine (¹),
Se taisent : le Bocage accourt à sa ruine !

« Des hauteurs de Bessay Tuncq le voit s'élancer,
Devant lui, dans la Plaine, il le voit s'avancer,
Comme une mer s'étendre ; et, d'un front impassible,
Il attend son attaque : elle est prompte et terrible !
Charette, au premier choc, de Lescure appuyé,
L'emporte, et sous leurs coups notre droite a plié.
Henri fond sur la gauche avec moins d'avantage ;
Mais parmi les ravins, où sa troupe s'engage,
Il soutient notre feu : les soldats de Bonchamp
Combattent près de lui, guidés par d'Autichamp.
Le centre, où se déploie une masse effrayante,
Suit d'abord le progrès de l'aile triomphante.
Là commande d'Elbée : il veut en échelons

---

(1) La forêt de Sainte-Gemme-la-Plaine.

Ranger les paysans, qui tous criaient : Allons,
Partons au pas de course ! et dont l'impatience,
L'ardeur, se prêtent mal à sa froide science.
Puis, les chefs trop nombreux, et déjà divisés,
Et les ordres confus, l'un à l'autre opposés,
Tout jette le désordre en cette immense Foule,
Dont les flots, se pressant, ressemblent à la houle.
Tuncq manœuvre et l'attire au bord de la forêt,
Où des bronzes vengeurs l'arsenal est tout prêt.
Elle vient : tout à coup l'artillerie ailée
Vole et vomit la mort dans ses flancs recelée,
Et, portant son tonnerre aux échos de Luçon,
Fait dans ces rangs serrés une horrible moisson.
Nul espoir de salut : l'aile gauche élancée
Est trop loin ; par le sol la droite embarrassée
Essaie un long détour, et ses efforts sont vains :
Les bataillons muets, couchés dans les ravins,
Se lèvent en poussant une clameur soudaine,
Qui fait trembler les cieux et tressaillir la Plaine.
Une vive décharge accompagne ces cris,
Et frappe au même instant les paysans surpris.
L'ennemi ne tient plus : ses bandes accablées,
Et par un feu cruel sur tous les points criblées,
Désertent le combat ; le sabre des hussards
Achève la déroute et presse les fuyards.
Mais au pont de Bessay (¹) soudain Talmont se jette :
Son courage, à l'armée ouvrant une retraite,
Défend ce défilé, le seul des environs,

(1) Pont de Mainclay, au-dessous des tours de Bessay.

Où se brise impuissant l'essor des escadrons.

« Et Charette? Chargé d'un butin inutile,
Furieux, il retourne au camp de Belleville,
Imputant les malheurs de ce jour désastreux
Aux chefs du haut Pays, qui s'accusent entre eux.
Défaite lamentable, et laissant après elle,
Parmi d'affreux débris, dans le sang qui ruisselle,
Tant de morts, de mourans, confusément mêlés,
Et recouverts à peine en ces champs désolés !
Voilà, voilà l'effet d'une lutte insensée :
Par ses propres enfants notre terre engraissée,
Gémit, boit à regret le sang des laboureurs :
Un jour, heureux par nous, et plaignant nos fureurs,
Nos fils, dans cette Plaine, en des temps plus prospères,
Pousseront la charrue, où se battaient leurs pères,
Et, découvrant, hélas ! des monceaux d'ossemens,
Le soc reculera devant ces monumens !

« Tuncq poursuit les vaincus ; mais le succès l'enivre :
Avec sa faible troupe il se perd à les suivre.
Le soldat vendéen est fort dans ses foyers :
L'ennemi fuit pourtant et gagne les Herbiers.
Maître de Chantonnay, dans l'ardeur de son zèle,
Tuncq veut l'atteindre... Un ordre à Paris le rappelle !
Lui vainqueur, on l'accuse ! Il part : l'ordre est pressant.
Tel est notre destin, sous un ciel menaçant :
Les hommes, dans ces jours où tant d'orages naissent,
Ainsi que les éclairs, brillent et disparaissent.
Lecomte le remplace ; et, dès qu'il aura lui,

Nous le verrons, hélas! s'éclipser comme lui!
Cependant il n'est point d'âme plus citoyenne,
Il n'est point de vertu plus pure que la sienne.
Pour son pays du moins il aura combattu :
Eh! sans le dévouement, que serait la vertu?
Quelle tâche imposée à son patriotisme!
Autour de lui rugit le sanglant Fanatisme,
Et des flots d'ennemis sortent de tout côté;
Les archives, les plans, Tuncq a tout emporté!
Dans ce sombre Bocage, où gronde la tempête,
Sans lumière, sans guide, à l'orage il tient tête.
Na-t-il pas des soutiens? les soldats du Vengeur,
L'intrépide Monet, son digne successeur,
Bard, Sagot, et Marceau, qui l'aime comme un frère!
Avec eux, défiant la fortune contraire,
Il brave les périls où l'a jeté le sort :
Du fameux pont Charrault il occupe le fort,
Et son camp prend soudain un aspect formidable.

« D'Elbée accourt, suivi d'une armée innombrable,
Royrand, Lescure en tête : ils attaquent le pont!
Au feu de leurs mousquets la Dordogne répond :
Mais, dès les premiers coups, quittant son poste, ô honte!
Elle fuit : Marceau vole, à la voix de Lecomte.
Il n'est plus temps, le fort est livré sans retour,
Chantonnay s'épouvante, et se livre à son tour.
Un lâche bataillon, dont l'effroi suit la trace,
A tout perdu! Marceau prie, ordonne, menace :
Sa voix est impuissante, et l'héroïque enfant
Contre mille à la fois se bat et se défend.

Bard vient à son secours, et l'ennemi s'arrête,
Hésite : à le charger soudain Marceau s'apprête,
Et la trompette sonne, et les ardens coursiers
Hennissent : la terreur saisit les cavaliers !
L'Insurgé les voit fuir, et bientôt se rassure.
La terreur est partout : Sagot combat Lescure,
Dont le corps écrasé, prêt à tourner le dos,
Va céder, quand fléchit celui du Calvados ;
Et les Brigands, alors, se frayant une voie,
Poussent, victorieux, des hurlemens de joie !
Lecomte tient encor, mais à chaque moment
Le danger croît, redouble avec son dévouement.
Autour de lui tout plie, et le Vengeur lui-même :
Marceau, désespéré, voit ce péril suprême ;
Son désespoir, sa rage impose à l'ennemi,
Il traverse une armée, et rejoint son ami !
Les deux chefs indomptés, pareils à deux archanges,
Arrachent au vainqueur leurs plus dignes phalanges,
Et, ne cédant qu'au nombre, et toujours combattans,
Reviennent à Luçon, épuisés, haletans,
Vaincus, mais le front ceint de palmes immortelles !

« Monet ne revient pas : prisonnier des rebelles,
Et par eux lâchement en triomphe traîné,
Noble et chère victime, il tombe assassiné.
Il tombe : à sa vertu l'infâme calomnie
S'acharne et met le comble à leur ignominie.
Vivant, à l'abaisser ils n'ont pu réussir ;
Bernier poursuit son ombre, et cherche à la noircir.
Mais cette ombre s'élève et grandit sous l'outrage !

Et Lecomte, pour prix d'un sublime courage,
Le sort à la fureur de nos malheureux temps
L'abandonne, couvert de lauriers éclatans,
Et la haine l'enlève à ses compagnons d'armes,
A Marceau, qui l'embrasse et l'arrose de larmes :
Marceau reste, et Lecomte, en sortant de ses bras,
Laisse un chef héroïque à de braves soldats.

« Il est temps d'achever cette funeste histoire :
L'heure nous presse. — Enflé d'une telle victoire,
L'Insurgé se prépare à des combats nouveaux.
La nuit, au clair de lune, il reprend ses travaux,
L'aiguillon à la main, le fusil sur l'épaule,
Et, comme les enfans de notre ancienne Gaule,
Toujours prêt à partir, au signal du clairon !
Le signal retentit, et l'appelle à Coron,
Et là son bras, malgré les efforts de Santerre,
Frappe un coup signalé, dont l'éclat nous atterre.
Succès prodigieux, de vingt autres suivi :
Royrand, Talmont, Stofflet, tous les chefs, à l'envi,
Font assaut de vigueur, et la haute Vendée
Croit, après tant d'exploits, la querelle vidée.
Pareil au sanglier, que la meute a lancé,
Charette poursuivi, de bois en bois chassé,
Lutte seul avec rage, et toujours se relève :
Mieskowski, nuit et jour, le harcèle sans trêve,
Vainqueur à Machecoul, puis aux bords de l'Yon,
Où jadis Olivier triompha d'Albion,
Et couché dans sa tente, auprès de la rivière,

Vit en songe ces lieux (¹) resplendir de lumière.
Mais l'indomptable chef à ces chocs accablans
Résiste et tout à coup s'empare de Challans.
Jolly, qui le seconde, et Lyrot, près de Nantes,
Nous provoquent sans cesse à des luttes sanglantes,
Et la victoire enfin reste à nos ennemis :
De la Loire à la mer la Ligue a tout soumis,
Devant elle tout plie, et Luçon et les Sables
Lèvent seuls, à l'écart, des fronts invulnérables.

« Au but de ses desseins il serait parvenu,
Ce peuple qui d'En Haut se croyait soutenu.
Mais de la Liberté qui vaincrait la puissance?
Elle puise la force en sa divine essence,
Et donne, pour briser les pouvoirs oppresseurs,
Un courage invincible à ses fiers défenseurs.
Vous venez d'accourir à ses accens magiques,
Mayençais! et déjà, sous vos coups énergiques,
Du superbe vainqueur l'orgueil est châtié ;
La Ligue frémissante est vaincue à moitié,
Au seul bruit de vos pas, le Fanatisme tremble :
Que tous nos bataillons, demain, marchent ensemble,
Et pressent, comme vous, l'ennemi dispersé,
La guerre fratricide aura bientôt cessé ! »

Ainsi le jeune barde, à l'armée attentive

---

(1) La Roche-sur-Yon, aujourd'hui Napoléon, qu'Olivier de Clisson reprit, en 1373, sur les Anglais, commandés par le Prince Noir. Le gouverneur du château, nommé Bonneau, l'avait livré aux Anglais moyennant vingt mille livres.

Déroulant ces tableaux, l'éclaire et la captive,
Et les guerriers, émus par ses nobles accens,
Ne peuvent au sommeil abandonner leurs sens.

FIN DU IIIe CHANT.

CHANT IV.

CHANT IV.

Des terribles combats voici l'heure : Mayence
Est debout, et le camp frémit d'impatience ;
A Mortagne, à Mortagne il est temps de marcher !
La crise est menaçante, on la sent approcher ;
Le ciel est noir, les cœurs se serrent, et les prêtres,
Les chefs volent partout : les ateliers champêtres,
Ceux des bourgs, tout s'agite et répond à l'appel,
Et, par un mouvement subit, universel,
Tout s'arme ! Quand des mers mugit la voix profonde,
La vague suit la vague, à la cime de l'onde :
De ce peuple insurgé tels se poussent les flots.

Le tocsin le réveille, et de lâches complots
Joignent à cet élan les fureurs de la haine.
Mayence, de Saumur était sortie à peine,
Déjà, pour se venger, Rossignol et Ronsin
Contre elle méditaient un atroce dessein.
Et, depuis, les transports de l'ivresse publique,
Les couronnes pleuvant sur l'armée héroïque,

Son glorieux début, ses rapides succès,
De leur jalouse rage ont irrité l'accès.
Sur des bords inconnus, dans la route tracée,
Fidèle à son devoir, elle s'est élancée.
Sans peur, sans défiance, elle marche et poursuit
La périlleuse tâche, où l'honneur la conduit;
Quand, de ses noirs projets dévoilant l'infamie,
Ronsin veut l'exposer à la Ligue ennemie,
Et dit à Rossignol : « Pourra-t-elle échapper
« A ces flots de Brigands, qui vont l'envelopper ?
« Non, non : un seul échec à leur fureur les livre,
« Et d'orgueilleux rivaux nous venge et nous délivre.
« Nous, maîtres de la guerre et de nos mouvemens,
« Nous excitons alors les grands soulèvemens,
« Nous pressons, dirigeons ces formidables masses;
« Et la Vendée, enfin, ressentant nos menaces,
« Son peuple exterminé, ses repaires détruits,
« Nous laisse du triomphe et l'honneur et les fruits ! »
Rossignol, âme vile, à la trame perfide
Se prête, et du complot devient l'ardent Séide;
Et son ordre, contraire au plan juré par tous,
Retient ses bataillons volant au rendez-vous!

« C'est peu : la trahison n'était pas assez noire :
De cette noble armée il faut ternir la gloire,
Insulter ce drapeau, dont l'éclat odieux
Prétend tout éclipser, superbe et radieux!
Une sourde rumeur, en tous lieux répandue,
Disait : A l'ennemi Mayence s'est vendue !...
Donnait le jour et l'heure, et le prix du traité...

Artifice impuissant! ce mensonge éhonté
Pouvait-il les atteindre? Et pour toute défense,
Que font-ils? Leurs exploits répondent à l'offense :
Ils montrent l'ennemi sous leurs coups renversé,
Leur sang pour la patrie en vingt combats versé!
Mais la haine implacable en ressorts est fertile :
Ronsin, en frémissant, voit sa trame inutile.
Point de forfait qui coûte à ce cœur inhumain,
Et d'infâmes agents vont, la torche à la main,
Autour des Mayençais promener l'incendie :
Ronsin veut commencer l'horrible tragédie,
Et d'un peuple exalté, par ce moyen affreux,
Déchaîner la vengeance et la rage contre eux!

Mais des avis secrets, dans le camp des rebelles,
Du plan de Rossignol ont porté les nouvelles.
Marceau, qui s'avançait à pas précipités,
Chalbos et Mieskowski, dans leur course arrêtés,
Mayence abandonnée!... O ciel! est-il possible?
Soudain, dans les transports d'une joie indicible,
Le camp s'émeut : Bernier saisit l'occasion;
A sa voix, le Conseil, s'assemble à Châtillon :
« Le Ciel, le juste Ciel opère un tel prodige,
« Dit-il; nos ennemis sont frappés de vertige.
« Ils se livrent à nous, et nos bras désormais
« Sont tout-puissants : l'impie est détruit à jamais,
« Si nous sommes d'accord, avant de le combattre!
« Mayence est le Goliath que nous devons abattre;
« Lui debout, rien de fait, soyons-en convaincus :
« Au levant, au midi, que les Bleus soient vaincus,

« N'importe, la Vendée est en péril encore ;
« Mais qu'ils vainquent au sud, au couchant, à l'aurore,
« Elle échappe au danger, le parti mécréant
« Succombe, si nos coups écrasent le géant !
« Il faut donc opposer des coups moins redoutables
« Aux troupes de Saumur, de Luçon et des Sables,
« Et porter vers Clisson d'énergiques efforts :
« Que nos meilleurs soldats, les vaillants et les forts,
« Ces bataillons zélés, phalanges aguerries,
« De l'esprit du Seigneur dans les combats nourries,
« Se jettent sur la Sèvre, où, d'un front si hautain,
« S'avance contre nous l'orgueilleux Philistin ! »

Le Conseil applaudit : ainsi l'habile prêtre
Le dirige, inspiré par le crime d'un traître.
Et tous de ce programme adoptent les avis,
Par l'armée aussitôt résolûment suivis.
Pleine d'enthousiasme, elle part, et Charette
La seconde à souhait, lui-même, en sa retraite.
Jusqu'aux bords de la Sèvre il a fallu plier :
Aux chefs du haut Bocage il vient se rallier.
Battu partout, réduit à l'extrême détresse,
Il veut de prompts secours, il prie, insiste, presse.
Un bruit tumultueux et des cris éclatans
Signalent, tout à coup, leurs étendards flottans.
Les voilà ! Qu'apprend-il ? L'abandon de Mayence,
Que trahit Rossignol, jaloux de sa vaillance ;
Il apprend leurs projets et le plan concerté :
Son front rayonne alors d'espoir et de fierté !

Sur la foi des serments Canclaux, qui se repose,

Pour voler à Mortagne, au départ se dispose.
L'ordre est prêt, quand arrive un funeste rapport :
Il hésite, il voudrait le repousser d'abord.
A tant de perfidie un grand cœur peut-il croire?
Comment douter? le crime est avéré, notoire,
Le message fidèle et trop digne de foi :
De la prudence enfin tout lui fait une loi.
Il assemble les chefs : leurs visages pâlissent,
D'étonnement, d'horreur, de colère ils frémissent :
« Hé bien, leur dit Canclaux, que faire, ô mes amis?
« Parlez : irons-nous seuls au rendez-vous promis?
« Ou faut-il, arrêtés par ces trames félonnes,
« Attendre le concours de toutes les colonnes?... »
Le forfait consommé ne laisse pas le choix,
Et ce mot à regret tombe de chaque voix :
Attendons !... Tout le camp de désespoir en pleure !
« Eh bien! que notre armée à son poste demeure,
« Dit Canclaux; mais veillons, toujours prêts à partir,
« Épions l'ennemi, qui nous peut investir.
« De Nantes à Clisson ce devoir te regarde,
« Beaupuy! Toi, va, Kléber, avec ton avant-garde,
« Sonder Boussay, Torfou, tous ces bords; un courrier
« Part et porte à Beysser (¹) l'ordre de t'appuyer. »

Boussay! Torfou! ces noms, qui sortent des ténèbres,
Avec un triste éclat vont devenir célèbres.
Là se prépare un choc, où, d'une égale ardeur,
Doivent se révéler, dans toute leur grandeur,

(1) Beysser occupait toujours Montaigu.

La foi républicaine et l'esprit fanatique,
Lutte à la fois sublime, horrible et frénétique,
Qui, frappant de stupeur les partis éperdus,
Sur l'abîme du sort les tiendra suspendus!....

Tiffauges, du Poitou magnifique limite,
Des soldats du Bocage a réuni l'élite.
Ce lieu, jadis fameux, gros des siècles passés,
Est plein de souvenirs, presque tous effacés,
Dont la chaîne se lie aux plus beaux jours de Rome.
La gloire, que ses murs devaient aux mains de l'homme,
Elle n'est plus! Le site, éternelle beauté,
OEuvre de la nature, au temps a résisté,
Et les débris de l'art en rehaussent les charmes.
Monument de splendeur, de magie et de larmes,
De sa masse écroulée, un antique château,
De la montagne encore usurpant le plateau,
S'attache au sol, immense et vivace ruine,
Sur tout le paysage insolemment domine,
Et semble conserver, comme un signe d'effroi,
La sombre et vieille tour, où sonnait le beffroi.
Au pied du fier manoir, pleurant ses édifices,
Sous des rocs escarpés, semés de précipices,
S'étend cette vallée, aux aspects enchanteurs,
Délices des troupeaux, empire des pasteurs.
L'œil y voit bouillonner et la Sèvre et la Crûme,
Tantôt sur les rochers tombant en flots d'écume,
Tantôt sur la verdure, avec tranquillité,
Promenant de leurs eaux le cristal argenté.
Sur ces lieux règne encor le fantôme de Gilles :

On voit par la pensée un spectre, aux pieds agiles,
De ces roches descendre en ces rians vallons,
Dans ces limpides eaux mouiller ses noirs talons,
S'élancer et bondir sur ces rives fleuries,
Souiller de sang les bois, les ondes, les prairies ;
Et notre esprit en vain repousse sa terreur,
Elle empreint ces beaux lieux d'une invincible horreur !

Là, chassé du Marais, franchissant bois et landes,
Charette a pu trouver un asile à ses bandes ;
Là, traînant leurs débris, ralliant les fuyards,
Et poussant des hameaux femmes, enfans, vieillards,
Par d'inouïs efforts de courage et de ruse,
Sa constance a sauvé cette foule confuse,
Qui, fuyant l'ennemi, pêle-mêle, en ces lieux,
Campe, au milieu des champs, sous la voûte des cieux.
Il a soif de vengeance, il la veut pleine et prompte,
Et dans des flots de sang il lavera sa honte.
Ses soldats, épuisés, dorment sous leurs drapeaux :
Sa redoutable voix les arrache au repos.
Ils se lèvent, pareils aux rebelles milices,
Que Dieu précipita des célestes délices
Dans l'abîme sans fonds des tourmens éternels,
Où Satan réveilla ces anges criminels.
Tel le fier révolté de ses bandes guerrières
Ranime tous les corps, rangés sous leurs bannières.
Une égale fureur pousse ces paysans :
On distingue, à leurs pas timides et pesans,
Les hommes du Bocage, avec leurs vestes brunes,
Et les hardis enfans du Marais et des dunes,

Qui portent, grands et fiers, le feutre à larges bords,
Et la rouge ceinture, ornement de leur corps (1).
Parmi ces bataillons, et non moins courageuses,
S'élancent, à cheval, ces femmes belliqueuses,
Dont le ciel et l'amour, mobiles si puissans,
Se partagent le cœur et subjuguent les sens.
Là brille Valérie, aussi brave que belle :
Un escadron la suit, guidé, soldé par elle ;
Chasseresse et guerrière, au plus fort du danger
Son coursier toujours vole, intrépide et léger.

La guerre, en vingt combats, de rivage en rivage,
Dans les rangs de Charette a fait un long ravage.
Mais dix mille, échappés au plomb des Mayençais,
Brûlent de se venger par d'éclatans succès ;
Et quand la grande armée à leurs yeux se déploie,
Leur troupe la salue, avec des cris de joie.
Stofflet, Henri, Lescure, ont fait signe à leurs gars :
Ils marchent, le front haut, le feu dans les regards,
Sous la veste gris-bleu du pays des montagnes,
Forts de la gloire acquise aux dernières campagnes.
Leur ferme contenance annonce des guerriers,
Des cœurs vaillans : Kessler et les aventuriers

(1) Le costume des Vendéens se composait d'une veste de laine brune dans le bas Bocage, de laine couleur gris-bleu dans le haut Pays, ayant pour dessous un gilet de laine blanche ou de grosse cotonnade, serré avec une ceinture de mouchoirs rouges ou bariolés ; une grande culotte barrée, moitié fil et moitié laine ; cheveux coupés en rond ; chapeaux ronds à fond plat et à grands bords ; pour chaussure, une paire de gros souliers ferrés et même de sabots. Presque tous portaient une image de la croix ou du Sacré-Cœur attachée sur la poitrine, et un chapelet à la boutonnière. On possède quelques-uns de ces cœurs : ils sont en étoffe noire ou verte, avec un cœur brodé en rouge ; quelquefois les cœurs sont surmontés d'une croix et entourés de palmes vertes.

Sont là, guidant toujours l'élite poitevine ;
Et Bonchamp et d'Elbée et l'armée angevine,
Loin encor, sont en marche et viennent à grands pas ;
A l'heure des dangers ils ne manqueront pas.

Le jour fuit, le soleil vers l'Océan s'élance ;
La revue achevée, au milieu du silence,
Une voix sort des rangs : « Dira-t-on : Rendez-vous ? »
— « Non, non, répond Charette, enflammé de courroux :
« Non, point de prisonniers ! » Sans rien dire, Lescure
Tourne vers lui sa douce et placide figure,
Qui de l'humanité semble invoquer les droits ;
Mais soudain Marigny, tous les chefs à la fois,
Du geste ont repoussé sa muette prière :
Ainsi, lutte implacable, affreuse, meurtrière,
Guerre à mort ! le Conseil, que préside un prélat,
De ce mot d'ordre a fait la règle du combat !

La nuit tombe des cieux, de ténèbres voilée :
Tiffauges, les coteaux, la profonde vallée,
Tout s'endort ; Bernier veille, et sur le vieux castel,
En plein air, à la hâte, il érige un autel,
Un autel colossal ! La foule, autour, se presse,
Et l'évêque, à minuit, y célèbre la messe.
Recueillie, absorbée en ses devoirs pieux,
L'armée est à genoux, n'osant lever les yeux.
Des torches, éclairant ce lieu terrible et sombre,
Sur elle font jaillir de grandes masses d'ombre,
Où brillent, aux lueurs de lugubres reflets,
Et les cœurs de Jésus et les longs chapelets.

Lieu fatal, que le sort destine aux maléfices,
Et témoin autrefois de sanglans sacrifices,
Quand du fond des cachots sortaient des hurlemens,
Et qu'un homme, la nuit, par ses enchantemens,
Évoquait le Démon, roi des sombres royaumes !
Mais la prière cesse, et les hymmes, les psaumes,
Entonnés tout à coup, par trente mille voix,
Ébranlent les coteaux, les rochers et les bois,
Et cet immense chœur, que la nuit double encore,
Roule sans les vallons, sur la Sèvre sonore.
Par un dernier écho le son meurt répété,
Et le prélat bénit, avec solennité,
Les armes, les drapeaux, bénit l'armée entière,
Qui se prosterne alors, le front dans la poussière.
Puis, à l'autel, Bernier, tenant un crucifix,
Au nom de l'Esprit-Saint, et du Père et du Fils,
Au nom du Roi, s'adresse à ce peuple fidèle,
Et sa voix, échauffant leur fanatique zèle,
En ces mots retentit : « Bons et loyaux chrétiens,
« De notre sainte cause intrépides soutiens,
« Notre ennemi, l'Impie ose lever la tête !
« De votre cher pays il rêve la conquête ;
« Par quels moyens ? Par ceux que suggère l'Enfer :
« Il vient à vous, armé de la flamme et du fer,
« Brûler vos champs, vos toits, les toits de vos ancêtres,
« Il vient tout massacrer, vous, vos vieillards, vos prêtres,
« Vos femmes, vos enfans ! sans pitié, sans remords,
« Il veut régner enfin sur la cendre et les morts !...
« Pour éloigner de vous ces malheurs effroyables,
« Compagnons ! comme lui, soyez impitoyables.

« Frappez, exterminez : c'est Dieu qui le prescrit;
« Cet ennemi cruel est rejeté, proscrit :
« Dieu le livre à vos coups ! et voici les archanges (1)
« Qui descendent du ciel, suivis de leurs phalanges ;
« Je vois leurs ailes d'or étinceler dans l'air,
« Et leurs glaives de feu briller comme l'éclair.
« Un nuage les porte, et la nue éclatante,
« Au-dessus de Torfou, là-bas est dans l'attente,
« Prête à vous seconder, vous élus du Seigneur!
« Amis! d'un tel appui méritez donc l'honneur :
« Votre gloire est certaine; à ces merveilleux signes,
« Les cieux vous sont ouverts, si vous en êtes dignes!
« Frappez! point de faiblesse; et malheur à celui
« Qui, ménageant l'Impie, ou fuyant devant lui,
« De son Dieu, de son roi trahirait la querelle!
« Aux gouffres dévorans de la flamme éternelle
« Précipité, plongé..., les plus affreux tourmens
« De ce lâche chrétien seraient les châtimens!...
« Servez donc le Seigneur, et craignez sa vengeance! »
Et l'armée, à pas lents, se retire en silence :
Aux luttes, que le jour doit bientôt éclairer,
Par un léger sommeil ils vont se préparer.

Il se lève, le jour de la grande rencontre;
Mais sur nos tristes bords à regret il se montre,
De nuages couvert, et pâle, à son réveil :

---

(1) Ces apparitions miraculeuses, inculquées aux paysans, étaient un moyen puissant pour exalter leur courage. A Chemillé (dit Beauchamp), on avait vu des anges, parés d'ailes brillantes et de rayons resplendissans, annonçant, promettant la victoire aux défenseurs de l'autel et du trône!

Ce voile, impénétrable aux rayons du soleil,
Comme un crêpe s'étend sur cette vaste enceinte,
Et donne au paysage une plus sombre teinte;
Ciel et terre, du deuil revêtent les couleurs,
Et tout de la nature atteste les douleurs!

Kléber part avec l'aube, et Merlin l'accompagne :
Sur le bord de la Sèvre, explorant la campagne,
Pas à pas il s'avance, à travers ce pays,
Sol escarpé, couvert de genêts, de taillis,
Et traîne, avec effort, ses canons, ses bagages,
Par des sentiers affreux, cachés sous les ombrages,
Par les champs, où Daniel, suivi de ses chasseurs,
Indique les chemins, frayés par les sapeurs.
On dirait un désert, solitude profonde,
Où l'on ne voit personne, où l'on n'entend que l'onde.
Mais Boussay se présente aux yeux des Mayençais :
De nombreux cavaliers en défendent l'accès.
Daniel arrive, et seul, avec sa brave escorte,
Sur le poste, en courant, il s'élance, et l'emporte.
L'escadron, étonné, sous l'attaque a fléchi,
Il fuit plein d'épouvante, et le bourg est franchi.
Kléber poursuit sa marche, et toujours le rivage,
Muet et solitaire, offre un luxe sauvage,
D'aucun vestige humain le regard n'est frappé,
Et l'on entre à Torfou, sans obstacle occupé.

Au delà, dans ces lieux, voisins de la Romagne,
Où se joignent l'Anjou, le Poitou, la Bretagne,
S'étend une colline, à l'immense contour,

Qui domine la Sèvre et les bords d'alentour.
Deux routes, se croisant au centre de l'espace,
De ce vaste plateau divisent la surface :
Et la Révolte, ainsi, pour accomplir ses fins,
De sa triple province a choisi les confins.
Kléber a vu ces lieux, et vers leurs plates-formes
Il marche : son armée, aux brillans uniformes,
Avec ses habits blancs, ses plumets incarnat,
Éblouit les regards de richesse et d'éclat.
Elle vient, déployant ses drapeaux tricolores :
Le son des fiers tambours, des instrumens sonores,
L'enflamme, et les fusils, la baïonnette en l'air,
Dressent, étincelans, une forêt de fer !

L'Insurgé l'attendait, sa marche était prévue ;
Pourtant il se retire et recule, à sa vue.
Fuirait-il le combat ? Non, non : loin de faiblir,
Dans ses positions il cherche à s'établir.
La Sèvre, en ce moment, voit leurs profondes files,
Du haut de ses rochers descendre, à pas tranquilles,
Les bras armés de faux, de fourches, de mousquets ;
Il en sort des vallons, il en sort des bosquets.
L'esprit tout plein encor des visions nocturnes,
Ces rustiques soldats sont mornes, taciturnes,
Et leur front de bataille, avec art disposé,
Devant les Mayençais fièrement s'est posé.
Kléber, qui les contemple, est muet de surprise :
Ces vêtemens nouveaux de cotonnade grise,
Cet ordre belliqueux, tout lui fait présager
Un ennemi terrible, un sérieux danger.

Chaque pas est péril, mais toujours il s'avance,
Et l'une et l'autre armée enfin sont en présence!...

Les chefs, d'une voix forte, excitent leurs soldats :
« Soyez tels aujourd'hui que dans tous vos combats,
« Disent les Vendéens; et, bravant leurs fanfares,
« Purgez votre pays de ces hordes barbares.
« Défendez votre Dieu, votre roi, vos foyers :
« Mais surtout point de grâce, et point de prisonniers! »
— « Soldats républicains! la Liberté nous crie
« De combattre pour elle et pour notre patrie :
« Chacun sera fidèle à ces devoirs sacrés;
« Mais, vainqueurs, épargnons des frères égarés! »
Ainsi parle Kléber : noble et digne langage!
A ces mots, tout s'ébranle, et l'action s'engage.

Charette, impatient, s'élance le premier,
Et pousse à l'ennemi son généreux coursier,
Qui franchit les buissons, d'un vol prompt et rapide :
Mayence, d'un pas ferme, en sa marche intrépide,
Vient à lui, repoussant, par un feu prolongé,
Le choc impétueux du bouillant Insurgé.
Charette, à découvert, sur une plaine rase,
Veut résister en vain à ce feu qui l'écrase :
Quand elle voit ses morts tomber par pelotons,
Sa troupe, jetant bas et mousquets et bâtons,
Se trouble, perd la tête, et s'enfuit : la vallée
De ses cris d'épouvante au loin est ébranlée.
Charette!... oh! qui peindrait ce cœur désespéré,
La honte, le dépit dont il est dévoré?

Il bondit de fureur, il écume, il blasphème,
Il accuse les chefs, les soldats, le Ciel même,
Rugit comme un lion; et tous demeurent sourds,
Vers Tiffauges, la foule à grands pas fuit toujours.
Mais le salut est là : les femmes, ameutées,
Au-devant des fuyards se sont précipitées.
Ce bruit, ce mouvement d'hommes et de chevaux,
Ce combat les exalte et trouble leurs cerveaux,
Et leurs cris menaçans, et leurs mains, avec rage,
De ces lâches soldats relèvent le courage.
Sur eux la voix des chefs reprend tout son pouvoir,
Et les ramène enfin au sentier du devoir.
Avec ses cavaliers, Valérie accourue
Les presse, les rallie, et la peur disparue
Fait place à des transports qui vont bientôt agir,
Et porter haut ces fronts, indignés de rougir.

Mais la première ligne est rompue : à leur suite
Des troupes de Lescure ils entraînent la fuite.
Comme eux, dans ce désordre, elles cèdent le pas :
Le feu républicain ne se ralentit pas,
Et la gauche, bientôt, n'étant plus appuyée,
Sourde au commandement, se débande, effrayée.
Lescure va fixer le destin du combat :
Il quitte son coursier, du fusil d'un soldat
Se saisit, et s'écrie : « Est-il quatre cents hommes,
« Pour me suivre et sortir de la honte où nous sommes?
« Pour mourir avec moi?... » Mille voix, à l'instant,
Répondent : « Nous voilà! » Cet appel éclatant
Élève à la hauteur de leur chef héroïque

Tous les cœurs, embrasés de sa flamme électrique :
« Nous voilà! général; nous vous suivrons partout! »
Et Courlé, les Aubiers, Échaubrognes (1) surtout,
La farouche paroisse, auprès de lui se range,
Et des Aventuriers l'indomptable phalange.
A côté de son frère, en ce grave moment,
Angéline a besoin de tout son dévoûment :
Silvain veille à la fois sur Lescure et sur elle.
Le bataillon s'élance, où le héros l'appelle;
Il fond sur l'ennemi, plein d'audace et de foi,
Aux cris de : Mort aux Bleus! et de : Vive le Roi!

Ces cris, cette fureur, dont elle est possédée,
Révèle aux Mayençais l'âme de la Vendée.
Le combat se ranime; et, ferme devant eux,
Ce terrible ennemi tient le succès douteux.
Le feu des Mayençais, comme un roulant tonnerre,
Deux heures le foudroie et fait trembler la terre,
Et deux heures le sien, par des coups meurtriers,
Avec acharnement répond à ces guerriers.
Mais l'horizon s'embrase, autour des deux armées,
Le Bocage est en feu : ces flammes, allumées
Par de secrètes mains, partout, en même temps,
S'étendent et déjà ceignent les combattans :
Le combat en reçoit les lueurs sépulcrales,
Et semble une bataille aux rives infernales (2).

---

(1) La paroisse des Échaubrognes était renommée pour sa bravoure et aussi pour sa cruauté. Ses paysans, commandés par Bourasseau, étaient appelés les Grenadiers de la Vendée. Ils auraient mérité un autre nom.

(2) On eût dit une bataille aux Enfers. (CHATEAUBRIAND.)

Ce vaste embrasement, ce spectacle d'horreur,
Du soldat vendéen redouble la fureur :
De la destruction c'est l'œuvre commencée,
L'image dont le prêtre a rempli sa pensée !
Et Mayence, à son tour, à l'aspect de ces feux,
Croit que le désespoir les allume autour d'eux,
Pour jeter dans ses rangs le trouble et l'épouvante,
Et dans un grand bûcher l'ensevelir vivante ;
Mais, loin de s'effrayer, son âme se roidit,
Au milieu des périls, son courage grandit.

Oh ! combien, dans le cours de ces heures affreuses,
Combien de nobles traits, de scènes douloureuses !
Quel est ce Vendéen, par sa fougue emporté,
Qui montre tant d'audace et de témérité ?
C'est le brave d'Asson (1) : les plus grands sacrifices
Ont de ce vaillant chef signalé les services.
Longtemps avant la guerre, avant Cathelineau,
Sa main osa des Lis relever le drapeau :
Aux sources de la Sèvre, à sa voix s'insurgèrent
Huit mille paysans, qui sous lui se rangèrent.
Trop faible par le nombre, il devait succomber ;
Il succombe : au vainqueur prompt à se dérober,
D'Asson est fugitif, et sa tête proscrite
Trouve un asile enfin, qui la sauve et l'abrite,
Un souterrain, caché sous l'épaisseur des bois.
Avec son jeune fils, là, durant quinze mois,

---

(1) Cet épisode de la bataille de Torfou est entièrement historique : Baudry-d'Asson demeurait à Brachaie, près la Forêt-sur-Sèvre.

Il condamne à l'exil sa pénible existence :
D'un zélé serviteur la pieuse assistance
Le protége et, prudente à l'entourer de soins,
Sur ses dangers l'éclaire, et veille à ses besoins.
Guidé par cet ami, dont la voix le rassure,
Il sort de sa retraite, à l'appel de Lescure,
Et, des bras de son fils s'arrachant à regret,
Dans ce funeste jour, aux combats reparaît.
Aigri par le malheur, enflammé pour sa cause,
Dans ses bouillans transports, trop avant il s'expose.
Atteint du plomb fatal, il tombe palpitant :
Sur sa face pâlie un voile épais s'étend,
La mort ne fut jamais si prompte et si cruelle !
Près de lui combattait le serviteur fidèle :
Il accourt, et soudain ses cris ont éclaté ;
Sur le corps de son maître il s'est précipité.
Mais il l'appelle en vain ; son maître est sans haleine,
Sans voix : d'un œil mourant qu'il entr'ouvre avec peine,
D'Asson lui dit adieu ! Le malheureux ami,
De regret, de douleur déjà mort à demi,
A ce corps tout sanglant, où la vie est éteinte,
S'attache, et de ses nœuds rien ne brise l'étreinte :
Redoublant ses liens, de mille coups percé,
Il expire, et toujours il le tient embrassé !
Kléber est informé de ce trépas sublime,
Et donne, en l'admirant, des pleurs à la victime :
Tous les cœurs sont émus de ce triste destin !

Cependant le combat se prolonge incertain ;
Mais la fière Vendée en vain lutte avec gloire,

Et des rangs mayençais part un cri de victoire,
Quand le bronze, qui tonne, arrête ce transport :
Un nuage effrayant, derrière eux, gronde au nord.
De ses flancs ténébreux, cette nue enflammée
Vomit, en éclatant, l'éclair et la fumée,
Et, remplissant les airs de ses noirs tourbillons,
S'avance avec fracas, pleine de bataillons.
Le paysan croit voir la phalange divine!
C'est d'Elbée et Bonchamp, et l'armée Angevine :
Ils fondent sur les Bleus, et viennent dégager
Lescure, qui commence à se décourager.
Puis Henri, Donissan, par des routes secrètes,
Entourent l'ennemi, pour couper ses retraites.
L'ordre se rétablit ; et, sous leurs étendards,
Ces lignes, qui déjà pliaient de toutes parts,
Par un prompt mouvement se reforment, se pressent,
Le cœur se raffermit, et les fronts se redressent ;
La lutte va s'étendre, un élan général
S'apprête, et tous ces bras attendent le signal !

Temps d'arrêt solennel, héroïque préface :
Ces superbes rivaux se regardent en face,
Saisis d'étonnement et d'admiration !
Et, tout près d'accomplir la terrible action,
Mayençais, Vendéens, malheureux adversaires,
Se prennent à verser des pleurs involontaires.
Qui parle aux deux partis? Le même sentiment :
La Liberté ! suivez, suivez ce mouvement,
Un généreux instinct vous arrache ces larmes;
Vaillans hommes, jetez vos parricides armes,

Français ! embrassez-vous, et ne déchirez plus
Le sein de la patrie !... Hélas ! vœux superflus !
L'œuvre n'est pas complète, et pourtant sans relâche
La Liberté travaille à sa divine tâche;
Mais il est loin encor ce jour, cet heureux jour
Qui verra son pouvoir triompher sans retour !

Le combat recommence, avec plus de furie :
Kléber fait avancer son parc d'artillerie.
Du ruisseau, qui l'arrête, il faut passer le pont,
Gravir une colline, et le chemin profond,
Pierreux, à roide pente, ouvre à peine un passage,
Où le train des canons, à la file, s'engage.
Un leste paysan, soldat de Thouarcé,
Au-devant du premier soudain s'est élancé :
Renverser le cheval, qui tombe avec son guide,
Et couper tous les traits, puis, d'un élan rapide,
Retourner à son poste, intact et glorieux,
C'est l'œuvre d'un moment : exploit prodigieux,
Qui de l'étroit ravin encombre tout l'espace,
Où des bouches de bronze expire la menace !

Privés de leurs canons, les braves Mayençais
N'en poursuivent pas moins le cours de leurs succès :
Ils se battent partout, et leur ferme attitude
Partout des Insurgés contient la multitude.
Tout à coup mille cris s'élèvent jusqu'aux cieux !
Un mouvement nouveau se déploie à leurs yeux :
Le sol, de toutes parts, de gens armés fourmille.
Cette foule, autour d'eux, déborde, s'éparpille :

Tel un essaim s'épand dans les champs émaillés,
Ainsi, les Vendéens, qui *se sont égaillés* (1),
S'étendent, à grand bruit, sur une immense ligne,
Et, fiers de leur tactique et d'une adresse insigne,
Habiles tirailleurs, viennent, de tous côtés,
Harceler l'ennemi de leurs coups répétés.

Le péril de Mayence est pressant, manifeste,
Et Kléber, d'un coup d'œil, voit l'espoir qui lui reste.
Sa colonne se range en bataillon carré,
Qui d'un cercle de feu se présente entouré,
Tant la main du soldat est prompte et foudroyante,
Et, sous la fusillade, apparaît flamboyante !
Ces formidables fronts, tout hérissés de fer,
Semblent des murs ardens, comme ceux de l'Enfer.
Il faut rompre et s'ouvrir ces terribles murailles,
Où bouillonne un vésuve, aux brûlantes entrailles,
Foyer inextinguible, arsenal du trépas,
Qui sans cesse foudroie et ne s'épuise pas !
La charge bat : Talmont, la fière Valérie,
Font assaut de bravoure, et la cavalerie
S'élance : tel qu'un fort, appuyé sur le roc,
Le bastion vivant reste immobile au choc,
Et, trois fois attaqué, par ses vives décharges,
Trois fois des Vendéens il repousse les charges ;
Trois fois, croisant ses dards, une ligne d'acier

---

(1) *S'égailler*, c'était l'expression dont se servaient les Vendéens, et que l'auteur a dû franciser et employer. — *Égaillez-vous, les Gas !* disaient les chefs. L'attaque ordinaire des Vendéens consistait à se répandre autour des haies et à faire un feu de mousqueterie très-vif. Ce feu s'étendait insensiblement, et les paysans, élargissant leurs ailes, *en s'égaillant*, finissaient par envelopper l'ennemi.

Arrête, impénétrable, et l'homme et le coursier.

De honte et de fureur les poitrines palpitent :
La charge sonne encore, et tous se précipitent,
Tous, de la même ardeur, chefs, soldats, animés,
S'élancent, à la fois, sur ces murs enflammés.
Bonchamp, le sabre en main, éperdument s'y jette,
Les balles, en sifflant, n'arrêtent point Charette ;
L'armée en masse est là, pesant sur chaque front,
Et le bloc mayençais cède enfin et se rompt !
La redoute est forcée : alors change la scène,
Et le champ de bataille est une affreuse arène.
On se mêle, on fusille, on tue à bout portant,
On se frappe, avec rage, et corps à corps luttant,
A coups de baïonnette, et de crosse et d'épée :
Le carnage est hideux, la terre en est trempée,
Dans la fange sanglante on trépigne, au milieu
De cris, de juremens, et d'une mer de feu !

Horreur ! le Fanatisme applaudit à ces crimes !...
Hélas ! des deux côtés que de nobles victimes !
La mort sans choix moissonne officiers et soldats :
Merlin signale encor la valeur de son bras,
Et suit partout Kléber; un jeune volontaire,
Vertueux patriote et vaillant militaire,
Ami du fier tribun, tombe à côté de lui ;
Kléber, qui tout entier se révèle aujourd'hui,
Kléber, atteint lui-même, et percé d'une balle
Qui du sein à l'épaule a saisi l'intervalle,
Ne sent pas sa blessure, et ne voit pas couler

Le sang qu'un pareil coup en a fait ruisseler.
Il commande toujours, et son noble visage,
Quand tout à ses regards est funeste présage,
Toujours ferme, intrépide, et calme sans effort,
Rassure son armée, et domine le sort !

Il faut céder pourtant au nombre qui l'accable :
Mais comme, en sa retraite, il est grand, admirable !
Il marche, il ne fuit pas : dans ce vaste désert,
De buissons, de genêts, de broussailles couvert,
Et dont chaque sentier est une large ornière,
Pressé, serré de près, sur les flancs, par derrière,
Assailli sans relâche..., il s'éloigne à pas lents :
Et, pareil au lion, roi des sables brûlans,
Que poursuit une meute aboyante, acharnée,
Par les voix des chasseurs et le cor entraînée,
Souvent il se retourne, et fait encor trembler
L'ennemi qu'il regarde et force à reculer.
Puis il reprend sa marche, avec ordre, impassible,
Chargeant et rechargeant le mousquet si terrible,
Et laissant le chemin de ses pertes semé,
Mais réparant la brèche, et jamais entamé !...

Il a passé Boussay : l'ennemi, dans sa course,
Le devance, et Kléber n'a plus qu'une ressource.
Le péril croît sans cesse, et, déjà débordé,
Partout, à droite, à gauche, il se voit inondé ;
Le trouble est dans ses rangs : à l'armée investie
Il ne reste qu'un pont, pour unique sortie.
L'Insurgé le connaît, il y vole : soudain

Kléber grandit encore, il arrête Schewardain,
Le chef de ces chasseurs, enfans de Saône-et-Loire,
Et dont le nom du moins fut inscrit par l'histoire :
« Schewardain! sauve l'armée! » — « Oui, général! comment? »
— « Garde là-bas ce pont, une heure seulement :
« Meurs avec tous les tiens, plutôt que de te rendre! »
— « Oui, général! » Cet ordre, il a su le comprendre,
Il va l'exécuter : à ses dignes soldats
Le héros parle, et court, nouveau Léonidas,
Soumis et dévoué, garder ses Thermopyles...
Les modernes Trois-cents, à leur poste immobiles,
Si faibles par le nombre, et si grands par le cœur,
Opposent leur courage à l'ennemi vainqueur,
Et des guerriers de Sparte ils atteignent la taille :
Écrasés, mutilés, broyés par la mitraille,
Ils meurent, et par eux le dernier cri jeté,
Et leur dernier soupir, est pour la Liberté!
Tous sont morts : au milieu de ce noble mélange,
De ces débris sacrés, qui furent sa phalange,
Schewardain seul est debout, et de leur saint drapeau
Sa main pieusement presse un dernier lambeau,
Elle en couvre son cœur; sous le plomb catholique,
Il tombe, en s'écriant : Vive la République!
Quitte envers sa consigne et son pays aimé...
Et le grand sacrifice alors est consommé!...

Que la Postérité les bénisse et les pleure [1]!

---

[1] Le dévouement de Schewardain (*prononcez* Schouardain) est un des plus beaux traits de cette guerre. Un écrivain royaliste (Massé-Isidore) a émis un noble vœu, en parlant de la colonne de Torfou : « On aurait dû, dit-il, en élever une autre sur le

Ils ont fait leur devoir : ils ont, pendant une heure,
Sans reculer d'un pas, le chef l'avait promis,
De pied ferme, arrêté trente mille ennemis !
Ils ont sauvé l'armée !... Elle a fait sa retraite,
Et Kléber, maintenant, aux vainqueurs l'a soustraite ;
Il est près de Clisson, et, pour le secourir,
Il voit déjà Vimeux, Dubayet accourir.
Un essaim de Brigands, dont la rage est trompée,
Le poursuit, furieux de sa proie échappée.
Cette horde, semblable à des loups dévorans,
Sur les convois, chargés de blessés, de mourans,
Fond avec des transports, des cris de cannibales,
Et se gorge de sang : sous le sabre et les balles,
Tout périt massacré; les prêtres inhumains
Excitent au carnage et dirigent leurs mains :
« Tuez ! n'épargnez pas cette exécrable race :
« Ce sont des Mayençais ! tuez-les ! point de grâce ! »
Kléber, enfin, après huit heures de combat,
Rentre à Clisson : vaincu ? non ! Avec trop d'éclat,
Sous les coups imprévus d'un choc épouvantable,
Brillèrent ce génie et cette âme indomptable,
Ce courage sublime, au-dessus du destin :
L'Insurgé s'applaudit, fier d'un sanglant butin,
Il rugit à sa vue, au partage il s'apprête;
Mais pas un seul drapeau, pour orner sa conquête !...

Ronsin va triompher sans doute !... mais Beysser,

« pont de Boussay, à la gloire de Schewardain et de ses braves ?... » Les cœurs généreux de tous les partis s'entendent.

Qui devait appuyer la marche de Kléber,
Par lui la trahison serait-elle servie ?
Qui le retient ?... Son cœur est rongé par l'envie,
Respire la vengeance !... et l'ordre de Canclaux,
Le bruit de la bataille, où le sang coule à flots,
Son devoir..., à partir rien ne peut le résoudre !
Mais la peine sur lui tombe comme la foudre,
Et la main vendéenne en devient l'instrument.
Tranquille, et plein du fiel de son ressentiment,
Il demeure, et s'endort, plongé dans la mollesse,
Et sa troupe, aux excès d'une coupable ivresse
Comme lui s'abandonne, et sans frein et sans lois :
Déjà vainqueur, Charette à de nouveaux exploits
Vole, et sur cette armée arrive à l'improviste ;
Le désordre est partout : Beysser en vain résiste,
Armes, soldats, canons, rien n'était préparé !
Trop tard il se réveille, et, trop tard éclairé,
Il fuit, la rage au cœur, il va cacher à Nantes
Ses blessures, sa honte, et ses douleurs poignantes,
Dégradé, repoussé de son commandement,
Du devoir méconnu trop juste châtiment !

La nuit vient clore enfin cette sombre journée,
Ce drame si terrible, où la lutte acharnée
Se déroule effrayante, avec ses traits divers,
Où pâlit la victoire, en face des revers !
La Vendée, exaltant le gain de la bataille,
Pense avoir terrassé le géant qu'elle raille (¹),

---

(1) Des paysans, après la bataille de Torfou, appelaient l'armée de Mayence armée de faïence, qui ne va pas au feu. Ils apprirent bientôt le contraire, à leurs dépens.

S'enivre, dans sa joie, et de gloire et d'orgueil,
Et chante le triomphe, à côté de l'écueil !
Vous avez vu Mayence, insensés ! prenez-garde :
Quel fruit espérez-vous d'un combat d'avant-garde ?
Ce massacre, qui donne au paysan moqueur
Des frissons d'épouvante et fait bondir son cœur (1),
Ce carnage inhumain de tigres en furie,
Ce triomphe, souillé par tant de barbarie,
Et que le Ciel vengeur voit d'un œil irrité,
Pourriez-vous en jouir, avec impunité ?...

(1) On entendit, après cette bataille, que Kléber appelait un combat de lions et de tigres, des Vendéens dire, en parlant du carnage qu'ils avaient fait : *Cela tressaute le cœur, de tuer des hommes comme ça !...*

FIN DU IVe CHANT.

CHANT V.

CHANT V.

Dubayet et Vimeux déjà vengeaient Mayence,
Et du fier Insurgé châtiaient l'insolence.
L'ennemi, sous leurs coups, reculant éperdu,
Était près d'expier tout le sang répandu.
Mais de ses morts épars la nuit cache le nombre,
Et lui prête soudain les voiles de son ombre.
Torfou l'a recueilli. L'aube, de ses rayons,
Vient éclairer bientôt ces tristes régions,
Et les yeux, découvrant cette arène fatale,
Se détournent d'horreur, au tableau qu'elle étale!...
Là gisent confondus Vendéens, Mayençais,
Tous Français immolés par la main des Français!
O douleur! de quel prix la victoire est payée!
Et comme du vainqueur frémit l'âme effrayée,
Quand, pour ensevelir tous ces débris humains,
Il creuse les guérets, les bois et les chemins!
Une fosse profonde, immense sépulture,
S'ouvre, pour signaler à la race future,
Funèbre monument d'un âge infortuné,

Les lieux (¹) où le combat fut le plus acharné.

Les prêtres, agités de transports frénétiques,
Célébrant le succès des armes catholiques,
Font éclater la joie auprès de ces tombeaux.
Torfou voit ses autels resplendir de flambeaux,
Les voit fumer d'encens; du Seigneur et des anges,
De tous les saints du ciel résonnent les louanges.
Bernier prêche, et répand de pompeux bulletins:
« Il est tombé, dit-il, l'orgueil des Philistins.
« Gloire à Dieu! gloire à Dieu! cette indomptable armée,
« La superbe Mayence, à vaincre accoutumée,
« Elle fuit à son tour : le Seigneur, terrassant
« De ces fiers bataillons le courroux menaçant,
« A fair sentir le poids de sa main vengeresse! »

Mais les chants de triomphe et les cris d'allégresse
Se taisent tout à coup : cet objet vénéré,
Marie-Jeanne, du camp palladium sacré,
Au camp ne paraît plus!... Soit trouble, soit surprise,
A la fin du combat, les Mayençais l'ont prise :
Heureux de leur conquête! O jeu cruel du sort!
Fatal événement, inaperçu d'abord,
Dans l'ombre de la nuit, au milieu du délire,
Du plaisir effréné, que la victoire inspire!...
Sitôt que dans l'armée on sait l'affreux malheur,
Oh! quelle universelle et profonde douleur!
Ce revers, de la foi semble éteindre les flammes,
Le découragement est dans toutes les âmes,

---

(1) C'est le carrefour où s'élève la colonne de Torfou.

Et tout le camp gémit: « Ah! malgré ses présens,
« Malgré tous nos succès, disent les paysans,
« Le Seigneur nous en veut sans doute, et nous condamne,
« Puisque sa main aux Bleus a livré Marie-Jeanne!... »
On ne voit, on n'entend éclater jusqu'au soir,
Que signes de douleur et cris de désespoir!
Des plus illustres chefs la voix est impuissante
A relever les cœurs, dont la force est absente,
Et les prêtres enfin n'ont plus d'autorité :
Bernier menace, exhorte, et n'est pas écouté!
Rien ne peut ramener le calme et l'espérance,
Le tumulte s'étend, et la nuit, qui s'avance,
Va peut-être enlever, protégeant leur départ,
De nombreux bataillons au royal étendard;
Le jour même on retient le soldat avec peine!
Ainsi, quand un essaim dans nos champs perd sa reine,
Un son lugubre et sourd, au fond de la cité,
Retentit, et bientôt ce peuple tourmenté,
Oubliant ses travaux, les fleurs et l'onde pure,
Autour de son hospice et s'épand et murmure,
Et, prêt à s'exiler de ce triste réduit,
Troublé par la discorde, il s'agite à grand bruit.
Tel du camp vendéen le désordre s'empare:
Les chefs sont effrayés du chagrin qui l'égare,
Et de tous les abords, de tous les défilés,
La garde est confiée à des postes zélés,
Que leur soin inquiet sans relâche surveille.

Au chemin de Clisson, Silvain commande et veille.
La nuit couvre la terre, et le jeune héros

N'entend rien : le camp cède au besoin du repos ;
Et, dès qu'un autre chef au poste le relève,
Lui-même, sous un chêne, il s'assoupit et rêve...
Que voit-il ? Marie-Jeanne, aux tentes de Kléber...
Une femme, avec lui, ravit un bien si cher...
Puis un combat... du sang !... Mais à peine il sommeille,
Tout à coup une voix résonne à son oreille :
« Tu dors, Silvain, tu dors ! dit-elle avec douceur,
« Et du bronze sacré l'impie est possesseur !
« Viens, le ciel nous accorde un si beau privilége,
« L'arracher, avec moi, de sa main sacrilége :
« Le ciel est mécontent de notre oisiveté ! »
Et Silvain, en sursaut, par son rêve agité,
Se réveille, et croit voir l'héroïne qu'il aime :
Ses yeux l'abusent-ils ? Non, non, c'est elle-même,
Et muet, devant elle, interdit, confondu,
Il lui semble qu'un ange est du ciel descendu !

« Oui, marchons, reprend-elle : à l'autel de la vierge,
« Tout à l'heure, en l'église, où ne brûlait qu'un cierge,
« Je priais pour l'armée, et seule, avec ferveur,
« Implorais, à genoux, la Mère du Sauveur.
« O prodige ! une vive et soudaine lumière
« M'environne et remplit l'église tout entière ;
« J'en demeure éblouie ! et ces divins accens
« Sortent du sanctuaire et ravissent mes sens :
— « Angéline ! le ciel à tes vœux est propice,
« Ton hommage lui plaît ; mais il veut qu'on agisse !
« Que votre oisive main ne compte pas sur lui.
« Marie-Jeanne est absente ; elle était votre appui,

« Et la cause du Christ ne peut vaincre sans elle.
« A toi de l'enlever du camp de l'infidèle .
« (Et la céleste voix me désigne le lieu,
« Où notre idole attend, triste sur son essieu);
« Va trouver, de ce pas, Silvain, qui l'a conquise,
« Et qu'il tente, avec toi, cette sainte entreprise.
« Les moments vous sont chers : hâtez-vous, hâtez-vous;
« Déjà, de vos retards le Ciel est en courroux !... » —
« Et, le cœur transporté, d'une course légère,
« Je suis venue : allons !... » — « Céleste messagère,
« Lui répond le guerrier, avec joie et bonheur
« J'obéis à ta voix, à la voix du Seigneur !
« Toi, demeure... La nuit... une telle aventure...
« Convient-elle?.. » — « Silvain ! ce doute est une injure!
« Mon cœur a-t-il manqué de courage et de foi ?
« Pour une sainte cause, ah! les femmes, crois-moi,
« Ont la force de l'homme, avec plus d'assurance !
« Vois Jeanne d'Arc sauvant et le trône et la France !
« Je sens, à mes transports, que je puis l'imiter,
« Te seconder et vaincre ! Eh! pourrais-je hésiter,
« Quand se révèle à moi la volonté céleste?
« Marchons, ami, marchons : tout retard est funeste! »
Sublime enthousiasme ! à cet élan divin,
Hélas! qu'opposerait le malheureux Silvain ?
Tremblant pour Angéline, il redouble de zèle,
L'amour donne à son âme une force nouvelle;
Et tous deux, à l'instant, sur d'agiles coursiers,
Ils s'élancent, suivis de trente cavaliers.

La nuit, en leur faveur, semble épaissir ses voiles,

La lune se dérobe, et de rares étoiles,
Qui du ciel nébuleux percent l'obscurité,
Jettent, par intervalle, une pâle clarté.
Ils suivent en silence, et protégés par l'ombre,
Une marche assurée, en ce dédale sombre,
Et traversent les bois, les genêts, les halliers,
Par des chemins connus, à leurs pas familiers.
Silvain est en avant, à côté d'Angéline :
Seul, dans ce long trajet, avec elle il chemine.
O bonheur ! ô du ciel ineffable bienfait !
Silvain ! heureux amant ! trop heureux, en effet,
Sans l'affreuse pensée, hélas ! qui le tourmente,
Des périls où s'expose une tête charmante !
Mais quand d'un tel danger l'image le poursuit,
De ces momens si doux peut-il goûter le fruit ?
Et pourtant de son cœur il faut calmer l'orage ;
Le héros a besoin d'un tranquille courage,
Pour ce double intérêt, si cher, si précieux,
Le salut d'Angéline et la cause des Cieux !

Près du camp mayençais on arrive, on s'arrête,
Et l'escorte attend là, silencieuse, et prête
A recevoir le bronze, à voler au signal
Que donneront les chefs, si le sort est fatal.
« Et nous, Silvain, marchons ! dit la vierge à voix basse. »
Le guerrier, se jetant à ses pieds qu'il embrasse,
Tente un dernier effort, et cherche à l'émouvoir :
« Demeure ici, demeure ! à chacun son devoir,
« Fille intrépide, à toi de nous prêter main-forte,
« A toi, notre soutien, de commander l'escorte,

CHANT V.

« D'assurer la retraite ; à nous de délivrer
« Le bronze, que nos bras vont soudain te livrer !... »
Et, pour mieux l'attendrir, il invoque son frère,
Et sa mère, et l'armée, et le Ciel... « Téméraire !
« Que me proposes-tu ? Moi ! que j'aille trahir
« Les intérêts du Ciel, et lui désobéir !
« La voix d'En Haut l'a dit : c'est ma main et la tienne
« Qui doivent enlever notre idole chrétienne ;
« Par un sentier secret, à moi seule indiqué,
« Je dois guider tes pas, ou le but est manqué ! »

Et le couple héroïque, à pas muets s'avance,
Trompe tous les gardiens, puis au parc de Mayence
Furtivement se glisse et bientôt s'introduit,
Grâce à l'épais feuillage, aux ombres de la nuit.
Ils cherchent du regard, et l'idole chérie,
De ses rubans parée, à leur vue attendrie,
Se présente... Elle est là... tout près... dans le quartier,
Où mène, à travers champs, l'invisible sentier !...
Ils volent, et leurs mains, aussi promptes qu'habiles,
Sans bruit la font rouler sur ses orbes agiles,
Avec tant de prestesse et de dextérité,
Que les éclairs n'ont point cette rapidité,
Et que, parmi les siens, déjà l'Idole arrive,
Quand de la sentinelle on entend le qui vive !
Et les postes en vain courent de toutes parts ;
Déjà loin, Marie-Jeanne échappe à leurs regards,
A leur poursuite, et tout à l'envi la seconde,
Les ombrages touffus et la nuit si profonde :
Le couple ravisseur, dans son hardi dessein,

Triomphe, heureux et fier d'un glorieux larcin (1) !

Et l'escadron, joyeux, fuit avec sa conquête :
De l'armée, au réveil, quelle sera la fête !
Disent-ils; quel succès ! quelle faveur du Ciel !
Mais un corps à cheval, que commande Daniel,
Les rencontre, au moment où sa ronde s'achève.
Daniel voit, reconnaît le bronze qu'on enlève !
Il les charge soudain, ferme sur l'étrier,
Et dans l'ombre s'engage un combat meurtrier.
Les sabres, se heurtant, brillent et retentissent,
Sous les coups redoublés mille éclairs en jaillissent.
Dans la nue enflammée, ainsi, pendant la nuit,
En rapides sillons l'orage éclate et luit.
Le choc est effrayant : les deux troupes rivales,
Par le nombre à la fois et la vaillance égales,
Se disputent le bronze, et leurs cris furieux,
Les coursiers hennissans, épouvantent ces lieux.
Le sang coule : Silvain, les yeux sur Angéline,
Porte et pare les coups, protégeant l'héroïne.
Mais la pièce sacrée aux mains de l'ennemi
Va tomber...; du héros l'âme ardente a frémi !
Il s'élance, et son bras, que la lutte électrise,
Est prompt comme la foudre, en ce moment de crise.

---

(1) Ce fait n'a rien d'extraordinaire. Mercier du Rocher (*Mémoires inédits*) rapporte que, le 29 mars 1793, journée si glorieuse pour les Sablais, ceux-ci, ayant fait une sortie vigoureuse et mis en fuite les Brigands, qui tiraient sur la ville à boulets rouges, leur enlevèrent toute leur artillerie, composée de vingt-neuf pièces de canon, que les Vendéens avaient traînées (dit-il), à force de bras, depuis les rives de la mer. — Du reste, Marie-Jeanne fut reprise, au siége de Fontenay, par un jeune Vendéen, avec une hardiesse non moins remarquable que celle qui est ici décrite.

CHANT V.

Sous les pieds des chevaux trois des siens ont roulé :
De sabres menaçans un groupe amoncelé
L'enveloppe, le presse ; il les brave, et déploie
Une ardeur surhumaine à défendre sa proie,
Et l'Idole, échappant à l'atteinte des Bleus,
Semble prendre, en sa fuite, un vol miraculeux :
Des serres de l'autour tel fuit l'oiseau rapide.
Angéline est restée, et, d'un cœur intrépide,
Protégeant Marie-Jeanne, au péril de ses jours,
Avec quelques guerriers, elle combat toujours.
Ses braves compagnons, se dévouant pour elle,
Tombent à ses côtés, victimes de leur zèle.
La vierge, en son ardeur, ne voit pas le danger ;
A la céleste cause heureuse de songer,
Elle résiste encore, et, seule à se défendre,
Repousse l'ennemi, qui l'invite à se rendre.
Mais son glaive se brise, et Daniel, arrêtant
Le sabre des chasseurs, qui s'abaisse à l'instant,
La protége et l'emmène en leur camp prisonnière.
La nuit cache les traits de la jeune guerrière,
Et, sans la reconnaître, admirant sa valeur,
Le généreux Daniel respecte son malheur :
Au chef des Mayençais il conduit la captive.

Silvain l'a vue absente ; il accourt, il arrive,
Hélas ! trop tard ! plus rien : le combat a cessé ;
Un silence de mort ! il voit le sang versé,
Les cadavres gisans sur ces rives funestes :
Il tremble... Elle n'est point parmi ces tristes restes !...
Et, d'un œil égaré, le malheureux amant

Cherche à-l'entour dans l'ombre et cherche vainement.
Dans son délire, il court de vallon en colline,
Et partout il demande, il appelle Angéline !
L'écho seul lui répond : il erre, appelle encor !
Le coursier belliqueux, dont il guide l'essor,
A sa voix, franchit tout, malgré la nuit obscure,
Et semble compatir aux peines qu'il endure.
L'Infortuné s'arrête : « Il n'est donc plus d'espoir !
« Dit-il, non ! et sans doute elle est en leur pouvoir !
« Les Bleus l'ont emmenée, et déjà leur furie,
« Outrageant sa beauté, l'a peut-être flétrie !
« Prisonnière ! Angéline ! et moi, son protecteur,
« Moi, d'un coup si fatal, moi seul je suis l'auteur !
« A Lescure, à l'armée, hélas ! que vais-je dire ?
« Comment les aborder ?... » Soudain l'amour l'inspire,
Illumine son âme et brille dans ses yeux,
Et lui dicte un dessein sublime, audacieux.
Il presse son coursier, vole au camp de Mayence,
Demande à Dubayet une prompte audience :
Général vendéen, il accourt, il attend,
Chargé par le Conseil d'un message important !...

Des premiers feux du jour l'Orient se colore :
Dubayet dans sa tente a devancé l'aurore ;
Les chefs sont réunis, pour un grave intérêt :
Devant eux, par son ordre, un prisonnier paraît.
Une femme ! et Daniel dit soudain avec trouble :
Angéline !... A ce mot la surprise redouble.
Des exploits de la nuit ces braves informés,
Demeurent stupéfaits, éblouis et charmés.

Eh quoi ! tant de courage et tant de hardiesse,
Avec tant de pudeur, de grace, de jeunesse !
La vierge lève au ciel ses modestes regards :
Tous les cœurs sont émus; de respects et d'égards,
Avec empressement, on l'accueille, on l'entoure.
Dubayet l'interroge, et, louant sa bravoure,
Demande, avec douceur, comment elle a tenté
Un projet... Tout à coup, Silvain est présenté :
Il presse, et sans retard il veut une réponse.
Daniel le reconnaît, et ce nom, qu'il prononce,
Produit dans l'assemblée un nouveau mouvement ;
Angéline, elle-même, avec étonnement,
S'arrête et du héros observe le visage !
Et Dubayet : « Silvain, explique ton message :
« Parle !... » A ces mots succède un silence profond,
Et le jeune guerrier, d'un ton calme, répond :
« Je viens vous demander, comme justice ou grace,
« Qu'Angéline soit libre, et m'offrir à sa place !... »
L'héroïne tressaille : « Oui, nos chefs l'ont voulu,
« Le suprême Conseil ainsi l'a résolu,
« Poursuit-il : l'équité réclamait cet échange,
« Et par là, Mayençais, je m'acquitte et vous venge.
« C'est moi qui, de vos mains, arrachant, cette nuit,
« Notre Idole sacrée, ai tout fait, tout conduit.
« Délivrez cette vierge, innocente victime :
« C'est moi qu'il faut punir ! » Mais, d'un cœur magnanime,
L'héroïne à ce vœu refuse de céder :
« Trop généreux Silvain, que viens-tu demander,
« Dit-elle, avec l'accent et le regard d'un ange ?
« Notre sort, tu le sais, ami, n'a rien d'étrange.

« A la voix du Seigneur, qui l'avait ordonné,
« Dans ce noble projet je t'ai seule entraîné ;
« Oui, moi seule : le Ciel, nous partageant la gloire,
« Me fait captive, et donne à ton bras la victoire.
« A ce décret d'En Haut soumettons-nous, Silvain !
« Laisse-moi dans mes fers ; Dieu n'agit pas en vain.
« Toi, vaillant défenseur, sa cause te réclame,
« Et tu peux la servir mieux qu'une faible femme ! »

Le jeune Vendéen, subjugué par l'amour,
N'écoute que son cœur, et tente, tour à tour,
Les plus touchans moyens, auprès de l'assemblée,
Émue et frémissante, à sa voix ébranlée !
Au désir, aux efforts du généreux guerrier,
L'âme des Mayençais devait s'associer.
Ses accens l'ont vaincue, et cette brave élite,
Pour l'auguste héroïne, avec lui, sollicite :
« Faisons-mieux, dit le chef : à la noble beauté,
« Sans échange, à l'instant, rendons la liberté.
« Tes liens sont brisés, jeune fille : avec elle,
« Va, retourne, Silvain, compagnon si fidèle (¹).
« Dites à votre armée, en contant vos succès,
« Ce que vous avez vu dans le camp mayençais ! »
A la jeune guerrière il fait donner des armes ;
Et le couple attendri, les yeux mouillés de larmes,

---

(1) Cette noble action est tout à fait d'accord avec le caractère de Dubayet et des Mayençais, et avec celui de beaucoup de chefs républicains. Combien de traits semblables dans la vie du général Travot, condamné à mort par la réaction royaliste, et dont la statue, œuvre d'un artiste vendéen, de Maindron, orne une des places de la ville de Napoléon ?

Se retire: tous deux, par Daniel escortés,
Regagnent aussitôt le camp des Révoltés.

Marie-Jeanne est au camp : la prompte renommée
Dès l'aube la précède et l'annonce à l'armée.
A ce bruit tout s'agite, on veut voir de ses yeux,
Et toucher de ses mains le signe aimé des cieux,
C'est-elle! Marie-Jeanne! ô réveil plein d'ivresse!
On s'embrasse de joie, on pleure de tendresse,
On bénit le Seigneur, et cet heureux destin
Présage à la Vendée un triomphe certain.
Chère idole! à jamais nous la croyions perdue!
Par quel moyen le ciel nous l'a-t-il donc rendue?
Disent-ils, et comment un miracle pareil
A-t-il pu s'accomplir, pendant notre sommeil?...
— Angéline et Silvain veillaient, pleins de courage,
Et de leur dévouement ce miracle est l'ouvrage.
— Où sont-ils? — Au martyre ils couraient tous les deux,
Et le couple héroïque est au pouvoir des Bleus.
Après un long combat, l'intrépide guerrière
Est tombée en leurs mains, victorieuse et fière;
Et Silvain, partageant sa gloire et ses revers,
Silvain, de désespoir, s'est jeté dans leurs fers!
Telle est de ces vainqueurs la triste destinée :
Et qui sait si la mort ne l'a pas terminée?...

Des accens de douleur soudain ont retenti :
Pâle et sans voix, Lescure est comme anéanti;
Les chefs sont consternés, les paroisses gémissent!
Mais tous les cœurs, bientôt, avec rage frémissent:

« Sauvons les prisonniers, et du moins vengeons-les! »
C'est le cri général : et le camp, sans délais,
S'arme, la trompe sonne, et les drapeaux se dressent...
Et tout à coup, Silvain, Angéline, paraissent!
O surprise! ô bonheur! ô moment enchanté!
Silvain dit par quel trait de magnanimité,
Libres et triomphans, ils reviennent ensemble;
Et la foule, enivrée, autour d'eux se rassemble,
Elle qui, tout en pleurs, croyait à leur trépas!
Les amis de Silvain le serrent dans leurs bras,
Lescure est en extase : à l'aspect d'Angéline,
Devant elle, à genoux, le paysan s'incline :
Et ce peuple, mobile en ses impressions,
Qui reçoit de la foi ses inspirations,
Désormais ne craint rien, ne voit rien d'impossible;
Sûr de l'appui du Ciel, il se croit invincible!

Bernier se réjouit, en voyant ces transports,
Et soudain, de son art déployant les ressorts,
Il s'avance, il s'écrie : « Amis! un camp profane,
« De sacriléges mains ont touché Marie-Jeanne,
« Et le Ciel nous invite à la purifier :
« Invoquons sa patronne, allons la supplier,
« Cette Reine des cieux, de laver les souillures
« Que Satan imprima sur d'augustes figures,
« De rendre à Marie-Jeanne et l'éclat et l'honneur! »
Et l'armée applaudit! Le temple du Seigneur,
De guirlandes orné, s'ouvre et dans son enceinte
Reçoit des flots de peuple, avec l'Idole sainte.
Le prélat, revêtu d'habits éblouissans,

A l'office préside, et fait fumer l'encens,
Dont la vapeur se mêle aux chants, à la prière,
Qu'elle porte à la Vierge, au séjour de lumière.
Puis on rend grâce à Dieu des nocturnes exploits;
Et, tandis que résonne, en chœur, à pleine voix,
Cette hymne de triomphe, au Très-Haut consacrée,
Le prélat sur le bronze épand l'onde sacrée;
Sous la main qui partout prend soin de la bénir,
L'Idole resplendit, et semble rajeunir,
Et ce lustre nouveau, l'éclat de sa parure,
Tout la présente aux yeux si brillante et si pure,
Que le peuple, pour elle aveuglément épris,
A sa vertu première ajoute un nouveau prix!

Lescure se dérobe à la foule bruyante:
Seul, avec Angéline et Silvain, dans sa tente,
Il se fait raconter le drame de la nuit,
Qui, dans leurs entretiens, tout entier se produit.
L'héroïne à Silvain en décerne la gloire:
« Jamais, jamais, dit-elle, on ne le voudra croire,
« Jamais tant de courage, et tant de dévouement!
« Et je n'y puis songer qu'avec ravissement!
« Dieu, qui t'a vu, jeune homme, et te guidait, je pense,
« En réserve à ton cœur la digne récompense. »

Ce cœur trop plein déborde et ne peut contenir
Le secret qu'il s'efforce en vain de retenir;
L'amant se trouble, et tout, malgré lui, le décèle,
Ses traits, son teint, ses yeux, où la flamme étincèle!
A ces mots d'Angéline, il tombe à ses genoux:

« Noble et belle Angéline, ah! le prix le plus doux
« Que je demande au Ciel et le seul où j'aspire,
« Tu peux me l'accorder : que le Ciel te l'inspire !
« Puisse ton cœur m'entendre, et répondre à ce vœu!
« Répondre à mon amour!... » La vierge, à cet aveu,
Rougit, pâlit, demeure interdite et muette;
Mais un chaste regard, éloquent interprète,
Rayon timide et pur, qui luit rapidement,
A fait briller l'espoir aux yeux du jeune amant.
Lescure est tout ému : tendre et sensible frère,
Il garde le silence, et d'une sœur si chère
Respecte l'embarras, épargne la pudeur.
Mais du brave Silvain, qu'il aime avec ardeur,
Le noble aveu le touche, et l'amour l'intéresse,
Et pour les deux bientôt parlera sa tendresse.
Silvain en sa faveur voit le camp prévenu :
A peine de ses feux le secret est connu,
De toutes parts la joie éclate sans mesure ;
Les plus illustres chefs, se joignant à Lescure,
Henri, Bonchamp, Talmont, ces amis généreux,
Secondent du guerrier le désir amoureux.
L'armée, avec transport, applaudit, intercède;
Au vœu de tous, enfin, la vierge aimable cède.
Elle accorde au héros et son cœur et sa main,
Et le jour est fixé pour cet heureux hymen !

Mais tandis que l'espoir d'une fête si belle
Met le comble au bonheur de la Ligue rebelle,
Au sein de l'allégresse, un orage surgit:
La Discorde en fureur se déchaîne et rugit.

Elle pousse au désordre, elle enflamme Charette,
Que du traître Beysser exalte la défaite.
Lui, vaincu de la veille, il vante ses travaux,
Du poids de son orgueil accable ses rivaux,
Les blesse, les irrite, et fièrement s'arroge
Des lauriers de Torfou le mérite et l'éloge.
A cette âme hautaine il faut le premier rang,
Et son ambition, ce besoin dévorant,
Sans cesse la tourmente et la tient absorbée.
Mais les chefs et surtout le superbe d'Elbée
Ne veut pas se plier sous d'insolentes lois;
Jaloux de son pouvoir, il en défend les droits.
Le camp s'agite, au bruit de leurs vives querelles,
De la division rapides étincelles.
La Discorde triomphe : elle embrase les cœurs,
Et, pour mieux désunir les orgueilleux vainqueurs,
D'un immense butin, que le carnage souille,
Elle étale, à leur yeux, la splendide dépouille.
Sur cette riche proie, avec le plus d'ardeur,
Les chefs, dans le combat, se jetaient sans pudeur.
Funeste avidité! vil appât qui déchaîne
Tous les emportemens de la jalouse haine!
Au moment du partage, on les voit éclater,
Et nul frein désormais ne les peut arrêter.
Chacun, s'attribuant l'honneur de la victoire,
Veut la plus large part de butin et de gloire.
Charette la débat d'un ton impérieux,
Et du lot qu'on lui fait indigné, furieux,
En reproches sanglans il exhale sa rage,
Prodigue aux généraux et l'insulte et l'outrage,

Et jure qu'implacable en son inimitié,
On n'obtiendra de lui ni secours ni pitié !
Et le fier capitaine, insensible aux prières,
Aussitôt se retire, assemble ses bannières,
Fait sonner le départ, et, d'un pas diligent,
Suivi de son armée, il gagne Saint-Fulgent.

Ce désordre, l'éclat d'une telle rupture,
Frappe les Vendéens, comme un sinistre augure.
Déjà leur foi chancelle, et tout le camp gémit,
Et des Républicains l'espoir se raffermit.
L'hymen qui se prépare, avec les cieux propices,
Peut braver et pourtant craint ces tristes auspices.
Tout est prêt pour la fête, et voici le grand jour,
Qui du brave Silvain doit couronner l'amour.
Aux jeunes fiancés, de son agreste asile
Le Refuge offrira l'abri sûr et tranquille.

Dans le fond du Bocage, aux bords infréquentés
Du fier Agésinate autrefois habités,
Une antique forêt (¹) lève, immense et profonde,
Son front, vierge du fer et vieux comme le monde :
On la nomme Grala : de ses rameaux ombreux
Le soleil n'a jamais percé l'air ténébreux.
Une faible clarté, pareille au crépuscule,
Au plus haut de sa course, avec peine circule
Sous les dômes touffus, appelés *Demi-Jour*.

---

(1) Tout ce qu'on dit, dans ce poëme, sur la forêt de Grala et sur la ville du Refuge, est historique. Les vestiges de cette agreste cité existaient encore, il y a peu d'années. Ici donc, la vérité se présentait avec tous les ornemens merveilleux de la fable.

Vers le centre, s'étend un sombre carrefour,
Où le *Chêne-Chevreux* étale, spectre énorme,
De ses bras dépouillés la gigantesque forme.
Monarque vénérable et blanchi par le temps,
Son tronc noueux verdit et s'ombrage au printemps.
Le reste est mort : sa tête orgueilleuse et chenue,
Avec tant de fierté s'élève dans la nue,
Que, roi de la forêt, on le croit isolé,
Au milieu d'un désert, empire désolé.

Lieux tristes, en effet, et jamais solitude
Ne s'offrit, à nos yeux, plus sauvage et plus rude.
Dans son obscure enceinte habite la terreur :
Le plus hardi mortel y frissonne d'horreur,
Et sent tous ses cheveux se dresser sur sa tête.
Sur le Grala jamais n'éclate la tempête;
La foudre le respecte, et de ses doux concerts
Jamais le rossignol ne charma ces déserts:
L'oiseau les fuit, saisi d'une frayeur soudaine.
Seulement, des corbeaux, aussi noirs que l'ébène,
D'un cri rauque et lugubre interrompent parfois
Le silence profond qui règne dans ces bois.
Jamais n'y résonna la musette champêtre :
Les bergers d'alentour n'osent y mener paître.
On leur fait de ce lieu des récits effrayans !
Le vieux magicien, aux regards flamboyans,
Qui servait Barbe-Bleue, et partageait ses crimes,
Venait, sous le grand chêne, égorger leurs victimes:
Là sa voix évoquait les Esprits des enfers.
Il y revient encore, et sa voix dans les airs

Monte à peine, soudain, poussant des cris funèbres,
Des fantômes affreux traversent les ténèbres.
La terre avec fracas s'ébranle, et de ses flancs
Vomit une fumée, aux tourbillons brûlans;
Une vive lueur, de son éclat bleuâtre,
Couvre de la forêt le vaste amphithéâtre.
Puis tout rentre dans l'ombre, et l'on entend alors
D'horribles chants, suivis de suaves accords.

Telle est cette forêt dans l'esprit du vulgaire:
Mais quel effroi ne cède à celui de la guerre?
Femmes, enfans, vieillards, de leurs champs dévastés,
En foule sont venus dans ces bois redoutés,
Timide colonie, à qui, pendant l'orage,
L'hospitalier Grala prête un épais ombrage.
Il voit naître une ville en ses réduits obscurs:
Des mottes de gazon, des pieux forment les murs,
Des branches la charpente, et le feuillage en dôme
Des injures de l'air défend ces toits de chaume.
Chaque famille, ainsi que les premiers humains,
Se bâtit, à la hâte, un logis de ses mains.
Les maisons, par la peur en peu de temps accrues,
S'alignent, et bientôt se dessinent des rues,
Dont le sol toujours vert offre un espace uni,
D'une molle pelouse abondamment garni.
Le Refuge est fondé: cité sainte et paisible,
Asile du malheur, retraite inaccessible.
La guerre l'environne et, bravant les hasards,
Elle appelle en son sein l'industrie et les arts,
Et la religion, douce consolatrice:

CHANT V.

Voici le presbytère, et cet humble édifice,
Avec son humble croix, beau de simplicité,
C'est l'Église, ornement de l'agreste cité.
L'enfant, à sa naissance, y reçoit le baptême,
Et le guerrier mourant, la parole suprême
Qui raffermit son âme, et le suit au tombeau;
L'Hyménée, en ces lieux, voit briller son flambeau;
Et les jeux et la danse, à l'ombre des vieux chênes,
Aux exilés parfois font oublier leurs peines,
Heureux si, tout à coup, le bronze des combats
Ne vient pas, en tonnant, troubler ces doux ébats!...

La mère de Silvain, la mère d'Angéline,
Ont chacune, en ce lieu, leur modeste chaumine.
Les pères ne sont plus! là ces tendres amans
Viennent de leur hymen sceller les nœuds charmans.
Là, vénérable appui de l'homme si fragile,
Un prêtre en cheveux blancs, pasteur de l'Évangile,
Veille et prie, avec zèle, avec humilité,
Et du Seigneur, pour tous, implore la bonté!
C'est lui qui, le premier, par de saines doctrines,
Forma leurs jeunes cœurs aux lumières divines;
Et cette voix auguste, aujourd'hui, va bénir
Le nœud sacré qui doit à jamais les unir.
Le jour se lève pur, l'aube est claire et sereine,
Le ciel est sans nuage, et de sa douce haleine
Une brise légère embaume la forêt;
L'ennemi campe au loin, nul danger n'apparaît.
Lescure a tout prévu : sa troupe s'échelonne,

Et protége, au besoin, les bois qu'elle environne.

La mère d'Angéline, à la pointe du jour,
Reçoit les conviés, dans son humble séjour.
Ils viennent tous, amis, parens des deux familles;
Puis un folâtre essaim, jeunes gars, jeunes filles,
Les costumes guerriers mêlés à ceux des champs.
La noce est réunie, et de ses vœux touchans
Chacun offre l'hommage à la vierge aux doux charmes,
Les jeunes Vendéens à leur compagnon d'armes :
Au bonheur des amans tous les cœurs prennent part.
Mais, du joyeux cortége annonçant le départ,
La musette, au dehors, soudain marche et résonne :
De cet agreste chant le vieux Grala s'étonne,
Et de ses bois, au loin, les échos réjouis
En prolongent les sons, qu'ils n'avaient pas ouïs.
A la noce toujours la musette est priée.

Lescure, chapeau bas, conduit la mariée :
Humble fille des champs, elle en a les habits,
Où n'éclate ni l'or, ni le feu des rubis.
Modeste est son maintien, modeste sa parure :
Sur l'azur de sa robe une blanche ceinture,
Le voile en mousseline, un cordon de velours
Où pend la croix d'argent, composent ses atours;
Puis un bouquet au sein, et des fleurs à la tête,
Ainsi brille, aux regards, la reine de la fête.
Silvain a pris, comme elle, un simple vêtement :
Des rubans et des fleurs en font tout l'ornement,
Ornement de son feutre et de sa boutonnière.

Sa riante figure, à la fois douce et fière,
S'anime du plaisir dont il est transporté,
La mère d'Angéline, heureuse à son côté,
S'avance, et, tout joyeux, sous un visage austère,
Bonchamp de son ami soutient la vieille mère.
La jeunesse les suit, et, sur un double rang,
Au temple du Seigneur le cortége se rend (¹).

Temple agreste, pareil à ceux des premiers âges,
Temps où l'homme adorait ses dieux dans les bocages :
La foule entre en silence; et, le regard baissé,
La vierge s'agenouille avec son fiancé.
La messe les prépare à la cérémonie:
Par des chants gracieux, d'une douce harmonie,
L'Église, dans sa joie, accueille les époux,
Inclinés à l'autel et toujours à genoux.
Le pasteur vénéré s'approche et leur expose
Les devoirs que l'amour, que le ciel leur impose.
Ils se lèvent émus, et le Oui solennel
Les unit, devant Dieu, d'un lien éternel.
L'anneau d'or brille au doigt de la vierge pudique,
Doux signe d'alliance : à la voûte rustique
L'encens monte, et l'airain, dans les airs agité,
Porte son allégresse à toute la cité !...
Mais la cloche s'arrête : à coups lents elle tinte,
On dirait qu'elle pleure et lamente une plainte,
C'est comme un glas de mort; le chœur, en même temps,

---

(1) Tous les détails de cette noce sont conformes aux mœurs vendéennes et tirés de l'histoire. Tel était ce peuple avant la Révolution.

Chante l'hymne funèbre, et tous les assistans
Se prosternent : on prie, on déplore l'absence
De ceux qui ne sont plus!... Tendre réminiscence,
Regrets pieux, touchans, qui semblent un appel
Adressé par la terre aux habitans du ciel !
A la fête d'hymen l'Église les convie ;
Tout ce qui peut charmer le cœur dans cette vie,
S'offre aux nouveaux époux : douceurs du souvenir,
Bonheur présent, espoir d'un heureux avenir !

Le prêtre les bénit, l'alliance est formée :
Alors, prenant la main de sa compagne aimée,
Silvain l'emmène : elle est, désormais, toute à lui,
Comme il est, maintenant, son guide, son appui.
Sur le point d'aborder sa carrière nouvelle,
A la porte du temple, elle hésite... Autour d'elle
On s'empresse, et chacun lui fait signe d'oser,
Et des premiers chrétiens lui donne le baiser.
Ce doux embrassement des vierges, des épouses,
La rassure ; elle sort, et des vertes pelouses
Traverse, sans détour (¹), l'endroit le moins battu,
Emblème du sentier qui mène à la vertu.
A peine arrive-t-elle à sa chaste demeure,
On présente aux époux le pain, le vin, le beurre,
Prémices que tous deux font gloire d'accepter ;
Aussitôt, on entend les mousquets éclater,
Et mille coups, lancés par la folle jeunesse,

---

(1) On conduisait la mariée, de l'église chez elle, par la route la plus droite, et c'était un affreux présage si quelque événement imprévu la forçait à prendre le plus léger détour !

Se mêlent, dans les airs, à ses cris d'allégresse (1).

De plaisirs moins bruyans ces jeux sont précurseurs,
Et bientôt la musette appelle les danseurs.
Le gai joueur, enflant la basse qui bourdonne,
Aux élans de son art tout à coup s'abandonne,
Et sous l'ombrage, aux sons du rustique instrument,
La noce, avec ardeur, se met en mouvement.
On se prend, on se quitte, et la folâtre danse
Souvent rompt la mesure et manque la cadence,
Mais au plaisir, du moins, elle ne manque pas ;
L'abandon, la gaîté, qui dirigent les pas,
Lui donnent une allure et plus franche et plus vive :
La rapide *courante* et la *ronde* naïve,
Le *pichefrit* guerrier (2), du Grala, tour à tour,
Font tressaillir les bois d'allégresse et d'amour.
Un groupe se retire, un autre le remplace ;
Ils dansent aux chansons, quand la musette est lasse :
Point de trêve, et sitôt que s'épuise la voix,
La danse continue, aux accens du hautbois,
Des transports les plus doux inépuisable source !

Mais déjà le soleil, au milieu de sa course,

---

(1) La jeunesse, toujours armée dans ces fêtes, lançait dans l'air de nombreuses décharges de mousqueterie, et cet usage est encore suivi.

(2) Cette danse, fort en usage dans la Vendée à cette époque, était un reste de ces jeux belliqueux que les anciens Agésinates dansaient tout armés. Deux couples de danseurs s'avançaient au milieu de la noce vis-à-vis l'un de l'autre, les danseurs placés derrière leurs danseuses, qui se tenaient immobiles. Ils se regardaient, en mesure, par dessus les épaules de leurs belles : on eût dit deux ennemis qui se guettaient, prêts à fondre l'un sur l'autre. Tout à coup, ils s'élançaient, se joignaient, se donnaient la main, dansaient ensemble, et se plaçaient devant leurs partenaires, qui recommençaient le même jeu.

Annonce aux conviés le banquet nuptial,
Et la foule s'y presse, en désertant le bal.
La table, que des bois l'ombre épaisse protége,
Brille sur le gazon, plus blanche que la neige.
Un goût simple préside au champêtre-festin,
Où sont les larges brocs et les longs plats d'étain,
Des vins purs et vermeils, une abondante chère,
Digne de l'appétit des vieux héros d'Homère.
L'automne, entre les mets, et parmi les flacons,
Prodigue les trésors de ses vergers féconds,
Ses corbeilles de fleurs, richesse variée,
Qui charment, à l'envi, la jeune mariée.
Pour elle les honneurs, et le plus beau couvert :
Tous lui rendent hommage, et son époux la sert.
Il est debout près d'elle, et, d'une main active,
Prévenant ses désirs, veille à chaque convive.
Tel est l'usage ancien : Silvain de cet emploi,
Avec zèle et bonheur, remplit la douce loi ;
Et, la serviette au bras, alerte, infatigable,
Il veut que la gaîté soit reine de la table :
Il presse les buveurs, et sait les provoquer
A trinquer pour mieux boire, à boire pour trinquer !
Et bientôt, le plaisir animant tout le monde,
Les bons mots et les ris circulent à la ronde ;
Tous les cœurs sont contens, tout ce peuple est heureux,
Leurs maux sont oubliés, plus de guerre pour eux,
Plus d'exil ! le dessert augmente encor la joie,
Et le dernier souci dans les verres se noie,
Quand viennent les gâteaux, ce présent des parrains,
Suivis de la chanson et de ses gais refrains.

Chacun y fait honneur : il faut choquer les verres,
Et porter, à pleins bords, les santés qui sont chères !
Il faut chanter, en chœur, ces vieux airs si joyeux,
Ces airs, toujours nouveaux, que chantaient nos aïeux.

Cependant l'heure fuit, déjà le jour décline :
Un jeune et bel enfant, que caresse Angéline,
Sous la table se glisse, emporté par le jeu,
Et de sa jarretière il détache le nœud ;
Puis montre le tissu, chaste et précieux gage,
Qu'avec transport la noce accueille et se partage....
Tout à coup le bruit cesse : on apporte au banquet,
Pour couronner la fête, un splendide bouquet,
Qui, paré de rubans aux couleurs les plus vives,
De sa pompe champêtre éblouit les convives,
Par un heureux mélange et de fleurs et de fruits,
De l'automne vermeil magnifiques produits.
Douze jeunes beautés, toutes en robe blanche,
Portent ce don brillant sur une verte branche :
Elles viennent, l'air triste, et baissant leurs beaux yeux,
A la nouvelle épouse adresser leurs adieux.
La plus jeune s'avance, et, timide, lui chante
La Chanson de l'Hymen, pastorale touchante,
Et dont l'air simple et doux pénètre, émeut le cœur [1] ;
D'une voix attendrie elle chante, et le chœur
Reprend, accompagné de l'agreste musette,

---

(1) L'isolement, la solitude, et aussi la nature du pays, rendent le Vendéen taciturne et mélancolique. Ses fêtes, ses chants nationaux, se ressentent de cette tristesse : la *Chanson de la Mariée*, entre autres, que l'on donne ici rajeunie, et dont l'air simple et touchant va au cœur et porte plutôt aux larmes qu'à la joie. Il y avait toutefois plus de gaieté dans les fêtes et réunions du haut Bocage.

Le refrain, que des bois l'écho lointain répète :

« Vous allez nous quitter,
Et le chagrin nous gagne :
Nous venons souhaiter,
O ma chère compagne!
A vous, à votre amant,
Joie et contentement!

« Le rossignol d'amour,
Le rossignol sauvage,
Nous chante, nuit et jour,
Dans son tendre langage :
Filles! mariez-vous :
Le mariage est doux!

« Mais adieu, désormais,
Les plaisirs du bel âge ;
Vous n'irez plus jamais
Aux danses du village.
Adieu, folle gaîté,
Et douce liberté!

« Chez vous, matin et soir,
On l'a dit à l'Église,
Femme, à votre devoir
Il faut rester soumise,
N'aimer que votre époux,
Et l'aimer comme vous!

« Hâtez-vous, de l'hymen

La fête brille encore,
Comme un rêve, demain,
Au retour de l'aurore,
Tout va s'évanouir;
Hâtez-vous d'en jouir!

« Ce bouquet éclatant,
De nos cœurs tendre hommage,
Du sort qui nous attend
Vous présente l'image :
Beaux jours, plaisirs, honneurs,
Passent comme ces fleurs! »

Elle pleure, et la noce attend qu'elle réponde...
Soudain, vers Saint-Fulgent, le canon tonne et gronde,
Et des coups redoublés le retentissement
Vient frapper la forêt, qui gémit sourdement.
A ce bruit, tout s'émeut : les vierges pâlissantes
Tressaillent, des époux les mères sont tremblantes.
Le combat n'est pas loin : Lescure, Henri, Bonchamp,
Talmont, tous les guerriers, y volent sur-le-champ,
Et les jeunes époux veulent quitter la fête,
S'élancer avec eux... Lescure les arrête,
Et leurs mères en pleurs, qui se joignent à lui,
Pour tant d'infortunés implorent leur appui.
Peuvent-ils repousser de si puissantes larmes ?
La cité tout entière est en proie aux alarmes,
Le banquet déserté, les convives épars,
Et le trouble partout : femmes, enfans, vieillards,
Se pressent, comme on voit un troupeau qui frissonne,

Aux hurlemens des loups, que la faim aiguillonne.
Le pasteur, les époux, le front calme et serein,
Et, l'esprit inquiet, déguisant leur chagrin,
Cherchent à rassurer cette foule éperdue...
Sur le Bocage, au loin, la nuit est descendue :
Déjà, depuis une heure, effrayant le Grala,
Un combat furieux se livre près de là.
On entend le canon, les mousquets, la mitraille,
Le tumulte, les cris, l'horreur de la bataille !...
La lutte se prolonge, et l'effroyable bruit,
Plus distinct, plus affreux, dans l'ombre de la nuit,
Roule comme les flots de la mer mugissante,
Et tient, sous la terreur, la forêt frémissante !...

Cinq heures de combat, et pas de dénouement :
Toujours même fureur, et même acharnement !
Mais l'espoir luit enfin, quand on n'osait l'attendre,
Et des cris de victoire au loin se font entendre.
Victoire ! dit Lescure, accourant à grands pas,
Suivi des autres chefs, échappés au trépas.
Il arrive, et raconte à la foule étonnée
La sanglante bataille, à peine terminée :
« Mieskowski, plein d'ardeur, allait joindre Canclaux ;
« Un ordre vient, dicté par de secrets complots,
« L'arrête à Saint-Fulgent : Charette, qui nous quitte,
« Le rencontre et l'attaque ; et les siens, qu'il excite,
« Malgré le jour qui baisse, affrontent les hasards
« Où leur chef les entraîne, irrité des retards.
« Le fier républicain au combat se dispose :
« Son armée est vaillante, et le front qu'elle oppose,

« Formidable ! Soudain, le terrible obusier,
« Pour la première fois, comme un ardent brasier,
« Tonne, éclate, écrasant les soldats du Bocage.
« Mais les Bleus, trop serrés, vont perdre l'avantage.
« La nuit sombre est venue, et, dans l'obscurité,
« Charette, au sein des bois habilement posté,
« A son tour les foudroie, à vingt pas de distance,
« Par un feu de mousquets, qui lasse leur constance.
« Ils résistent longtemps, fermes et valeureux ;
« Mais ils tiennent en vain : par un coup vigoureux,
« Les enfans du Marais commencent leur défaite ;
« Bientôt, à la lueur des fusils de Charette,
« Le brave Mieskowski se voit enveloppé.
« Plus d'espoir ! le soldat, d'épouvante frappé,
« Se débande, et, partout, se frayant des passages,
« Laisse au vainqueur drapeaux, canons, vivres, bagages.
« Maître de ce butin, Charette, ivre d'orgueil,
« Nous voit et n'a pour nous qu'un dédaigneux accueil.
« Sa haine est implacable : il part, fier de sa gloire,
« Il part, et pour adieux nous jette sa victoire !... »

Ainsi parle Lescure, encor tout haletant :
A sa voix l'auditoire est ému, palpitant ;
On admire Charette, on déplore sa haine !
Mais l'orage est passé, la gaîté vendéenne
L'emporte, et le banquet, de flambeaux éclairé,
Rappelle le plaisir, désormais rassuré.
La chanson recommence, et les fronts se dérident ;
Les verres, de nouveau, se choquent et se vident,
Toujours pleins ! et, pendant le bachique concert,

Qui ranime et longtemps prolonge le dessert,
La mère de l'épouse, en son humble cabane,
La conduit, la dérobe à tout regard profane.
Seule avec son époux, la vierge fond en pleurs :
Le jeune et tendre amant, touché de ses douleurs,
Cherche à la consoler, sous le toit solitaire,
Et, tandis que l'hymen accomplit son mystère,
La jeunesse, en dansant, chasse le doux sommeil,
Et du couple amoureux vient hâter le réveil.

Déjà de l'orient l'aube éclaire la rive;
Un rapide courrier dans le Refuge arrive,
Et, s'adressant aux chefs : « Hâtez-vous, leur dit-il,
« Hâtez votre retour : nous sommes en péril!
« Un grand coup se prépare, et la fière Mayence
« Se réveille, s'ébranle et court à la vengeance.
« Marceau vient l'appuyer! Rey, Chalbos, tous les corps,
« Marchent au même but, pleins des mêmes transports,
« Et l'affreux Westermann, dont le sabre étincelle,
« Vient lui-même, enflammé d'une rage nouvelle.
« Hâtez-vous! nous touchons aux plus horribles maux. »
La danse et le banquet finissent à ces mots,
Tout part, en un moment la noce est dissipée;
Lescure et tous les chefs ont saisi leur épée,
Et les jeunes époux, accompagnant leurs pas,
De la couche d'hymen s'élancent aux combats!

FIN DU Ve CHANT.

CHANT VI.

CHANT VI.

Tel qu'un ferme pilote, assailli par l'orage,
Canclaux dans les revers retrempe son courage,
Et l'âme de Mayence et de son fier tribun
Ne lui fait pas défaut, dans le péril commun.
Tu descends avec eux, et, d'une voix sublime,
Daniel, ô Liberté! par ses chants les anime.
Déjà ton saint drapeau frémit de joie au vent :
Il cherche les dangers, il s'élance au-devant !

Au-dessus des vallons où la Sèvre serpente,
En face de Torfou, l'ennemi se présente (1).
Son air est triomphant : par le nombre il est fort,
Il est fier des lauriers cueillis sur l'autre bord.
Sous Bonchamp, sous d'Elbée, appuyés de Lescure,
La gloire, à ses regards, offre une palme sûre.
Mais à quel adversaire il faut la disputer !

(1) Combat de Treize-Septiers, où les Mayençais prirent une prompte et éclatante revanche de la défaite de Torfou.

A Mayence ! la foi, le cœur va l'emporter.
Kléber, à l'avant-garde, est sans artillerie ;
Il exhorte les siens : « Enfants de la Patrie,
« Marchons ! » et le soldat lui dit : Pas de canons !...
« Pas de canons ! hé bien, suivez-moi : reprenons
« Ceux qu'aux mains des Brigands à Torfou nous lais-[sâmes !... »
Cette noble réponse électrise les âmes,
Et des rangs de l'armée, à ces mots de Kléber,
Un immense bravo s'est élevé dans l'air !

Ils marchent : la victoire est déjà décidée.
Quelle force pourrait lutter contre l'idée ?
Elle égale et confond soldats et généraux ;
Ils sont un contre dix : chaque homme est un héros.
Entourés, accablés de masses ennemies,
Et, bravant mille morts, par le bronze vomies,
Ils marchent : le tambour les excite au combat ;
Le feu redouble en vain, toujours la charge bat,
Toujours la baïonnette, à la pointe acérée,
De gloire insatiable et de sang altérée,
A la voix du tambour, darde ses aiguillons,
Et, sur ces champs de mort, trace d'affreux sillons.
Sa force est un prodige, et quelle intelligence
Lui donne, en ce moment, l'ardeur de la vengeance !
Pour diriger ses coups, un pouvoir surhumain
Des braves Mayençais semble exciter la main,
Semble animer les plis de leur noble bannière.
Kléber, comme un lion secouant sa crinière,
La guide, et que d'exploits il fait éclore autour !
Travot, plein de ses feux, se révèle en ce jour ;

Targes, Bloss, Dubreton, Verger de Maine-et-Loire,
Et Billig du Haut-Rhin, tous rayonnent de gloire.
Dubayet, à Lescure opposant sa valeur,
Remplit ses bataillons d'une égale chaleur.
Canclaux vole partout où le danger l'appelle :
Ame de la bataille, il enflamme le zèle,
Il dirige les bras; général consommé,
Il conduit, avec art, le plan qu'il a formé.
Le péril croît, n'importe : avec lui point d'obstacles,
Et s'il le faut, pour vaincre, on fera des miracles.
Il est vainqueur : Mayence a fixé le destin;
Et ce fier ennemi, qui disait le matin :
Mon bras est invincible, et Mayence est détruite!
Puni de son orgueil, il cède, il est en fuite.
Les lauriers du Bocage en cyprès sont changés,
Et Torfou, Montaigu, Saint-Fulgent, sont vengés!

Tiffauge ouvre ses murs, le vainqueur en est maître;
Mais Clisson et le camp sont menacés peut-être.
Kléber y vole... Un bruit là-bas s'est répandu :
Canclaux destitué, Dubayet suspendu,
Et, pour chef de l'armée, un inconnu, Léchelle!...
Telle est, à son retour, la fatale nouvelle
Que la rumeur apporte au héros stupéfait!...
Bientôt tout se confirme, et Ronsin a tout fait!
Ronsin, dès que Torfou l'a vengé de Mayence,
Court à Paris, et là, semant la défiance,
La haine, l'imposteur, à ceux qu'il a trahis,
Impute ce désastre et les maux du pays!
A la Convention, aux clubs, sa voix infâme,

Avec un art perfide, en tous lieux les diffame,
Et partout on l'écoute ! à ses cris forcenés,
Canclaux et Dubayet sont d'abord condamnés :
Tièdes républicains, ils servaient les despotes !...
Mais lui, mais Rossignol, sont les vrais patriotes,
Et pour eux les honneurs, les hauts postes pour eux !...
O démence ! et comment, dans ces jours malheureux,
L'État, à la merci des erreurs et des crimes,
Est-il encor debout, sur le bord des abîmes ?

Les dignes chefs, cédant à l'inique décret,
Se retirent soudain, mais non pas sans regret;
Et leurs adieux font voir, au pays, à l'armée,
De quel beau dévouement leur âme est animée :
« Je vous quitte avec peine, et sans remords du moins,
« Dit Canclaux : hier encor, vos yeux furent témoins
« Si de la Liberté je désertais la route !
« C'est elle, Citoyens ! qui m'inspira sans doute
« Cette marche en avant, dont le brillant succès
« Verse un éclat nouveau sur le nom Mayençais.
« C'est elle qui console et venge ma disgrâce,
« Et, par elle vainqueur, je dois lui rendre grâce :
« Jusqu'au bout de ma course, elle a guidé mes pas !
« Puisse-t-elle, au milieu de nos tristes débats,
« Enflammer tous les chefs d'une ardeur aussi pure !
« C'est le vœu de mon cœur ; et, cédant sans murmure,
« D'un vrai républicain je remplis le devoir.
« Des lois de son pays respectant le pouvoir,
« Plein de zèle, à ses vœux jamais il ne s'oppose;
« A sa voix il s'élance, à sa voix se repose :

CHANT VI.

« Heureux de lui laisser, pour hommage en partant,
« Et pour gage d'amour, un trophée éclatant,
« Comme nous ces canons, ces dépouilles de gloire,
« Remises dans nos mains, hier, par la victoire ! »

Il part, et Dubayet le suit, pleuré des siens :
Tous deux, par leur vertu, dignes des temps anciens,
Patriotes si purs, et guerriers magnanimes,
Ils s'éloignent, suivis de regrets unanimes.
Mayence est désolée, et, d'un air inquiet,
Chacun se dit : Qui va remplacer Dubayet ?
Triste honneur, entouré de périls et d'alarmes !
Combien l'ont mérité, parmi ses frères d'armes !
Mais nul n'ose y prétendre, et Merlin, se hâtant,
Dispose, en souverain, de ce poste important.
Il désigne Kléber ; et, déjouant l'intrigue,
Ce nom, cher à l'armée, a fait trembler la Ligue.
Que Ronsin le combatte, avec de vils complots,
Et son lâche instrument, successeur de Canclaux,
Léchelle peut venir ; enflé de son mérite,
Il vient : parmi les Grecs, tel apparut Thersite.
Au quartier général il arrive, et soudain
Sa présence des chefs excite le dédain,
La pitié du soldat. Quel début ! quel augure !
Et près de lui s'avance une sombre figure,
Où l'ardente fureur d'un esprit exalté
Cache, en des yeux hagards, la froide cruauté.
Terrible proconsul, dans la nouvelle Gaule,
Carrier [1] vient accomplir son effroyable rôle.

---

[1] Dans un ouvrage publié en l'an III, on lit sur Carrier : « Il est d'une taille haute

La Liberté gémit : les torches, les bourreaux,
Viennent mêler le crime aux exploits des héros.
Ainsi le Fanatisme, envenimant la guerre,
Par des moyens affreux lui dispute la terre ;
Mais de nobles efforts et des faits glorieux
Donneront la victoire à la Fille des cieux.

Les chefs tiennent conseil : Léchelle, qui préside,
Étale, au milieu d'eux, sa vanité stupide.
Tel un roi de parade, en nos drames jeté,
Personnage bouffon, y répand la gaîté.
Sur les dangers présens le Conseil délibère :
Kléber a déroulé la carte militaire ;
Il s'adresse à Léchelle, et lui met sous les yeux
Le plan qu'à son génie ont inspiré les lieux.
Et lui, sans écouter : « Ce plan, je le suppose,
« Est fort beau : le terrain fera mieux voir la chose.
« Mais à de vains détails pourquoi nous attacher ?
« Majestueusement, en masse il faut marcher !
« Cette méthode est simple, et je veux qu'on l'applique,
« Pour écraser d'un coup la ligue catholique :
« Ce projet, du soldat sera vite compris. »
A ces mots, les guerriers se regardent surpris,
Et tous, humiliés du chef qu'on leur impose,
Ils se lèvent confus, et la séance est close.

et un peu courbée ; il a les cheveux noirs et bouclés, les yeux petits et hagards, la démarche régulière et allongée, le geste forcé et menaçant, la voix rauque, le langage précipité de l'ignorance emportée, le teint basané, l'air sombre, commun et féroce. Sa figure, dans son ensemble, est plutôt celle d'un escroc rêveur que celle d'un tyran farouche : il a un tempérament bilieux et froidement ardent, un cœur étranger au premier penchant de la nature, au besoin d'aimer, une âme d'airain, trempée d'insensibilité. »

Le soir, grande revue, et Mayence, au signal,
Se range et, l'arme au bras, attend le général.
Léchelle, avec Carrier, le front levé, s'avance :
Le soldat, devant eux, garde un morne silence.
Carrier, comme un athlète, aux gestes menaçans,
Le premier les harangue, et ses rauques accens,
Les éclats de sa voix furibonde et rapide,
Sans trouver un écho, résonnent dans le vide :
Un seul cri sort des rangs : Vive la Liberté !
Léchelle, à cet accueil, n'est pas déconcerté.
Orgueilleux discoureur, avec des phrases creuses,
Il espère enflammer ces âmes généreuses.
Mais ce langage faux, et digne de mépris,
Pourrait-il émouvoir de si nobles esprits ?
Et : Vive Dubayet ! est la réponse unique,
Et le cri spontané de la troupe héroïque.
Il pâlit à ce nom, et cet élan du cœur
De la haine en son âme allume la fureur !

La nuit vient, et Kléber songe à tant de bassesse :
Il confie à Merlin sa profonde tristesse.
Daniel écoute, ému, leurs graves entretiens.
Le héros s'écriait : « Voilà donc quels soutiens
« La fureur des partis donne à la République !
« Quels hommes, pour soumettre un peuple fanatique,
« Belliqueux, intrépide, indomptable en sa foi,
« Qui défend ses foyers, ses autels et son roi !
« Pour lui quelle fortune, et pour nous quelle honte !... »
— « D'un tel choix, dit Merlin, devons-nous tenir compte ?
« Le sort de la Patrie, en nos mains est remis :

« Quel est notre devoir, devant les ennemis?
« Triompher ou périr, dans ces fatales crises.
« Les ordres sont donnés, les mesures sont prises.
« Rossignol est parti pour un poste nouveau :
« Le champ nous reste libre ; et le jeune Marceau,
« Comme un aiglon, s'élance et vole à la victoire ;
« Chalbos et Westermann rivalisent de gloire.
« Vainqueurs à Châtillon, ils s'avancent ; et toi,
« Commande, que l'armée obéisse à ta loi.
« Sauver la République est ta sublime tâche :
« Carrier, lâche et cruel, Léchelle, inepte et lâche,
« Peuvent-ils arrêter un si noble travail?
« Va, pilote éprouvé, saisis le gouvernail,
« Puisque, dans la tourmente, on nous donne pour guides
« Des nochers sans courage et peut-être perfides !
« Kléber! par le succès soyons justifiés!... »
— « Vos noms par l'avenir seront glorifiés,
« Hommes vaillans et forts! avec chaleur s'écrie
« Le poëte : voilà comme on sert la Patrie.
« La Liberté sourit à de tels dévouemens,
« Qui ne fléchissent pas sous les événemens.
« Dans sa main, pour vos fronts, la palme est déjà prête :
« Kléber! poursuis ton œuvre, et dompte la tempête!... »

Et le front de Kléber, à ces mots de Daniel,
S'illumine : on dirait comme un rayon du ciel
Qui du héros, soudain, éclaire le visage ;
Daniel de la victoire y voit l'heureux présage.
Dans le même moment, arrivent deux courriers :
Merlin dit : « Marceau cueille, en courant, des lauriers !

« Des Herbiers déjà maître, il franchit la montagne,
« Et chasse l'ennemi, qui s'enfuit à Mortagne.
« Héroïque jeune homme!... Et Chalbos, je le vois,
« Suit, pour le seconder, le cours de ses exploits.
« Voici son bulletin : Daniel ! à toi de lire
« Ce récit émouvant, et digne de ta lyre ;
« Qu'il charme notre veille, et, par ses nobles traits,
« Puisse-t-il, dans ta bouche, adoucir nos regrets ! »

Daniel lit aussitôt : « Le jour commence à luire,
« Et l'armée est en marche, elle a quitté Bressuire,
« Dit Chalbos ; les Brigands nous avaient prévenus,
« Et, pour nous arrêter, en foule étaient venus.
« Cette masse imposante est par nous rencontrée,
« Près du moulin (1) déjà fameux dans la contrée,
« Lieu funeste, témoin de nos cruels discords,
« Et tout couvert de sang, de débris et de morts !
« L'Insurgé, du terrain a saisi l'avantage,
« Il a pour lui le nombre, et sa fougue sauvage.
« Mais les nôtres, sans peur, acceptent le combat :
« Avec acharnement, tout le jour on se bat,
« On se mêle, on s'égorge, et la lutte ne cesse
« Qu'au moment où la nuit sur elle enfin s'abaisse.
« Jamais plus de valeur ne brilla dans nos rangs !
« Chambon, environné d'ennemis expirans,
« Tombe : depuis deux jours général de brigade,
« D'une mort glorieuse il acquitte son grade.
— « Je meurs pour ma Patrie; adieu ! dit ce héros :

---

(1) Le moulin aux Chèvres. (Voir le IIIe Chant.)

« Vive la République !... » — Il expire à ces mots.
« Mais, dans ce noble adieu, le souffle de son âme
« Passe au cœur de l'armée, et l'exalte et l'enflamme.
« Je vois nos fiers soldats fondre sur l'Insurgé :
« Le brave général est dignement vengé.
« L'ennemi s'épouvante, il fuit devant son ombre,
« Et sauve ses débris, que cache la nuit sombre.

« Ce combat à l'armée ouvre un libre chemin ;
« Mais il n'est qu'un prélude à ceux du lendemain.
« Châtillon nous reçoit : de Brigands il est vide.
« Le bouillant Westermann, toujours de gloire avide,
« Avec sa légion, sort dès le point du jour,
« Explorant les hameaux et les bois d'alentour.
« Sa troupe, en ce dédale, imprudemment s'engage.
« Rien ne paraît d'abord : des halliers du Bocage
« Un essaim de Brigands tout à coup est sorti,
« Puis un autre, et sans fin ! Westermann, investi,
« Pressé de toutes parts, tient ferme : son audace
« Voit le péril, le brave, et le regarde en face.
« Le canon gronde : — « Allez, dis-je à deux officiers ;
« Voyez ce qui se passe ! » — et, pressant leurs coursiers,
« Ils gagnent aussitôt la route de Mortagne :
— « Ce n'est rien, leur dit-il ; deux pièces de campagne,
« Puis un peu de renfort, et je réponds de tout !... »
— « On le sert à souhait... mais le Bocage bout,
« Le flot des assaillans grossit, se multiplie,
« Et bientôt sous l'effort, en frémissant, il plie !...
« Je cours avec l'armée : il est pâle, atterré,
« Et, par le désespoir un moment égaré,

« Veut remettre en ma main ce sabre si terrible,
« Qui trahit son courage, à sa gloire insensible,
« Et ne peut de sa honte effacer la rougeur !...
— « Moi ! désarmer ton bras ! garde ce fer vengeur,
« Lui dis-je, et de ce pas, unissant notre zèle,
« Marchons à l'ennemi, courons ! Notre querelle
« Doit, après le combat, s'éteindre à Châtillon !.. »
— « Le guerrier se réveille, et, comme un tourbillon,
« Qui, dévastant les blés, les couche sur la terre,
« Il s'élance, et partout le sanglant cimeterre
« Se fait jour, luit et frappe, abat des rangs entiers ;
« Legros, Villeminot, et ses fiers grenadiers,
« Le suivent ; Choudieu (1) même aux combattants se mêle,
« Impassible, au milieu d'une effroyable grêle,
« Qui sur nous, en sifflant, ne cesse de pleuvoir :
« Tous ont la même ardeur, chacun fait son devoir.
« La bataille est terrible, acharnée et sanglante :
« Nous l'emportons enfin ! notre main triomphante
« A l'ennemi s'attache et longtemps le poursuit :
« L'armée à Châtillon ne rentre qu'à minuit.

« Dans ses rangs, le front ceint de la même auréole,
« Grandissent deux héros, enfans de la Réole,
« Deux frères, deux jumeaux, couple aimable et vaillant :
« Par les traits, par le cœur, rien de plus ressemblant.
« J'ai vu dans l'action ces deux nobles figures :
« L'un deux tenait toujours ; mais, criblé de blessures,

---

(1) Représentant du peuple, attaché à l'armée de Chalbos. — Il a laissé des mémoires précieux sur la guerre de la Vendée.

« Il perd des flots de sang (c'était César Faucher).
« Au combat, à la mort heureux de l'arracher,
« Son frère enfin l'emporte et veut à l'ambulance
« Veiller sur lui... César veut qu'il songe à la France :
— « Laisse-moi, lui dit-il, et bats-toi pour nous deux !... »
« Et lui-même blessé, ce frère courageux
« Retourne à la bataille, et noblement s'acquitte
« De la tâche sacrée à son zèle prescrite.
« Tout cède à la valeur, aux coups de Constantin !... »
Daniel, s'interrompant, s'écrie : « Heureux destin !
« Fils de la Liberté, pour la patrie aimée
« Ils combattent ensemble, et nous !... » — « Toute l'armée,
« Poursuit le bulletin, est dans l'enchantement,
« Et vante ces héros, son plus bel ornement !...
« Joie et peine, douleur, plaisir, gloire et fortune,
« Tout est commun entre eux : leurs âmes n'en font qu'une.
« Volontaires tous deux, soldats le même jour,
« Ensemble ils ont conquis leurs grades tour à tour.
« Blessés en même temps, ils ont pour la Patrie
« Le même dévouement, la même idolâtrie,
« Et si pour elle, ensemble, ils tombent immolés,
« Par un trépas si doux leurs vœux seront comblés !... (1)

« Vainqueurs, nous poursuivons le succès de nos armes ;
« Le Bocage est en proie aux plus vives alarmes.
« Ses repaires, en vain, se cachaient à nos yeux :

---

(1) Cette fin glorieuse a été celle des deux illustres frères qui sont morts ensemble, condamnés ou plutôt assassinés, en 1815, à Bordeaux, où pas une voix ne s'est élevée pour les défendre. Le barreau de la Vendée, à une autre époque, a été plus généreux envers les accusés royalistes.

« Nous avons pénétré jusqu'aux plus sombres lieux,
« Nettoyé Saint-Laurent ; et les bandes, pressées,
« Cèdent de toute part, à Cholet repoussées.
« C'est là qu'il faut marcher : agissons de concert,
« Et mettons à profit le destin qui nous sert ! »

A ce brillant récit, tout plein de poésie,
Aux accens du lecteur, Kléber, l'âme saisie,
Se lève : « Eh bien ! marchons, dit-il avec transport,
« Et n'importe le prix que nous garde le sort,
« Au secours du vaisseau battu par la tempête,
« Jetons-nous, dût la foudre écraser notre tête,
« Nous clouer palpitans aux pointes d'un écueil,
« Et donner à nos corps l'abîme pour cercueil !...
« Tu veux que je dispute aux vagues mutinées
« Cet esquif, dont les flancs portent nos destinées ?
« Soit, Merlin ! devant nous, vois briller sur les flots
« La Liberté, cet astre ami des matelots !
« Sa lumière éclaircit les ténèbres profondes
« Que l'orage, en grondant, fait peser sur les ondes.
« Suivons, suivons ce guide ; et, courageux nochers,
« Bravons les vents, les flots, la foudre et les rochers ! »
Kléber est seul. Tandis que tout le camp sommeille,
Il médite en silence et prolonge sa veille,
Et, son plan arrêté contre les ennemis,
A tous les généraux ses ordres sont transmis.
Son génie inspiré, dans ce moment suprême,
Prévoit tout et s'élève au-dessus de lui-même.
Son œuvre est haute, immense, et, Jupiter nouveau,
Il la sent fermenter dans son large cerveau.

La victoire se forme en sa tête enflammée,
Et, nouvelle Pallas, elle en sort tout armée;
Mais, après le combat, déesse au cœur humain,
Elle s'offre aux vaincus, l'olivier à la main !

De noirs pressentimens assiégent la Vendée,
Et, parmi les terreurs dont elle est obsédée,
Quand sonne avec fureur le tocsin des combats,
La terre impatiente a besoin de leurs bras.
Humectée à regret par tant de funérailles,
Elle veut d'autres sucs : la saison des semailles
Est venue, et le temps presse pour les guérets,
Qui manquent de labours, qui n'ont pas leurs engrais.
La terre en vain réclame, à gémir condamnée,
La semence féconde, espoir d'une autre année,
Et, réduit à la plaindre, oisif ou languissant,
Le soc reste immobile, ou s'arrête impuissant.
La guerre a dépeuplé bois, vallons et montagnes :
Le terrible fléau, dans ces tristes campagnes,
Suit son cours, dévorant troupeaux et laboureurs,
Et déjà la famine, ô comble de terreurs !
La hideuse Famine est, dit-on, apparue,
Au milieu des hameaux, debout sur la charrue !...
Pour éloigner le spectre, épouvantail affreux,
Que d'efforts inouïs ! On voit des malheureux,
Femmes, enfans, sublime et piteux attelage,
Le cou tendu, traîner le soc, loin du village :
L'homme est mort ou se bat, et plus de bœufs aux toits !
Le jour, dans leur travail interrompus vingt fois,
Ils reprennent, la nuit, la pénible corvée,

Malgré tous leurs efforts, souvent inachevée!
Et, quand l'été viendra, colons infortunés,
Ces champs par eux, du moins, seront-ils moissonnés?..
Auront-ils, pour abri, leurs humbles toits de chaume?..
N'importe : poursuivis par le pâle Fantôme,
Menacés de la faim, et voulant aux hameaux
Épargner, ô douleur! le plus cruel des maux,
D'un bras infatigable ils tourmentent la terre,
La trempent de sueurs!.. Mais la guerre, la guerre
Est jalouse du temps qu'ils donnent à leurs blés,
Et le tocsin toujours sonne à coups redoublés.
Le prêtre y joint sa voix : ils n'ont repos ni trêve.
Pour voler au combat tout ce peuple se lève,
Et, suivant un appel, qu'il croit la voix de Dieu,
A ses champs dit, peut-être, un éternel adieu!

Et déjà vers Cholet l'orage s'amoncèle :
Prêt à lancer les feux, qu'en ses flancs il recèle,
Il gronde sourdement... A cet horizon noir
Les Bleus vont, pleins d'ardeur, de courage et d'espoir.
Kléber a tout réglé : son génie est leur guide,
Leur étoile! Marceau, dans sa course rapide,
Franchit tout : de Mortagne il sort comme un torrent.
Au bruit de son courroux, les bandes de Royrand
Fuyaient, faibles troupeaux, que la tempête effraie.
Lescure les arrête, au camp de la Tremblaie :
« Quoi! devant un enfant, dit le héros pieux,
« Vous fuir! vous, défenseurs de la cause des Cieux!
« Vous qui, par tant d'exploits, de victoires insignes,
« D'un si glorieux nom vous étiez montrés dignes!

« Des célestes faveurs n'êtes-vous plus jaloux ?
« Effacez votre honte, et marchez avec nous ! »
A ces accens, le cœur des fuyards se relève,
Leur troupe se rallie. Alors, tirant le glaive,
Les deux chefs, entourés de bataillons nombreux,
Se flattent d'arrêter Marceau, qui fond sur eux.
Vain espoir ! ils n'ont fait qu'irriter sa vaillance.
D'un côté Westermann, et de l'autre Mayence,
Suivent ses mouvemens, et, s'il le faut, Beaupuy
Accourant à sa voix, va combattre avec lui.
Mais le jeune guerrier seul affronte l'orage,
Et bientôt la Tremblaie est un champ de carnage.
Dans le bourg, au château, sous des traits déchirans,
Partout la Mort se montre et décime les rangs,
Et, sanglante, applaudit, dans sa cruelle joie,
Au courage effréné que pour elle on déploie.
Le succès, des deux parts, est longtemps balancé ;
Le sort flotte indécis : mais Lescure est blessé ;
Étourdi par le coup, il tombe sur l'arène.
Le dévoûment des siens le relève et l'entraîne ;
Angéline et Silvain n'ont pu le préserver,
Et leur zèle du moins parvient à le sauver.
Son départ est suivi de trouble et d'épouvante ;
Et, malgré les exploits dont l'Insurgé se vante,
Tout fuit, tout se disperse : un triomphe nouveau
Vient ajouter sa gloire aux lauriers de Marceau.

Et, pendant ce combat, à des palmes nouvelles
Beaupuy vole, assailli par un corps de rebelles,
Qui, fier de l'avantage, et du nombre, et des lieux,

Veut aussi repousser ses pas victorieux.
Saint-Christophe, ébranlé par le bronze qui tonne,
Voit Merlin animant et guidant la colonne.
Par ses propres canons l'ennemi foudroyé,
Là cède encor : partout ses postes ont ployé.
Mayence, en combattant, force tous les passages,
Et Kléber de la Moine occupe les rivages :
Il domine Cholet. Tant d'efforts, de combats,
Sans lasser leur courage, épuisent les soldats,
Pêle-mêle couchés sur les champs de batailles.
Si l'ennemi venait, oh ! quelles représailles !
Mais écrasé lui-même, et la tristesse au cœur,
Battu, songerait-il à troubler le vainqueur ?
Il fuit : les bataillons, restes de ses défaites,
Et Lescure, le front chargé de bandelettes,
S'échappent, de la ville implorant les remparts,
Où la Ligue, effrayée, accourt de toutes parts.

Dans ces jours de périls et de nobles fatigues,
Que fait Léchelle ? il sert lâchement des intrigues :
Complice de Ronsin, d'accord avec Carrier,
Il veut perdre Mayence, il veut la décrier.
Mais le chef de l'armée avec honte s'efface :
Devant les bataillons le rang marque sa place,
Et, quand le feu s'engage, on le voit se ranger,
Tout pâle de frayeur, à l'abri du danger.
A cette heure, il triomphe : aussitôt la victoire,
Il court à la Tremblaie, et, radieux de gloire,
Parle en maître au château, dont il s'est emparé :
Là, de dignes amis noblement entouré,

D'un splendide festin il savoure l'ivresse ;
Brave à table, et le cœur transporté d'allégresse,
Il écrit à Kléber : « Attaque, et sans délais ;
« Prends Cholet cette nuit : lance-lui des boulets,
« Des obus ! » Et Kléber lui répond : « Pas si vite,
« Général ! la fatigue au repos nous invite.
« Les marches, les combats, dans nos rangs ont produit
« Un désordre, qu'il faut réparer cette nuit.
« A demain donc : sitôt que le jour va renaître,
« Sois prêt, viens ; nous saurons le devancer peut-être ! »
Et Kléber au repos ne s'abandonne pas :
Il veille, et quand Léchelle, au sein d'un gai repas,
Se délecte, noyant les soucis dans son verre,
Il fait, dans tout le camp, une ronde sévère,
Visite chaque poste ; et partout, à sa voix,
L'ordre se rétablit et se plie à ses lois.

Comme lui Marceau veille : un désir le dévore !
Il est près de Kléber, sans le connaître encore ;
Et, brûlant de le voir, de lui serrer la main,
Il part, il ne veut pas attendre au lendemain,
Dans le camp de Mayence arrive et se présente
Au héros, qui soudain, d'une voix imposante,
Lui parle ainsi : « Jeune homme ! était-ce le moment
« De quitter tes soldats ? Retourne promptement.
« Si l'ennemi, qui veille, apprenait ton absence ?...
« Retourne : une autre fois nous ferons connaissance. »
Et le jeune guerrier, l'œil humide de pleurs,
Se retire : il comprend, il voit de quels malheurs
Sa faute menaçait son camp, l'armée entière ;

Il pleure, humilié d'une réponse altière.
Mais, dans son noble cœur, il pardonne en secret
Un accueil dont Kléber lui-même avait regret.
Bientôt viendra l'accord de ces mâles génies,
De ces âmes de feu, si dignes d'être unies !

Mais du camp vendéen fuit aussi le sommeil :
Dans Cholet assemblés, les chefs tiennent conseil.
Ils sont mornes, pensifs ; au milieu d'eux, Lescure
Est amené souffrant, pâle de sa blessure.
Quel moment ! par les Bleus bientôt enveloppés,
D'un si grave péril les généraux frappés
Cherchent un prompt remède, et (qui l'aurait pu croire ?)
Le débat s'ouvre ainsi : Passerons-nous la Loire ?...
— « Ce projet, dit d'Elbée, est trop aventureux.
« Les Bretons sont pour nous, on peut compter sur eux,
« Je le sais : mais quitter la terre vendéenne !
« Les moyens d'accomplir cette fuite soudaine ?
« Et l'exil, mes amis, l'exil, dont la douleur
« De nos meilleurs soldats brisera la valeur !
« Je me confie au ciel, de qui la voix secrète,
« Si mon cœur l'entend bien, nous défend la retraite.
« Il vaut mieux, fussions-nous condamnés à périr,
« Sur la plage sacrée et nous battre et mourir ! »
Il dit ; avec chaleur, Henri, de son suffrage,
Appuie un sentiment qui plaît à son courage.
Bonchamp se lève, et, calme en un débat si grand :
« Le ciel, dit-il, m'inspire un avis différent.
« Ce sol cher et sacré, que sert de le défendre ?
« Hélas ! il n'offre plus que des monceaux de cendre !

« Voyez venir à nous femmes, enfants, vieillards,
« De leurs toits embrasés fuyant de toutes parts,
« Foule immense, éplorée, et qui, gênant nos armes,
« Mourant de faim, remplit le camp de ses alarmes !
« Il faut mettre le fleuve entre elle et l'ennemi,
« La suivre, et nous aurons là-bas un peuple ami,
« Un théâtre nouveau, terre vaste et féconde,
« Qui pour nous, pour la guerre, en ressources abonde.
« Là-bas est notre force, et l'espoir du succès :
« La mer à nos tribus ouvre un facile accès.
« Pour tant d'infortunés, nos cœurs exempts de crainte
« Battront à l'aise enfin sous la bannière sainte,
« Et plus unis, plus forts, sur un sol étranger,
« Avec l'appui du ciel, nous saurons la venger ! »
A ces mots, l'assemblée hésite et se partage,
Quand ce noble vieillard, le Nestor du Bocage,
Royrand parle à son tour et dit : « A nos destins,
« Amis ! ne cherchons pas des secours si lointains.
« Gardons-nous de quitter, pour la rive étrangère,
« Ces champs, cette Patrie, aux Vendéens si chère,
« Qui parle à notre cœur, par de secrets accens,
« Et pour nous pleine encor de moyens si puissans !
« Fort et victorieux, l'ennemi nous assaille :
« Par un prompt mouvement, évitons la bataille ;
« Profitons de la nuit, et, pour nous renforcer,
« A la basse Vendée allons nous adosser.
« Attirons-y les Bleus ; au fond de sa retraite,
« Que le poids de la guerre aille accabler Charette.
« Il faudra bien alors que, domptant son courroux,
« Il sorte de sa tente, et se batte avec nous ! »

Ainsi parle Royrand, que la sagesse éclaire.
Mais, au nom de Charette, enflammés de colère,
Les chefs, dans les transports de l'orgueil irrité,
Repoussent un avis qui blesse leur fierté.
« Nous fier à Charette? il s'est trop fait connaître,
« S'est écrié Talmont : n'attendons rien d'un traître.
« Nous, aller nous soumettre, et nous courber sous lui !
« Non, non : cherchons ailleurs un digne et sûr appui.
« La Bretagne nous l'offre, elle est brave et fidèle,
« A son roi dévouée, et je vous réponds d'elle.
« Portons-lui nos destins!... » Et l'avis de Bonchamp
L'emporte ; mais Henri : « Quoi! partir sur-le-champ !
« Trahir, abandonner la terre maternelle !
« Sans combattre! oh! pour nous quelle honte éternelle!...
« Mais, par nous réunis, des milliers de soldats,
« Toute une armée attend le signal des combats !
« Pensez-vous qu'ils vont fuir, comme un troupeau d'esclaves?
« Et Lyrot, qui s'avance, avec cinq mille braves !
« Que dira-t-il, demain, au rendez-vous donné?
« Aux armes, compagnons! » Le Conseil, entraîné,
Décide la bataille, et ses mesures sages
Vont toutefois du fleuve assurer les passages.
Le temps est cher : Talmont de ce soin important
Reçoit l'ordre avec joie et s'acquitte à l'instant ;
Il part, accompagné d'une élite vaillante.
Sous les murs de Cholet, la Ligue impatiente
Se prépare, se range, à pas silencieux,
Tandis que l'ombre encore enveloppe les cieux.

L'orient s'éclaircit : l'aube, à peine levée,

D'un corps auxiliaire annonce l'arrivée.
C'est Lyrot et les siens, courageux paysans,
Qui courent à leur poste, avant l'heure présens.
Pour ce dernier combat, résolue et tranquille,
L'armée est en bon ordre. Ils sont quarante mille,
Ardens de fanatisme, et le bras aguerri,
Le cœur par tant de maux profondément aigri!
Ils attendent. Soudain, une marche guerrière
Retentit et, du jour saluant la lumière,
Remplit les vastes cieux de son chant matinal.
Voici les Bleus! Kléber a donné le signal;
Ses canons sont braqués, il commande le siége.
Mais les murs sont ouverts, sans défense... Est-ce un piége?
Les Vendéens ont dit: « De pillage gorgés,
« Là se perdront les Bleus, dans l'ivresse plongés;
« Et nous vaincrons sans peine : à ces âmes de boue
« Abandonnons Cholet, comme une autre Capoue!... »
Les soldats de Kléber, les soldats de Marceau,
Qui de la Liberté portent le noble sceau!
Ils entrent: l'arme au bras, ils traversent la ville;
Et le peuple étonné, de stupeur immobile,
Admire un air si grave et ces fronts sérieux,
Marchant à l'ennemi, sans détourner les yeux.

Près de Cholet s'étend une vaste bruyère,
Que les hameaux voisins nomment la Papinière,
Nom tristement célèbre, en ce jour douloureux!
Autour, est le Bocage, avec ses chemins creux,
Cachés sous les buissons, qui s'enlacent en voûtes,
Et ses champs de genêts, formidables redoutes;

Au nord, de bois touffus le sol est ombragé.
Ce pays, tant de fois pris, repris, ravagé,
A vu des chocs sanglans; mais rien ne se compare
Au suprême combat que la guerre y prépare.
L'Insurgé connaissait et les champs et les bois,
Les sentiers, les détours : des lieux il a fait choix.
Les chefs ont déployé toute leur stratégie,
Et leur voix de l'armée exalte l'énergie :
« Soldats du Christ! soldats du roi! voici le jour,
« Le lieu qui doit fixer nos destins sans retour !
« Les droits les plus sacrés, et la plus sainte cause,
« Famille, trône, autel, sur vous seuls tout repose :
« Vous pouvez tout sauver, et d'un joug odieux
« Délivrer à jamais le sol de vos aïeux !
« Mort aux Bleus! en avant! » Kléber, d'un regard d'aigle,
Voit leurs plans, et sur eux à l'instant il se règle.
Puis, enflammant les siens : « Amis! dit-il, sur vous
« La Patrie a les yeux ; la victoire est à nous !
« Marchons ! » L'enthousiasme, aux vives étincelles,
A sa voix électrise et le centre et les ailes !

Le beffroi de Cholet sonne et frappe dix coups :
La bataille commence, et, pareils à des loups,
Qui des bois, en hurlant, sortent de sang avides,
Avec d'horribles cris, les Brigands intrépides,
Au chemin de Beaupreau, s'élancent des taillis,
Et fondent sur les Bleus, à leur gauche assaillis.
Là sont les Mayençais, et Beaupuy les commande.
Targes, Bloss, Dubreton, avaient franchi la lande ;
Ils guident l'avant-garde : à travers tous les trois,

L'Insurgé furieux se fait jour à la fois.
Le feu des grenadiers arrête son audace :
Dans un chemin profond il recule, il se masse,
Et le bronze tonnant commence à l'écraser,
Quand on voit tout à coup les genêts s'embraser,
Et de ses tirailleurs l'adresse accoutumée,
Parmi les tourbillons d'une épaisse fumée,
Se dérobe aux regards, s'égaille, et vivement
Harcèle l'ennemi, qui répond vainement.
La fusillade éclate, ardente et meurtrière,
Et déjà plus d'un brave a mordu la poussière.

Beaupuy s'est élancé, pour venger leur trépas.
A sa voix, la réserve accourt, presse le pas ;
Au plus fort du péril elle vole et se jette,
Et sur les Révoltés fond à la baïonnette.
Le terrain est alors vaillamment disputé,
Et le front vendéen à son tour culbuté ;
Mayence, avec ardeur, d'une main vengeresse,
Le repousse, et du bois elle reste maîtresse.
Mais quels flots d'ennemis ! comme ceux de la mer,
De leurs mugissemens partout ils fendent l'air,
Ils ébranlent le sol ! Ces bandes embusquées,
Dans les champs d'alentour par les buissons masquées,
Surgissent tout à coup, et Mayence, un moment,
Stupéfaite, pâlit à ce débordement !
Et comment résister ? Le flot au flot succède ;
Elle perd du terrain, qu'à pas lents elle cède,
Et jusqu'à la bruyère attire l'Insurgé.
Il vient ; par ses halliers il n'est plus protégé,

Le voilà sur le bord !... Il s'arrête et balance !...
Mais le pas est franchi : c'en est fait, il s'élance,
Entraîné par les chefs, il marche à découvert,
Et comme le simoun, dévorant le désert,
Telle on voit des Brigands la colonne profonde,
Effrayante, envahir la lande qu'elle inonde !
Là Beaupuy les attend ; l'intrépide Beaupuy
Les charge : deux chevaux tombent tués sous lui,
Et, la seconde fois, à mille coups en butte,
Lui-même il roule à terre, étourdi par sa chute.
« Prenez le général, s'est-on mis à crier ;
« Mais ne le tuez pas : il est mon prisonnier ! »
C'est la voix de Henri, généreux adversaire ;
Henri, son condisciple, et son ami naguère,
Et qui le reconnaît, sur le sol étendu.
A cette noble voix, secours inattendu,
Beaupuy, qui de ses sens reprend vite l'usage,
Promptement relevé, comme un trait se dégage ;
Un caisson le défend, le sauve, et ses soldats,
Aux yeux de l'ennemi, l'ont reçu dans leurs bras !

Il veut combattre encore, et son aile entamée
Lutte en vain, ne tient plus, seule contre une armée.
Mais Kléber n'est pas loin : il est là, prévenant,
Les yeux sur la bataille, un revers imminent.
Il vient : ce noble port, cette haute stature,
Qui des héros d'Homère efface la peinture,
N'eut jamais tant d'éclat et tant de majesté ;
Son front est radieux, et de la Liberté
Déployant l'appareil, comme en un jour de fête,

Il vient, un régiment le suit, musique en tête.
Aux sons des instruments tous, unissant leurs voix,
Chantent l'hymne sacré, qui fait trembler les rois;
Cet hymne qui sonna le réveil de la France!
Et ces mâles accords, cette fière assurance,
L'air sublime, entraînant, qu'ils répètent en chœur,
Étonnent l'Insurgé, qui se croyait vainqueur.
Il s'ébranle à son tour : la valeur mayençaise
Se ranime, et soudain l'ardente *Marseillaise*
Rallie au pas de charge, enflamme tous les rangs;
Ils marchent, et l'Hérault, les Cassel et les Francs,
Aux masses d'ennemis, dont le poids les accable,
Opposent un feu vif, énergique, implacable.
Ces blocs si menaçans sont brisés, renversés,
Ceux qui ne tombent pas rompus et dispersés,
Et par les Mayençais la lande est occupée,
Pleine d'affreux débris, de carnage trempée.
Beaupuy victorieux, qui dirigeait leurs coups,
S'écrie : « A notre tour, amis, égaillons-nous! »

Mais la victoire encor ne s'est pas accomplie,
Et sur un autre point la lutte se replie.
La ville, cependant, est muette d'effroi :
Le peuple y fait des vœux pour la cause du roi.
Dans le lieu saint en foule il se presse et tressaille
D'espérance et de crainte, au bruit de la bataille.
De flambeaux allumés l'autel étincelant
Étale une bannière, immense drapeau blanc,
Où les fleurs-de-lis d'or, les sacrés-cœurs en flamme,
Attirent les regards, afin d'exalter l'âme.

Le fidèle, à genoux, là prie en liberté,
Et l'ordre de Kléber veut qu'il soit respecté.
Un tumulte effrayant tout à coup dans la ville
S'élève et vient troubler la paix de cet asile.
Westermann! Westermann! ce nom partout volait:
Westermann! il arrive, et, maîtres de Cholet,
Ses soldats effrénés pénètrent dans le temple,
Où brille l'étendard que le peuple contemple.
Lui-même il entre et voit l'objet séditieux,
Marche droit à l'autel, et, d'un bras furieux,
L'emporte, en l'agitant sur la foule tremblante,
Qui recule et frémit d'horreur et d'épouvante!
Puis au combat il vole, aussi prompt que l'éclair,
Appuyer l'aile droite, où l'appelle Kléber.

Déjà des Vendéens les troupes ralliées
Revenaient à l'attaque, enseignes déployées.
Les chefs rivalisaient de courage et d'efforts:
Ils rétablissent l'ordre, et haranguent leurs corps.
L'ardeur qui les enflamme à tous se communique:
« Compagnons, disent-ils, quelle étrange panique
« Vous égare? Avez-vous regardé l'ennemi?
« Où courez-vous? les Bleus sont vaincus à demi,
« Et vous pouvez sur l'heure en triompher sans peine!
« Mayence est épuisée, et Westermann ne traîne
« Qu'un ramas de pillards, de soldats énervés,
« Par le Ciel, qui nous guide, à vos coups réservés.
« Et toute cette armée enfin, qui la dirige?
« Léchelle, homme sans cœur, et frappé de vertige!
« Là-bas, loin du canon, il retient les élans

« Du généreux coursier dont il presse les flancs,
« Et qui, mordant le frein, hennit d'impatience.
« Voilà vos ennemis!... » Et, pleins de confiance,
Ils répondent : Marchons! et tous de s'élancer.
Battus par l'aile gauche, où vont-ils s'adresser?
L'aile droite, à leur choc, formidable, aguerrie,
Oppose Dambarrère et son artillerie,
Et le chef mayençais, Vimeux, cœur indompté,
Et du fier Westermann le sabre ensanglanté!

L'Insurgé les évite et porte sur le centre
Les fureurs du combat que d'Elbée y concentre.
Dans ce nouvel effort seront-ils plus heureux?
Ici, leur adversaire est-il moins valeureux?
Que vont-ils attaquer? Le vainqueur de la veille,
Marceau, de qui l'ardeur aussitôt se réveille!
Quand il voit le combat vers lui se diriger,
Oh! comme pour la gloire il brave le danger!
Pareil au lionceau, qui regarde sa proie,
Son jeune cœur s'enflamme et palpite de joie,
Son visage s'anime, et ce courage ardent,
Où le chef se révèle, est calme cependant.
Le sort de la bataille et du pays peut-être
Y repose : il le sait, et voit sa tâche en maître ;
Chez lui l'art de la guerre est mûr avant le temps.
Dans les rangs, tête nue, et les cheveux flottans,
Il vole : son coursier blanchit le mors d'écume,
Fier d'un tel guide, et beau du feu qui le consume!

Kléber le suit des yeux, prêt à le soutenir.

Inutile secours ; l'ennemi peut venir :
Marceau l'attend ! Il vient, à l'ouragan semblable ;
En tête accourt Stofflet, le géant redoutable.
Les Bleus, impatiens, sur lui veulent marcher :
« Non, mes braves amis, non, laissez-le approcher;
« Qu'il vienne ! » dit Marceau. Par sa fougue emportée,
A peine cette masse est à demi-portée :
« Démasquez les canons! » dit l'héroïque voix.
Et dix foudres d'airain, éclatant à la fois,
Étendent sur le sol des files tout entières.
Le Vendéen superbe à ses bandes altières
Imprime son audace, et tient ferme d'abord ;
Pour affronter l'orage, il se croit assez fort :
« Marceau n'est qu'un enfant, qui brûle de la poudre ! »
Dit-il d'un ton moqueur. — « Feu! » dit Marceau. La foudre
Tonne et frappe sans cesse, et l'insolent Stofflet
Voit ses rangs écrasés ; le désordre est complet,
Tout tombe ou fuit: le trouble est dans toute l'armée !
Cette chute éclatante, et sitôt consommée,
L'ébranle, et tout à coup, jetant ses étendards,
Elle fléchit... Les chefs arrêtent les fuyards :
Leur courage et celui des phalanges réglées,
Ralliant ces tribus, par la peur aveuglées,
Au combat les ramène ; et le feu rallumé
Fait éclater soudain le salpêtre enflammé.
Les coups suivent les coups : c'est l'heure décisive !
Marceau se réjouit d'une lutte si vive.
Sa bravoure est à l'aise, en ces périls nouveaux ;
Et contre lui pourtant s'unissent vingt rivaux :
D'Elbée, Henri, Bonchamp, Silvain, dont la vaillance

De Lescure blessé fait oublier l'absence ;
Royrand, qui du jeune âge a toute la verdeur,
Et Lyrot, et Kessler... Tous enfin, pleins d'ardeur,
Opposent de leurs bras l'énergique défense
A ce rival, qui sort à peine de l'enfance.
Mais souvent un grand cœur se révèle au berceau :
Tel fut Alcide, ainsi devait briller Marceau.
Sa valeur des dangers, des obstacles se joue,
Et de tant d'ennemis l'effort contre elle échoue.
Avec quelle vigueur et quel art dirigé,
Le feu de sa colonne accable l'Insurgé !
Que de membres sanglans, entassés sur la terre !
Le canon vendéen est forcé de se taire.
Marceau les charge alors : au milieu des périls,
Tous les chefs de l'armée en vain s'élancent-ils ;
Rien ne peut, cette fois, ranimer son courage.
Frappé d'un coup mortel, sur le champ du carnage,
Bonchamp tombe, et d'Elbée, après de vains efforts,
Tombe à côté de lui, sur des monceaux de morts.
Henri n'est pas atteint, l'heure n'est pas venue,
Et par lui, quelque temps, la lutte est soutenue ;
Il cherche le trépas, plein d'un noble courroux,
Avec Silvain, avec les braves du Loroux.
Et ces héros, sauvant l'honneur de la bannière,
Enlèvent les deux chefs couchés sur la bruyère ;
Ils cèdent avec gloire, et le bronze divin
Les suit, aux mains des Bleus arraché par Silvain.

Kléber, l'œil attaché sur ces terribles scènes,
A vu, de toutes parts, les troupes vendéennes

Fuir et se disperser, le front pâle d'effroi;
Et, courant à Marceau : « Jeune homme, honneur à toi!
« Je te serre la main : mon âme est satisfaite,
« Est ravie! Entre nous la connaissance est faite :
« Soyons amis! » Marceau l'embrasse avec transport :
« — Oui, soyons-le, dit-il, à la vie, à la mort!
« Servons la République, unis comme deux frères! »
Amour de la patrie! ô vertu de nos pères!
Quels nobles cœurs! et toi, mère des citoyens,
Liberté! ton regard a béni leurs liens;
Et soudain une voix, qui ressemble au tonnerre,
De cris joyeux ébranle et le ciel et la terre :
C'est la voix de l'armée; elle éclate et poursuit
De ses vives clameurs l'ennemi qui s'enfuit.

Les Bleus sont dans l'ivresse : à leurs mains la victoire
Livre une ample moisson de butin et de gloire.
Vingt canons, six drapeaux, et des chars villageois
Remplis de chapelets, de bannières, de croix,
Les armes, les trésors laissés par les rebelles,
Deux généraux frappés de blessures mortelles,
La Vendée, avec eux, comme un autre Israël,
Fuyant le sol natal!... Mais le destin cruel
Fait chèrement payer ce brillant avantage!
Quatorze chefs, tombés sur la funeste plage!
Tous jeunes et vaillans, élite d'officiers,
Morts en braves! Parmi cet essaim de guerriers,
Un vieux républicain, couvert de cicatrices,
Ageron, qui comptait quarante ans de services!...
Et combien de blessés, par le plomb, par le fer!

Targes, deux fois atteint, et criant à Kléber :
« Victoire ! » Saint-Sauveur, traversé d'une balle,
Dubreton et Travot, pleins d'une ardeur égale,
Bravant la mort, et tous disant avec fierté :
« Eh ! que fait notre sang ? Vive la Liberté ! »

Le carnage a cessé : la nuit, sombre et muette,
Des vaincus fugitifs protégeant la retraite,
Du sommeil aux vainqueurs verse les doux pavots ;
Mais ces hommes de bronze, à des périls nouveaux
S'apprêtent, résolus d'exterminer la Ligue.
Sans cartouches, sans pain, excédés de fatigue,
N'importe : ils vont partir ! les chefs demandent tous,
Interrogeant Kléber : « Parle ! où marcherons-nous ? »
— « A la Loire ! » Ce cri vole en échos rapides.
« Mais, disent les soldats, nos gibernes sont vides ! »
Et Kléber, à ces mots rapidement saisis :
« N'avons-nous pas du fer au bout de nos fusils ?
« A des républicains faut-il donc autre chose ? »
Et l'on part ! Westermann, dont le bras se repose,
Veut partager du moins ces nocturnes hasards :
Il marche au premier rang, suivi de ses housards.
L'ombre s'est éclaircie : au-dessus de la route,
Sans nuages, l'azur de la céleste voûte
Brille d'un pur éclat, d'étoiles parsemé.
La colonne s'avance : on traverse le May,
La lande d'Andrézi, vaste pleine déserte ;
Et partout, devant eux, la campagne est ouverte.
Voici l'Èvre, et Beaupreau, tout à coup menacé,
Se défend ; mais le pont, vain obstacle, est forcé,

Et, sans les arrêter, du haut de la muraille,
Le canon sur les Bleus fait pleuvoir la mitraille.
La place est emportée et cède à leurs efforts.
L'armée en abondance y trouve des trésors
D'armes, d'équipemens, de poudres, de farines,
Riche et brillant dépôt des troupes angevines ;
Conquête précieuse, et qui restaure enfin
Les vainqueurs, épuisés de fatigue et de faim !

Le jour vient lentement, jour de deuil et d'orage :
L'air est froid, pluvieux, le vent souffle avec rage ;
La Loire est agitée : on dirait que ses flots
Roulent, en gémissant, des larmes, des sanglots,
Triste écho des douleurs qui désolent sa rive,
Où se presse, en désordre, une foule plaintive,
Sous un ciel rigoureux perçant l'air de ses cris !
Sur les pas de l'armée, infortunés proscrits,
Désertant les châteaux comme le toit champêtre,
Ils viennent tous, le pauvre, et le noble et le prêtre,
Vieillards, femmes, enfans, tous victimes du sort,
Près du fleuve, et les bras tendus vers l'autre bord !
Spectacle déchirant ! Tel aux rivages sombres
Le Destin autrefois poussait les pâles ombres,
Et les mânes en foule assiégeaient l'Achéron,
Implorant, pour passer, l'inflexible Caron,
Jeunes, vieux, rois, bergers, sujets égaux des Parques.
Talmont du voisinage a rassemblé les barques,
Et, grâce aux soins prudens de son zèle empressé,
Le passage fatal dès l'aube a commencé.

Lescure est là, souffrant toujours ; mais Angéline

Le protége, et le mal déjà cède et décline.
Ils attendent Silvain. L'intrépide guerrier,
La nuit venue, apprend les exploits de Carrier,
Et sur-le-champ, suivi d'une escorte fidèle,
Il part : un grand péril au Refuge l'appelle.
Ronsin a déchaîné ses lâches instrumens,
Les hommes du massacre et des embrasemens,
Et par eux l'Incendie, aux ailes flamboyantes,
Répand, de toutes parts, ses lueurs effrayantes.
Silvain court au Grala, d'un pas précipité,
Et pénètre avec peine à l'agreste cité.
Par le feu menacée, elle tremble et s'agite :
A la voix du héros, de son paisible gîte,
Séjour hospitalier, qu'il ne doit plus revoir,
Ce peuple, avec des pleurs, des cris de désespoir,
S'arrache, et, quittant tout, fuyant ce cher asile,
Au milieu de la nuit, à la hâte s'exile.
Quelle fuite! A travers le Bocage enflammé,
Demi-nu, haletant, et presque inanimé,
Il arrive à la Loire, et de son infortune
Le tableau met le comble à la douleur commune!

Vendée! ô doux pays! il faut donc te quitter!
Déplorable destin! Mais comment l'éviter?
Plus d'espoir! et, sans choix de rang, de sexe et d'âge,
Tout sera confondu dans un affreux carnage :
Entre les deux partis la guerre est sans pitié!...
Ils voguent; l'autre bord en reçoit la moitié :
Le reste hésite... « Ici, la mort est infaillible,
« Atroce...; mais là-bas est-elle moins horrible?...

CHANT VI.

« Là-bas toujours la mort, et la honte de plus !... »
Et les esprits troublés flottent irrésolus.
On s'arrête, et, témoins de la foi qui chancelle,
Des paysans bretons, du haut de leur nacelle,
Criaient : « Venez, amis, venez, suivez nos pas,
« Et chez nous les secours ne vous manqueront pas.
« Pourquoi vous figurer des images si tristes ?
« Nous sommes, comme vous, chrétiens et royalistes.
« Avec nous, dans nos champs, qui plairont à vos yeux,
« Venez vaincre ou mourir d'un trépas glorieux ! »
— « Eh bien ! nous passerons !... » Mais leur esprit s'égare :
Le malheur exaspère et rend l'homme barbare.
Ce peuple cède : il voit l'exil avec horreur,
Et sur les prisonniers va tomber sa fureur.
Cinq mille infortunés, que sa vengeance immole !...
Le Régulus nantais, fidèle à sa parole,
Haudaudine(1), à l'instant, vient partager leur sort :
O délire ! on l'accueille avec des cris de mort !...
Pas un mot de pitié : vierges, mères, épouses,
Tout a soif de leur sang !... Le vieux Cesbron d'Argouses
Les garde : âme féroce, il veut, l'affreux geôlier,
Les tuer tous sur l'heure ; il veut les mitrailler !...

---

(1) Haudaudine dit un jour aux chefs vendéens : « Voulez-vous que j'aille à Nantes parler aux Représentants, et leur proposer un échange de leurs prisonniers contre les nôtres ? S'ils n'accèdent pas à mes vœux, je reviendrai. » — Les Vendéens répondirent : « Allez ; nous donnerons, s'il le faut, deux hommes pour un. » — Il và, arrive, et, sur le refus de Carrier, se dispose à retourner. Sa famille se jette à ses pieds, pour le retenir ; ses amis le supplient à genoux de ne pas se livrer à une mort certaine ; le peuple veut l'empêcher de partir. Il s'arrache de leurs bras, et retourne à son poste.
Fr. GUILLE (Vendée en 93).
Un jeune et courageux magistrat que la Vendée et le Tribunal de Napoléon sont heureux et fiers de posséder, a renouvelé à Lyon, en 1848, cet admirable trait de l'héroïsme antique.

Et les canons sont prêts : dans l'église entassée,
La foule des captifs est déjà menacée ;
Ce lieu ne touche pas le cœur des assassins !

Mais on dit à Bonchamp ces horribles desseins.
Sa grande âme frémit : il s'agite, il se lève
Sur son lit de douleur, et croit sortir d'un rêve !
Ses braves compagnons, égorgeurs sans péril,
D'un si lâche forfait souilleraient leur exil !...
Il appelle les chefs, les soldats... On le porte,
Couché sur un brancard, à la fatale porte,
Qui s'ouvre, à deux battans, aux gueules du canon.
Voici Bonchamp !... la foule, où circule ce nom,
L'environne béante, et la mèche allumée
S'arrête !... Du héros la force est consumée :
Par un effort sublime il dompte ses douleurs,
Et, le regard au ciel, les yeux mouillés de pleurs,
Sur un bras appuyé, l'autre main, défaillante,
Dans un élan soudain se lève suppliante,
Et, d'une voix éteinte : « Ah !... grâce aux prisonniers !...
« Grâce (1) !... » Du chef chrétien ces mots sont les derniers,
Les derniers que l'armée, honorant sa retraite,
Sur le sol vendéen, dans sa fuite répète.

Les prisonniers s'en vont, pâles, défigurés,
Bénissant le héros qui les a délivrés,

---

(1) Cette belle action a été consacrée par un monument remarquable, qui, dans le chœur de l'église de Saint-Florent, recouvre les restes mortels du général vendéen ; et ce monument, édifié en 1823, est l'œuvre d'un sculpteur républicain, de David d'Angers !

Ivres de leur bonheur, osant à peine y croire(1),
Tandis que les vaincus, tristes, passent la Loire.
Hélas! c'en est donc fait! ils quittent sans retour
Ces beaux champs paternels, si chers à leur amour,
Et, dans l'adieu suprême à la douce Patrie,
Se peint le deuil profond de leur âme attendrie!
A genoux, sur ces bords, pour la dernière fois,
Ils implorent le ciel, ils embrassent les croix,
Les arbres; on les voit, dans leur pieux hommage,
Baiser l'herbe des prés, le sable du rivage!...
Tels nos premiers parens s'attachaient à l'Éden.
Tous ces fronts inclinés se redressent soudain,
Au bruit d'un feu roulant sur les hauteurs voisines;
Le drapeau tricolore, au sommet des collines,
Apparaît, il s'avance!... O ciel! ils sont perdus!

(1) Les prisonniers délivrés par Bonchamp furent calomniés : on les accusa d'avoir tiré sur leurs libérateurs. Telle est la justice des partis! N'a-t-on pas voulu aussi contester à Bonchamp leur délivrance? La lettre suivante, d'un témoin digne de foi, publiée par Fr. Grille, venge en même temps les prisonniers et leur sauveur :

« A huit heures du matin, j'étais en route, quittant Beaupreau, avec une partie de l'armée, pour Saint-Florent. A Montrevault, quelle a été notre surprise de voir arriver à nous une foule considérable et plusieurs milliers de nos frères, dits Bleus? déguenillés, défigurés, las, maigres, parlant à peine, et dans des émotions incroyables! De loin, on les prenait pour une troupe de rebelles. Beaupuy se porta en avant, et quand il eut reconnu que c'étaient des prisonniers qui venaient d'être délivrés par Bonchamp expirant, il en fut attendri jusqu'aux larmes : nous pleurions tous!... Nous n'avions pas beaucoup de vivres; mais tout fut partagé avec ces pauvres amis, qui se jetaient dans nos bras et ne pouvaient croire encore à leur délivrance. Que de souffrances! de privations! de misères! et que de dangers! Traînés de village en village, de prison en prison, et, surtout depuis ces derniers jours, en butte aux plus cruels traitemens, aux plus affreuses menaces!... Enfin, ils sont sauvés!... Il y a une âme dans ce Bonchamp! et je ne serai plus si implacable avec ces Brigands, que pourtant je déteste!... Les prisonniers ont été dirigés sur Cholet, et déjà on les calomnie. Ici même, à Saint-Florent, où je suis à peine installé, on me dit : « Ils ont tiré sur leurs libérateurs!... » C'est faux! c'est impossible!... Je les ai vus et entendus!... ils bénissaient leur sauveur!... »

(Lettre de Bérard à Villier d'Angers).

Hommes, femmes, enfans, se jettent, éperdus,
Les uns dans les bateaux, les autres à la nage;
La peur cache à leurs yeux les périls du passage,
Et donne au plus timide un élan courageux.
Sur le bord, sur les flots, dans le ciel orageux,
Le désordre est partout! La sœur perdant son frère,
L'épouse son époux, et la fille sa mère,
La terreur étouffant la pitié, le remords,
Les faibles avec rage écartés par les forts,
Et les mourans jetés à la vague profonde...
Le sifflement des vents, et le fracas de l'onde,
Les éclats de mousquets, et les voix des rameurs,
Se mêlant au tumulte, aux plaintes, aux clameurs...
Et, pour dernier spectacle aux regards de l'armée,
L'horizon vomissant la flamme et la fumée!...
Ciel! ô Ciel! quelle scène! et quelle affliction!
Objet d'effroi, d'horreur et de compassion!...

Au milieu du désordre, et des cris et des larmes,
Henri court à cheval, faisant appel aux armes,
Cherchant à retenir, à toucher les soldats;
Il veut tenter encor le destin des combats :
« Le Ciel a donc proscrit notre sainte bannière!
« Mes amis! essayons une lutte dernière!... »
Mais sa douleur s'épuise en efforts superflus.
— « Prenons, lui dit Stofflet, cent braves résolus,
« Et que du désespoir la souveraine épreuve!... »
Il n'est plus temps : Lescure avait passé le fleuve,
Et son ami le suit, versant des pleurs amers,

Malheureux de survivre, en un si grand revers!

De cent mille, Bonchamp reste seul, et lui-même
Il exprima ce vœu, dans un ordre suprême :
« Passez-moi le dernier, dit-il, vivant ou mort! »
Un filet de pêcheur le porte à l'autre bord,
Et de pieuses mains, dans une humble chaumière,
Le déposent : du jour il cherche la lumière...
Le jour le blesse... Après un long soupir,.. ses yeux
Se ferment pour jamais à la clarté des cieux,
Et son âme, brisant l'enveloppe mortelle,
Quitte ce monde et vole à Dieu qui la rappelle !
Sur la terre d'exil, et, dès le premier pas,
Quel coup pour la Vendée ! Au bruit de ce trépas,
De sa douleur au loin gémit la plage immense.
Et, de l'autre côté, venait alors Mayence ;
Tout est passé ! Merlin s'écrie : « A ce moment,
« La Vendée est finie !... » — « Oh ! non, assurément,
« Répond Kléber pensif : la lutte opiniâtre,
« A cette heure, ne fait que changer de théâtre. »
Et Daniel reprenant : « Amis ! la Liberté
« A pour elle Dieu même et l'immortalité ! »

FIN DU VIe CHANT.

CHANT VII.

CHANT VII.

Toi qui, loin de ce monde, où l'amitié te pleure,
Des justes, dans le ciel, habites la demeure,
Près de la Liberté, qui d'un éclat si pur
De cet heureux séjour fait resplendir l'azur,
Viens, âme généreuse, et retrempe ma lyre
Aux célestes rayons que ton ardeur aspire !
Son œuvre, dont tu vois se prolonger le cours,
Bon génie, a besoin de ce divin secours.
Devant nous, viens briller en gerbe lumineuse !
La voie où nous marchons est âpre et périlleuse :
Il nous faut traverser des spectacles d'horreur,
Des flots de sang, des cris d'angoisse et de fureur ;
La Liberté remonte à la sphère étoilée,
Et son auguste image ici-bas est voilée.
La lutte s'agrandit : la guerre des géans
Tonne, éclate ; la Loire, en ses gouffres béans,
De carnage écumante, engloutit les victimes ;
Et, les pieds dans le sang, par des efforts sublimes,
L'héroïque vertu, dominant les revers,

Poursuit le Fanatisme, effroi de l'univers !

Les soldats de Bonchamp, sans pompe militaire,
A peine ont confié sa dépouille à la terre,
Et déjà les vaincus, de leur trouble remis,
Attaquent fièrement les postes ennemis.
Poussés par leur destin, et de leur sang prodigues,
Comme un fleuve en courroux, qui rompt toutes ses digues,
Roule, gronde, envahit les champs épouvantés,
Tels, et plus furieux, fondent les révoltés
Sur les bords de la Loire, impuissantes barrières :
Varades les reçoit; elle a vu leurs bannières
Des Bleus, au premier choc, terrasser les drapeaux.
La Vendée, en ses murs, trouve asile et repos.

Où va-t-elle? et quel bras, dans un si grand naufrage,
Rassemblant ses débris, guidera son courage?
D'Elbée, à Noirmoutier, touche au terme fatal ;
Bonchamp n'est plus ; Lescure, épuisé par le mal,
Ne pourrait accomplir une tâche pareille ;
Mais, entouré des chefs, il parle, il les conseille :
« Ce rang qui m'est offert, décernez-le à Henri,
« Dit-il ; aimé de tous, jeune, brave, aguerri,
« Dévoué cœur et bras, sous un tel capitaine,
« Le triomphe, et du moins notre gloire est certaine ! »
Et les rivalités se taisent à sa voix :
L'armée, avec transport, applaudit à ce choix.
Les momens leur sont chers ; le héros devant elle
Se présente, et lui parle en ces mots: « A mon zèle
« Vous faites, compagnons, un appel éclatant.
« Ce périlleux honneur, je l'accepte ; et pourtant

« Quelle tâche ! vaincus, et fuyant la patrie,
« Qui là-bas nous implore, embrasée et meurtrie,
« Où marchons-nous ? Les Bleus, par le fleuve arrêtés,
« Vont bientôt accourir, de l'obstacle irrités.
« Carrier, ivre de sang, à Nantes nous torture
« De supplices nouveaux, dont frémit la nature ;
« La Révolution bouillonne de fureur,
« Et tous nos partisans tremblent sous la Terreur ;
« La hache ensanglantée, à frapper toujours prête,
« De notre auguste reine a fait tomber la tête !
« Et seuls, comme Israël, portant l'arche avec nous,
« Sur la terre étrangère, abandonnés de tous,
« Nous courons, dévoués à la cause commune !...
« N'importe, tenons tête, amis, à la fortune :
« L'épreuve du courage est dans l'adversité ;
« Et par quel noble but le nôtre est excité !
« Inspiré par le Ciel, comme un autre Moïse,
« Puissé-je vous conduire à la terre promise !
« A ce but glorieux prêt à guider vos pas,
« Je l'essaierai du moins : marchons ! Ne craignez pas
« Que, trompant votre espoir, je recule ou dévie :
« Tout à vous, je vous offre et mon bras et ma vie.
« Je ne suis qu'un enfant, mais j'ai courage et foi :
« Tuez-moi, si je fuis ! si je meurs, vengez-moi ! » (1)

Il dit ; dans tous les yeux son ardeur étincelle,

---

(1) Ces sublimes paroles de Henri de La Rochejaquelein furent prononcées par lui, au commencement de l'insurrection, lorsqu'il se mit à la tête des paysans de sa contrée. Aussi l'auteur les avait-il d'abord placées au IIIe chant, en traçant le portrait de ce chef vendéen, qui, par son courage, s'est véritablement montré l'Achille de la Vendée ; mais, après réflexion, l'auteur a cru devoir les reporter ici, dans le chant VII, au moment où La Rochejaquelein est élu généralissime.

Et sa parole inspire une audace nouvelle
A ce peuple vaincu, qui, prompt à s'exalter,
De succès et de gloire ose encor se flatter;
Et le cri belliqueux partout se fait entendre :
En avant! en avant!... Henri, sans plus attendre,
Ordonne le départ, et l'armée, à l'instant,
La foule qui la suit, de Varades sortant,
De la vieille Armorique au loin couvrent la plage :
Amas tumultueux, effrayant assemblage,
Où les clairons, les voix, de mille sons mêlés,
Font retentir la Loire et les airs ébranlés.

Henri, calme et pensif, ouvre la marche et guide
Dix mille hommes vaillans, avant-garde intrépide,
Qui, devant l'ennemi, n'ont jamais reculé.
Là, sont les fiers enfans des Aubiers, de Courlé,
Et ceux non moins hardis que Bourasseau command e
Grenadiers vendéens, impitoyable bande ;
Farouches paysans, que la guerre a formés,
Et qui marchent, du sabre et du mousquet armés,
Armés de pistolets, brillans à leur ceinture.
Du tambour, d'un pas ferme, ils marquent la mesure,
Et des Aventuriers suivent le bataillon,
Dont l'exemple est pour eux un puissant aiguillon.
Douze bouches d'airain escortent cette élite;
Puis, viennent les fusils de l'agile vélite,
La troupe, au pied léger, des adroits tirailleurs,
Qui s'égaille et soutient le feu des artilleurs.

Au centre, protégé par la cavalerie,

Vient le peuple, traînant le deuil de la patrie,
Multitude confuse, inhabile aux combats,
Femmes, enfans, vieillards, prêtres, hâtant le pas,
Accourus des couvens, des châteaux, des villages,
Les chariots remplis de blessés, de bagages,
Tous les rangs confondus, égaux par le malheur,
Tous à pied dans la fange, et l'exil, ô douleur !
L'exil et ses regrets et toutes ses misères !
Le pasteur du Refuge est là parmi ses frères :
Ange consolateur, on dirait que du ciel
Il apporte à leurs maux et le baume et le miel,
Tandis que, d'un faux zèle étalant l'imposture,
Bernier rêve en secret à sa grandeur future.

Le reste de l'armée, en sabots ou pieds nus,
Suit le peuple, à travers ces pays inconnus :
Trente mille soldats, ligne profonde, épaisse,
Formidable appareil d'armes de toute espèce,
De sabres et de faux, de mousquets et de dards,
De canons, de caissons sur de rustiques chars,
Toute l'armée enfin, et son arrière-garde ;
Et, d'un œil étonné, la Bretagne regarde
Ces agrestes soldats, si fiers sous des haillons.
Lyrot vient renforcer leurs épais bataillons :
A la sainte croisade il veut rester fidèle.
De vaillans chefs, débris d'une guerre cruelle,
Et dont un blanc panache ombrage les chapeaux,
Font défiler ces corps, rangés sous leurs drapeaux.
Avec eux est Lescure, et le char qui le porte
S'avance, accompagné d'une intrépide escorte ;

Silvain, autour de lui, forme un rempart de fer,
Que précède le bronze aux Vendéens si cher.
Du héros vénéré la souffrance est plus vive :
A côté de son frère, Angéline attentive
Veille, implorant le Ciel; mais l'héroïque sœur
Lui cache ses chagrins et prie au fond du cœur.

Sous un chef de vingt ans, telle, dans sa détresse,
La ligue vendéenne à sa voix se redresse,
Renaît de son désastre, et, sur des bords nouveaux,
Porte la guerre et vole au but de ses travaux.
Objet d'étonnement, de pitié, d'épouvante,
De la Loire à l'Oudon, cette masse mouvante
Se déploie, et son choc est terrible; les bourgs,
Les villes, rien ne peut l'arrêter dans son cours.
Elle marche sans crainte, et se rit des obstacles :
Pour elle des Hébreux renaissent les miracles.
La trompe des pasteurs, de ses rauques accens,
La guide et fait tomber les murs obéissans;
En vain sur les remparts se pressent les cohortes,
Le flot impérieux s'ouvre toutes les portes.
Étonné du succès, qui le sert à son gré,
De lui-même il s'arrête, et fait halte à Segré.

Il faut régler son cours : où diriger la guerre?...
Quel plan suivre?... Doit-on compter sur l'Angleterre?...
A-t-on vu ses vaisseaux?... Et le peuple, d'abord,
A ses destins errans trouvera-t-il un port?...
L'élite des guerriers, en conseil assemblée,
Délibère, et la foule inquiète, troublée,

L'armée impatiente, appelant les combats,
Au dehors tout s'agite, à ces graves débats (¹).
Sur ces grands intérêts le Conseil se divise,
Et des plus résolus l'âme flotte indécise.
Talmont n'hésite pas : le noble fils des preux,
Jeune, ardent, affamé d'exploits aventureux,
Veut ajouter sa gloire à l'éclat de sa race.
Paris tente son cœur, et plaît à son audace :
« Paris ! là de nos bras doit porter tout l'effort,
« Dit-il, l'heure est propice ; attaquons dans son fort
« Le monstre, qui, là-haut, dressant ses mille têtes,
« Règne par la terreur, au milieu des tempêtes.
« Nous, faibles ennemis, objet de son dédain,
« Par ce coup imprévu, reportons-lui soudain
« L'épouvante et la mort, qu'il vomit sur la France !
« Vaincus et fugitifs, quelle est notre espérance ?
« L'audace, mes amis ! De la froide raison
« Les timides conseils ne sont plus de saison :
« L'audace est la sagesse, en un péril extrême !
« Sur le hideux sénat, jetons-nous par Bellême,
« Par la Beauce, et nos mains l'auront anéanti,
« Avant que de nos pas le bruit ait retenti ! »

Ainsi Talmont provoque une attaque hardie,
Par les jeunes guerriers vivement applaudie.
Paris ! ce mot pour eux est magique, enivrant :
Le terrible Sénat, sous leurs coups expirant,
Déjà tombe, et des lis, par un brillant prestige,

---

(1) Fr. Grille rapporte qu'il tenait ces débats de Scépeaux lui-même.

A leurs yeux enchantés, se relève la tige.
Bernier, dans ces transports, voit se dresser l'écueil,
Où de ses vanités se brisera l'orgueil,
Et soudain sa parole, insinuante, habile,
S'élevant sur les flots de cette mer mobile,
D'un élan généreux montre tout le danger,
Et vers un autre but cherche à le diriger :
« Allons à Caen, dit-il ; c'est le ciel qui nous mande
« De porter nos destins sur la terre normande.
« Cette nuit même, en songe, à mes yeux dévoilé,
« Un messager céleste, un ange m'a parlé.
« Je le vois, je l'entends : — « Votre chère patrie,
« Vendéens! doit renaître aux champs de la Neustrie.
« Allez à Caen, et là votre sort va changer.
« Hâtez-vous : Dieu le veut! vous verrez se ranger,
« Sous le saint étendard, que vos armes défendent,
« De nombreux partisans, qui là-bas vous attendent.
« Allez, un tel appui ne vous saurait faillir :
« Vous sentirez le sol sous vos pas tressaillir.
« Lasse d'un joug affreux, cette loyale terre
« Frémit ; Rouen, surtout, cité parlementaire,
« Vous offre ses trésors, ses marchés florissans,
« Et n'attend, pour briser des fers avilissans,
« Que l'apparition de la sainte bannière! » —
« Il dit, et disparaît en des flots de lumière.
« A cette voix d'En-Haut pourrions-nous résister,
« Et déplaire au Seigneur, qui nous daigne assister ? »

Le prêtre se rassied ; Stofflet, dès qu'il s'arrête,
Se lève : homme de guerre, il roule dans sa tête
Un plan vaste, qui sert les desseins de Bernier :

« Oui, cet avis du ciel, qui pourrait le nier ?
« Cet avis que Dieu même à l'instant nous envoie,
« Compagnons! du succès nous indique la voie.
« Il en faut profiter : gagnons le Cotentin,
« Et des faibles, d'abord, assurons le destin.
« Là-bas, que Montebourg, de ces précieux gages
« Reçoive le dépôt, Valognes nos bagages.
« Et nous, libres alors, guerriers, recommençons
« Ce qu'opéra le chef des belliqueux Saxons,
« Cet Hérold, conquérant de la Neustrie entière.
« Que d'un camp retranché l'invincible barrière
« S'élève, nous protége : et là, faisant appel
« A ceux qui, comme nous, sont inspirés du ciel,
« Aidés par les Anglais, voisins de ces parages,
« Nous pourrons à la guerre exercer nos courages;
« Et bientôt, renforcés de nouveaux défenseurs,
« Les vaincus, à leur tour, deviendront agresseurs ! »

Puis il trace le plan d'une grande campagne :
« Faisons mieux, dit Scépeaux ; au fond de la Bretagne
« Jetons-nous ! sur Dinan marchons, et sans délais
« Gagnons, par Saint-Brieuc, Paimpol, Tréguier, Morlaix,
« Ce pays de Léon, à mon sens préférable,
« De bois et de rochers retraite impénétrable.
« Là nous aurons des ports, où l'hospitalité,
« Simple et franche, promet secours et sûreté,
« Où l'appui des Anglais peut servir notre cause.
« Mais sur la foi bretonne, amis, je me repose : (1)

---

(1) *La parole d'un Breton vaut or*, dit un proverbe dont la vérité est depuis longtemps reconnue.

« Ce sol des vieilles mœurs ne saurait nous tromper.
« A cette source vive allons nous retremper ;
« Et là, préparons-nous à la suprême lutte
« Qui doit nous relever enfin de notre chute.
« Oui, le dieu des combats nous désigne ces bords,
« Où doivent triompher d'héroïques efforts ! »

Ces projets, appuyés de suffrages solides,
Exaspèrent Talmont, qui les trouve timides,
Et l'ardente jeunesse en murmure avec lui,
Dans sa témérité rejetant tout appui,
Tout secours : « Nous fier à la foi britannique,
« Quand l'intérêt toujours fut sa boussole unique !
« L'Anglais à des vaincus pense-t-il seulement ?
« Compter aussi, compter sur le peuple normand,
« Qui, des Anglais complice, et témoin de leur crime,
« A laissé brûler vive une sainte victime,
« Une vierge, du trône héroïque soutien !...
« O Jeanne ! notre cri n'est que l'écho du tien :
« A Paris ! à Paris ! par ton âme éclairée,
« Notre ardeur obéit à ta voix inspirée.
« A Paris ! à Paris ! et n'ayons foi qu'en nous ! »

Des flots tumultueux tel gronde le courroux,
Tel est le bruit confus que ces débats font naître.
Henri, se recueillant, médite un coup de maître ;
Le dernier il se lève, et, d'un ton pénétré :
« Voyez-vous l'ennemi, de sa gloire enivré ?
« Dit-il : ce fier vainqueur, dont l'orgueil nous méprise,
« En divers corps, à l'est, au couchant, se divise.

« Un peuple fugitif est-il à redouter?
« Les Bleus de nos projets ne peuvent se douter.
« Nous, vouloir de leurs mains arracher la victoire!
« Nous, songer à combattre!... ils sont loin de le croire :
« Pour eux plus de Vendée! elle est morte pour eux!
« Et c'est là leur péril!... Cœurs braves, généreux,
« Amis! écoutez-moi : de ce moment suprême
« Profitons! sur Angers tombons à l'instant même!
« Partons, marchons la nuit, avec les plus vaillans,
« Qui des meilleurs chevaux aiguillonnent les flancs;
« Et, trompant l'ennemi par cette course habile,
« Arrivons, avant l'aube, aux portes de la ville.
« Je réponds du succès : rappelez-vous Thouars,
« Saumur! L'audace, amis, nous ouvrit leurs remparts.
« Ici, l'audace encor doit frapper et surprendre,
« Doit vaincre! A nous Angers, si nous le voulons prendre;
« A nous le château fort!... Que font les Mayençais?
« Ils viennent, mais trop tard!... Et quel brillant succès!
« Nous voilà, dominant et la Loire et la Maine,
« Et le Loir et la Sarthe, immense et beau domaine,
« Qui, par ce coup de main, tombe à nos lois soumis;
« Nous battons, en détail, tous les corps ennemis,
« Et, par l'aide de Dieu, délivrant nos rivages,
« Nous reprenons enfin nos premiers avantages,
« Nous nous couvrons de gloire, et rentrons, en vainqueurs,
« Dans ce pays sacré, qui fait battre nos cœurs!

Tel est du jeune chef le précoce génie,
Où la bravoure éclate, à la sagesse unie;
Et sa voix, son regard, son héroïque main,

De la victoire à tous enseignent le chemin.
L'âme de la Vendée en lui se manifeste !
Mais, de l'orgueil humain égarement funeste !
A ces débats ardens, où nul ne veut céder,
La discorde se mêle, et, sans rien décider,
Le temps fuit : l'assemblée est toujours hésitante,
Délibère toujours... Las d'une vaine attente,
Talmont sort furieux, fait sonner les clairons,
Et soudain, à cheval, suivi des escadrons,
Pousse à Château-Gontier une reconnaissance ;
De là, sur Alençon, comme un trait il s'élance.
Tout fuit à son approche, et cet heureux début
L'encourage et l'emporte en aveugle à son but.
Tel un jeune lion, qui sort de la tanière,
Court dans les champs, bondit, hérissant sa crinière;
Et de loin, les troupeaux, craignant ce nouveau roi,
A ses rugissemens se dispersent d'effroi.
Ainsi Talmont s'annonce, en semant l'épouvante :
Il triomphe et poursuit une course imprudente,
Quand tout à coup sa troupe, indocile à ses vœux,
S'arrête... Le héros s'arrache les cheveux,
Pâlit, frémit de voir sa vaillance trompée,
Et, de rage mordant le fer de son épée,
S'écrie : « Ah ! malheureux ! qui trouble vos esprits ?
« Et de tous nos travaux vous fait perdre le prix ?
« La voix du ciel en vain nous indique la route,
« Vous ne l'entendez pas !... » Personne ne l'écoute :
Il voit les plus vaillans, de stupeur éperdus !
Et lui, dont les efforts et les cris sont perdus,
Le dépit, la douleur, le désespoir en l'âme,

Marche à Laval : la nuit le retient dans Entrasme.

L'ombre, qui sur la terre étend son voile épais,
A ses sens agités ne peut rendre la paix.
A peine il s'assoupit, de sa brûlante couche
En criant il s'arrache, inquiet et farouche,
Marche à grands pas, et puis sur ce lit de douleurs
Se rejette et se roule, en le baignant de pleurs!
Enfin l'aube se lève, et dans la solitude
Il court ensevelir sa sombre inquiétude.
La fraîcheur du matin, le doux repos des champs,
Que du gai laboureur réjouissent les chants,
Tout le charme; et bientôt, touché de ce bien-être,
Le héros sent le calme en son âme renaître,
Et songe, noble cœur, par sa fougue emporté,
A réparer les torts de sa témérité.
De ces lieux pleins d'attraits il admire l'assiette :
La Mayenne y reçoit la Joanne et l'Ouette.
De tous côtés Entrasme est ceinte par leurs eaux,
Et, coupé de vallons, couronné de coteaux,
Un pays pittoresque offre, autour de ses portes,
Des sites ravissans, des positions fortes.
Le guerrier les remarque, et la faveur des cieux
L'aurait, comme à dessein, attiré dans ces lieux,
Où peut se relever la gloire vendéenne !

Bientôt l'armée arrive aux bords de la Mayenne.
Au-devant de Henri, Talmont s'est élancé :
« Ami ! je te comprends, oublions le passé,
« Lui dit le général, qui, pour preuve d'estime,

« L'accueille, en lui tendant une main magnanime !
« Ton avis, au Conseil, le mien n'a prévalu :
« N'importe, exécutons ce qu'il a résolu.
« Que veut-il ? Le succès : que le ciel nous l'accorde.
« Et nous, soldats, du camp bannissons la discorde ! »
Il lui raconte alors le projet arrêté :
« Le Conseil, poursuit-il, veut mettre en sûreté
« Ce peuple malheureux, qui sur nos pas s'exile ;
« Sur les bords de la Manche, il lui veut un asile,
« Un port près des Anglais ; et, les Bleus s'approchant,
« Nous devons à Laval nous porter sur-le-champ. »
Et, guidé par Talmont, il s'avance et visite
Entrasme et ses entours, lieux charmans dont le site
Émeut Henri, l'enchante et retrace à ses yeux
Les champs qu'il a quittés, le doux sol des aïeux !
Et lui, que d'un tel poste a frappé l'importance,
Y prépare une prompte et vive résistance.
Il dirige à Laval bagages et blessés,
Et tout ce peuple, objet de ses soins empressés,
Multitude innombrable, et dont le bras débile
Nuirait à la bataille, aux armes inhabile.
Puis, l'armée, à sa voix, d'un cœur plus affermi,
Fière à son poste, attend le choc de l'ennemi.

Les Bleus n'étaient pas loin : ils ont franchi la Loire,
Ils accourent, brûlant d'achever leur victoire,
Pareils à des lions, sanglans, et non repus,
Qui, furieux, la nuit, d'exploits interrompus,
Se tourmentent dans l'ombre, et, dès qu'elle s'efface,
De la fuyante proie interrogent la trace.

Beaupuy fait diligence et, le premier de tous,
Entre à Château-Gontier, le lieu du rendez-vous;
Westermann, le second : comme ancien, il commande.
Rien n'a pu le dompter, revers ni réprimande :
Ambitieux toujours, et toujours emporté,
Et ne prenant conseil que de sa vanité,
Il veut sur les Brigands fondre avec sa colonne,
Les attaquer sur l'heure; et la trompette sonne,
Tout s'ébranle! Beaupuy cherche à le retenir :
« Nos troupes sont en marche et vont bientôt venir,
« Dit-il; craignons du sort les soudaines disgrâces !
« Attendons : tu le vois, nos brigades sont lasses,
« Et le camp vendéen établi, reposé.
« Donne au moins cette nuit au soldat épuisé :
« A la clarté du jour il saura mieux combattre.
« N'attaquons l'ennemi qu'assurés de l'abattre ;
« C'est l'avis de Kléber, il m'a dit : Attends-moi,
« Et sans moi ne pars pas ! » — « Je pars sans lui, sans toi,
« Lui répond Westermann, bouillant d'impatience,
« Et j'aurai vaincu seul, avant que la Mayence
« En ordre de bataille ait aligné ses rangs ! »
Et soudain, agité de transports délirans,
Malgré la nuit, il part, et la nuit est obscure,
Profonde : en quel péril l'imprudent s'aventure ?
Beaupuy cède à regret; mais il voit le danger,
Et, d'un cœur généreux, il court le partager.

Ils marchent : leur colonne à la masse royale
Se heurte, un cri d'alarme aussitôt les signale.
A ce cri, tout le camp, qui s'éveille en sursaut,

Dans un moment se lève et repousse l'assaut.
On ne peut se compter, et la nuit ténébreuse
Ajoute son horreur à la mêlée affreuse.
On fusille, on se frappe, on s'égorge au hasard ;
L'audace d'un côté, le nombre d'autre part,
D'une égale fureur, dans la sanglante arène,
Se disputent longtemps la victoire incertaine.
Beaupuy, les Mayençais, résistent vaillamment ;
Mais que peut la valeur ? que peut le dévouement ?
Ils succombent enfin, accablés sous le nombre,
Et le fier Westermann fait retraite dans l'ombre,
Humilié, puni d'un rêve ambitieux,
Qui coûte à la patrie un sang si précieux !
Tel un loup affamé, dans une nuit d'orage,
Sur un riche bercail s'élance plein de rage ;
Mais, repoussé soudain par des chiens vigilans,
Et par des pieux de fer qui lui pressent les flancs,
L'agresseur, tout meurtri de coups et de morsures,
Rapporte au fond des bois sa faim et ses blessures.

Le jour paraît : Kléber arrive en ce moment,
Et lit sur tous les fronts le découragement.
Westermann seul s'avance avec la tête haute ;
Et Beaupuy, l'excusant, veut pallier la faute
D'un coup audacieux, qui pouvait tout finir...
« Ou tout perdre ! » répond, les yeux sur l'avenir,
Le chef des Mayençais, qui frémit de colère,
Au récit du combat que son ami tolère.
On se rend à Villiers, où les corps, se hâtans,
Viennent tous, puis Léchelle et les Représentans.

CHANT VII.

Ils entourent Kléber, qui conseille une halte :
« Non, non, dit Westermann, que sa défaite exalte,
« Marchons, et sans retard poussons la guerre à fin !
— « Je suis prêt, dit Kléber ; mais les troupes ont faim !
« Suivront-elles nos pas ? Songe aux marches forcées,
« Songe aux nuits sans repos, qui les ont harassées !
« Le soldat est rendu : peut-il se battre ? vois,
« Et juge : si l'armée est sourde à notre voix !
« Demain nous pouvons tout, rien aujourd'hui : de grâce,
« Un seul jour ! à demain ! » Il dit, et l'avis passe.
A demain la bataille ! Et le sage héros
En arrête le plan, avec les généraux.
Léchelle n'en veut pas ! Léchelle est chef suprême :
Il commande, il menace ; et Westermann lui-même,
Westermann, effrayé de son ordre du jour,
Le presse en vain ; cet ordre est lancé sans retour.
C'est la loi de l'armée, et chacun se résigne :
Il faut marcher en masse, et sur la même ligne,
Mayence en tête !... On veut la perdre lâchement,
Et du complot Léchelle est le vil instrument.
Mais lui-même il se perd, son heure se prépare,
La frayeur le saisit, le vertige l'égare,
Et le remords vengeur, qui punit l'assassin,
Déjà, comme un vautour, lui déchire le sein.

Mais tandis que Mayence est morne de tristesse,
Dans le camp vendéen éclate l'allégresse.
L'échec de Westermann a ranimé leur foi ;
Tout à coup un grand bruit, les cris : Vive le roi !
De la Mayenne au loin font retentir la rive.

Ils regardent : vers eux toute une armée arrive !
O surprise ! ô bonheur ! huit mille paysans
Ont levé l'étendard, courageux partisans,
Armée encor novice, et bientôt aguerrie,
Qui sera le berceau de la Chouannerie.
Seigneur de la contrée, et suzerain puissant,
Talmont a provoqué leur zèle obéissant.
Leur zèle avec ardeur se montre, et quand les villes
Pour la cause du roi n'ont que des vœux stériles,
Soldats improvisés, ces hardis campagnards
Viennent résolûment affronter les hasards.
Ils accourent se joindre aux enfans de la Sèvre :
On dirait, à les voir couverts de peaux de chèvre,
Avec de longs cheveux et de farouches traits,
Des sauvages, sortant du fond de leurs forêts ;
Tout leur donne un aspect étrange et formidable.
Au moment du combat, un destin favorable
Les amène, et leur vue, au camp des Insurgés,
Fait éclater soudain des hourras prolongés !

La nuit vient, tout repose ; et d'un rayon timide
L'aube au teint pâle, à peine, écartant l'ombre humide,
Annonce aux deux partis le fatal lendemain :
Déjà, quittant Villiers, les Bleus sont en chemin.
Sur deux rangs alignés, Léchelle ainsi l'ordonne,
Ils marchent tous : bientôt le front de la colonne
Touche Entrasme ; et Kléber, sur le bord opposé,
Voit le camp vendéen, habilement posé,
Fier d'un premier succès, et maître des collines,
Où ses drapeaux au vent dressent leurs javelines.

Le général se dit : Douze heures de repos
Ont refait le soldat plus fort et plus dispos.
Est-il plus résolu? plus sûr de la victoire?...
Un doute! tel on voit, laissant la nuit plus noire,
Dans le ciel enflammé luire un sinistre éclair,
Tel passe un doute affreux dans l'esprit de Kléber!
La journée, à ses yeux, se peint sombre et terrible :
Sa grande âme est émue! Il serait invincible,
Seul avec ses pareils, s'il n'avait avec lui
Que des cœurs éprouvés, Marceau, Bloss et Beaupuy.
Le reste l'embarrasse : et peut-il, sans alarmes,
Voir, pour le seconder, une cohue en armes?
Voir des chefs presque tous dignes de tels soldats?
Et Léchelle? invisible à l'heure des combats!

Le héros brave tout, et sa voix sympathique
Tonne et s'écrie : « Allons, fils de la République! »
La charge bat. Beaupuy fond sur les Révoltés,
Prêts à le recevoir, par leurs chefs excités,
Et qui n'ont eu jamais une telle assurance :
Il part, et l'aigle au ciel moins rapide s'élance;
Il franchit le ravin, gravit sur la hauteur,
Et, pour le soutenir, par un feu protecteur,
Dans l'effort périlleux de sa pénible voie,
Kléber soudain, à droite, à gauche, se déploie.
L'Insurgé le remarque : à ce prompt mouvement,
Avec non moins d'ardeur, il répond bravement.
Là Royrand et Stofflet, d'Autichamp à l'autre aile,
Talmont, Lyrot au centre, et, stimulant le zèle,
Henri partout, si jeune, et qui joint les talens,

L'art d'un grand capitaine, aux belliqueux élans.
Il voit, anime tout, tant il se multiplie,
Et l'armée, à sa voix, de son âme est remplie :
« Vainqueurs hier, dit-il, nous pouvons l'être encor ! »
Mais qui peut arrêter Beaupuy dans son essor ?
Tout lui cède, et, malgré la plus vive défense,
Il monte, et ses canons, traînés sur l'éminence,
Écrasent l'ennemi, par son bras culbuté.
Un feu terrible éclate ; et, de chaque côté,
Dans les âmes s'allume une rage incroyable,
Qui rend, sur tous les points, la bataille effroyable.
On avance, on recule, et l'Insurgé cédant
Paraît fuir, et revient plus fier et plus ardent ;
En masse, en tirailleurs, partout il se présente,
Et la mort avec lui, la mort partout présente.
De coups audacieux les canonniers atteints
Tombent tous, renversés sur leurs foudres éteints.
Beaupuy s'élance ; il veut, au péril de sa vie,
Ressaisir cette proie, à Mayence ravie,
Et que tourne contre eux l'ennemi triomphant :
Avec ténacité, l'Insurgé la défend ;
Et deux vaillans rivaux, Beaupuy, La Marsonnière,
Attirent sur ce point la lutte meurtrière.
Combat opiniâtre, aux deux partis fatal :
La Marsonnière tombe, et, loin du sol natal,
Royrand, à ses côtés, en gémissant expire ;
En même temps Beaupuy du combat se retire ;
Le sang qu'il perd l'épuise : horriblement blessé,
A l'écart il se traîne, et tombe, délaissé.

Kléber voit le péril, et, de toute sa taille,

Il semble, comme un dieu, dominer la bataille.
Sa face redoutable inspire la terreur ;
A sa voix, l'airain tonne avec plus de fureur,
Et par Bloss et Marceau sa valeur secondée
De tous côtés tient tête à la fière Vendée.
Le sol tremble, agité par le feu des deux camps,
Et l'air au loin s'ébranle : on dirait deux volcans,
Qui s'ouvrent à la fois, en secouant la terre,
Et, se faisant entre eux une effroyable guerre,
Du brasier, qui bouillonne et mugit au dedans,
Lancent le feu, le soufre, et des rochers ardens ;
Le jour pâlit, le ciel se couvre de fumée,
Qui sort à flots épais de leur bouche enflammée.
Ainsi, bouleversant et la terre et les cieux,
Dans les deux camps le bronze éclate furieux :
D'un horrible fracas terre et cieux retentissent.
Les coups des Vendéens pourtant se ralentissent,
Et l'espoir du succès luit aux yeux de Kléber !
Mais on attend Chalbos, appuyé de Muller :
Qu'il vienne, la victoire est complète, infaillible.
Où donc est-il ? Au pont de l'Ouette, impassible !
Toute une armée est-là : le canon, qu'elle entend,
A la bataille en vain l'appelle à chaque instant ;
Et, loin de l'ennemi, de panique frappée,
Tout à coup elle fuit, par l'effroi dissipée.
Chefs, soldats, pêle-mêle, ainsi qu'un vil troupeau,
Tout fuit, laissant malheur et honte à leur drapeau !

La fatale nouvelle est bientôt répandue :
A ce bruit, la bataille est comme suspendue,

Et Mayence, les yeux tournés vers l'horizon,
S'écrie en frémissant : Lâcheté! trahison!
Dans leur étonnement, ces vaillantes brigades,
Tout près de vaincre, ont fait quelques pas rétrogrades;
Soudain Talmont, Lyrot, malgré le plomb sifflant,
S'élancent à la fois et les prennent en flanc,
Tandis qu'en front Henri charge à la baïonnette,
Et des canons béants la voix reste muette.
Mais les fiers bataillons cessent de reculer,
Et ce terrible choc ne les peut ébranler.
Abandonnés, trahis, et perdant l'espérance,
Qui soutient leur courage? Ils songent à la France!
Cette chère patrie est là devant leurs yeux,
Plaintive, et de leurs bras l'effort prodigieux
Fait voir tout ce que peut l'amour qui les anime :
Ces braves, enflammés d'une ardeur unanime,
Repoussent, à l'envi, tant d'assauts répétés.
Tel, des flots écumans battu de tous côtés,
Un écueil, dont la foudre a mutilé la tête,
Immobile, résiste aux coups de la tempête,
Et fatigue la mer, qui vient, en rugissant,
Briser à ses flancs noirs son courroux impuissant :
Ainsi les Mayençais, toujours inébranlables,
Soutiennent la bataille, à des rochers semblables.

Mais l'habile Stofflet, se glissant derrière eux,
Veut enfin mettre un terme à ce combat affreux.
Il court, se précipite; et l'écueil, qu'il affronte,
Se dresse en vain : la vague est si forte et si prompte,
Que les flancs mayençais s'ouvrent de toutes parts.

Alors tout est mêlé, Brigands, Bleus, étendards.
La fusillade cesse : on s'égorge, on se traîne,
On se prend corps à corps, aux cheveux, et l'arène,
D'où sort un bruit horrible, au loin retentissant,
En étale un amas, qui nage dans le sang.
Mais que peuvent les Bleus, dont les forces s'épuisent?
La trahison, le sort, à plier les réduisent,
Luttant de désespoir, et tombant décimés
Par le feu des Brigands, de pistolets armés.
Leur troupe se rallie ; et, battant en retraite,
Elle cède sans peur, fière dans sa défaite.
Mais, entraînant les siens, Henri s'écrie : « Amis !
« Pourrions-nous épargner de cruels ennemis !
« Ceux qui nous ont chassés de notre cher Bocage !
« En avant ! » A ces mots répond un cri de rage :
Mort aux Bleus ! disent-ils, de vengeance altérés.
Mayence, qui se range en pelotons serrés,
Forte par le sang-froid et par la discipline,
Marche, en les repoussant, de colline en colline.
Vains efforts ! faible digue à ces fougueux torrens !
Son feu se ralentit, le trouble est dans ses rangs,
Et toujours l'ennemi s'acharne à sa poursuite ;
Déjà quelques soldats, se livrant à la fuite,
S'épandent dans les champs, sur le bord écarté
Où, brisé par le mal, Beaupuy s'est arrêté.

Le héros, étendu dans ce lieu solitaire,
Se mourait, quand arrive un jeune volontaire,
Esculape novice, aux timides essais,
Qui dans son art sublime un jour sera Broussais.

Le jeune patriote, animé d'un beau zèle,
A la vie aussitôt par ses soins le rappelle.
Beaupuy rouvre les yeux... Il voit fuir des soldats,
Des Mayençais!... ô honte! ô douleur! et son bras,
Arrachant l'appareil qui couvre sa blessure :
« Porte à mes grenadiers, ami, je t'en conjure,
« Porte ce don; dis-leur : C'est le sang de Beaupuy!
« Et laisse-moi mourir; des Mayençais ont fui!
« O Liberté! Patrie! adieu!... » Près de ses armes
Il retombe, et ses yeux se ferment, pleins de larmes.
On s'empresse, on l'emporte, et, par de prompts secours,
Le jeune homme conserve et protége ses jours.

Devant les Mayençais, tout à coup se présente
Du brave général la dépouille sanglante.
Ils font tous volte-face, et, par ce mouvement,
Arrêtent l'ennemi, frappé d'étonnement :
« Compagnons! dit Kléber, Grenadiers de Mayence!
« Laisseriez-vous la mort de Beaupuy sans vengeance?
« Et ce généreux sang, qui se montre à nos yeux,
« Ferait-il à vos cœurs de stériles adieux? »
Tout s'ébranle à ces mots : comme un homme, l'armée
Marche, vole au combat de fureur enflammée.
Ce sang qui fume encore exalte les esprits :
Il en sort une voix, et, touchés de ses cris,
Jamais Kléber, jamais, dans ces luttes horribles,
Westermann et Marceau, ne furent plus terribles,
Le soldat plus ardent à suivre l'officier.
Les Brigands, à leur tour, sont forcés de plier,
Et le nombre vaincu le cède à la vaillance,

CHANT VII.

Lorsque, de ses douleurs domptant la violence,
Lescure s'abandonne aux élans de son cœur ;
Un danger si pressant ranime sa vigueur.
Il s'arme, il veut marcher; mais ses genoux fléchissent,
Et, dès les premiers pas, ses forces le trahissent :
« Sur mon cheval de guerre, amis, attachez-moi,
« S'est écrié soudain le héros de la Foi !
« Hâtez-vous, il nous faut ressaisir la victoire,
« Et que ma vie au moins s'éteigne dans la gloire ! »
Le coursier, que son maître enflamme d'un coup d'œil,
A son noble dessein se prête avec orgueil ;
Au fort de la bataille il emporte Lescure.
Les Vendéens fuyaient : cette pâle figure,
Où rayonne la foi, mêlée à la douleur,
Les arrête !... « Est-ce vous, qui par tant de valeur
« Avez de notre exil soutenu les épreuves ?
« Vous qui de tant de zèle avez donné des preuves ?
« Quoi ! la victoire échappe à vos bras triomphans !
« Vous vainqueurs, vous fuyez ! Suivez-moi, mes enfans !
« Et des Bleus, de ce pas, achevant la défaite,
« Venez envers le ciel acquitter votre dette,
« Envers le roi; venez : que ce jour glorieux
« Vous rende à vos foyers, grands et victorieux ! »

Il dit, et sa vertu fait taire la souffrance;
Et son exemple à tous redonne l'assurance.
Angeline le suit, et, bravant le trépas,
Le soutient, le seconde, attachée à ses pas ;
Et, pour les protéger, guidant un corps d'élite,
L'intrépide Silvain vole et se précipite.

Il amène avec lui leur Idole d'airain,
Qui brille en ce moment d'un charme souverain,
Et, parmi les canons, étale, triomphante,
De ses festons nouveaux la parure éclatante.
Ainsi l'Arche sacrée, oracle des Hébreux,
Soutenait leur courage, et marchait devant eux.

Animé par Lescure et par l'Idole sainte,
Le cœur des Vendéens ne connaît plus la crainte.
Honteux de leur défaite, et prompts à l'effacer,
D'un pas impétueux on les voit rebrousser,
Et sur les Bleus surpris fondre comme l'orage.
Le combat se ranime, et le champ de carnage,
Sous le plomb, sous le fer, qui sifflent des deux parts,
Se couvre encor de sang et de membres épars.
Au salpêtre épuisé l'arme blanche succède :
« La victoire est à nous ! » dit Lescure, et tout cède
Aux efforts inouïs de ce guerrier mourant,
Qui, droit sur son coursier, partout, de rang en rang,
S'élance, comme un spectre échappé de la tombe !
Mais quelle force humaine à la fin ne succombe ?
La sienne, de la vie usant tous les ressorts,
Brisée et non vaincue, abandonne son corps,
Et, malgré ses liens, il fléchit, il chancelle,
Et, comme inanimé, s'affaisse sur la selle.
On s'écrie, on accourt, chefs, soldats éperdus,
Et, pour le recevoir, tous les bras sont tendus !

Une lutte acharnée autour de lui s'engage :
« Amis ! aux mains des Bleus laisserions-nous ce gage ?

« Dit le brave Silvain, de douleur frémissant.
« Nous devons le sauver, au prix de notre sang :
« Faisons-lui de nos corps un rempart invincible! »
Et tous, près du héros, d'un choc irrésistible,
Repoussent l'ennemi, qui trois fois heurte en vain
Ce rempart à ses coups opposé par Silvain.
Mais le jeune guerrier, qu'entraîne sa vaillance,
Veut répondre à son tour aux charges de Mayence.
Son courage l'égare, et, surpris, terrassé,
Il tombe évanoui, le genou fracassé.
On l'emporte sanglant ; et l'armée interdite,
A ce nouveau revers, se lamente, s'agite :
La foi qui l'enflammait fait place à la frayeur...
Angéline, aussitôt, implore le Seigneur !
Et, le cœur inspiré, l'intrépide guerrière,
Déployant dans les airs une blanche bannière,
Crie aux siens : « Défendez notre saint étendard! »
Les accens de sa voix, l'éclat de son regard,
Font croire au paysan qu'un ange est à leur tête ;
Près d'elle, Marie-Jeanne, en ses habits de fête,
Illumine ses traits d'une vive splendeur,
Et l'armée au combat n'eut jamais tant d'ardeur !
Son courage, à l'appel de l'héroïque femme,
Aux rayons de sa foi, se ranime et s'enflamme,
Dans son élan rapide, indomptable, effréné :
Tel un fleuve puissant, par la glace enchaîné,
Sous les feux du soleil se débâcle, et ses ondes
Roulent, avec fracas, noires et vagabondes.
Quelle digue opposer à ce torrent nouveau ?
Toute l'armée accourt, suivant le saint drapeau

Que d'une main si ferme Angéline déploie ;
Les paysans bretons, pleins d'ardeur et de joie,
Et de gloire enivrés, dans ces premiers combats,
Font assaut de vaillance avec les vieux soldats.

Les Bleus sont accablés : à peine un contre mille,
Le désespoir leur donne une audace inutile ;
Après de longs efforts, haletans, épuisés,
Ils fléchissent enfin, par le nombre écrasés.
Bientôt, sur tous les points, ce n'est plus la retraite,
C'est la fuite !... Kléber court au pont de l'Ouette :
Avec deux bataillons, le héros s'est jeté
Sur ce poste désert, que Chalbos a quitté.
Vain espoir ! l'ennemi les gagne de vitesse,
Et du poste, en hurlant, s'empare avec prestesse,
Tue, égorge, et poursuit les fuyards dans les bois...
O désastre ! ô douleur ! pour la première fois
Mayence fuit ! Mayence est en pleine déroute !...
Kléber, Bloss, Westermann, Marceau, barrant la route,
Courent de tous côtés, criant : « Soldats ! à nous !...
« Des républicains fuir ! Quelle honte pour vous !
« Vous de la Liberté les soutiens les plus dignes !...
« Halte, halte, soldats ! et reformez vos lignes !
« Retournons au combat !... » Vains efforts ! cris perdus !
Fusils, cartouches, sacs, sont jetés confondus ;
On abandonne tout, canons, caissons, bagages,
Avec les chariots, les vivres, les fourrages...
Quel butin ! quel succès ! et, prompt à le saisir,
Comme le Fatanisme en rugit de plaisir !

Pleine de ses fureurs, et par lui déchaînée,

La Révolte bondit, à sa proie acharnée,
Dans sa fuite l'atteint, ne fait point de quartier,
Et d'horreur et de sang remplit Château-Gontier.
Bloss est au bas du pont, et Savary l'aborde :
« Où vas-tu ? lui dit-il ; évitons cette horde.
« Viens, cher et digne ami ! non loin de ces remparts,
« Nous pouvons rallier nos bataillons épars !... »
— « Non, répond le héros ; non, je ne puis te suivre :
« A la honte des miens je ne veux pas survivre ! »
Sans manteau, tête nue, il a ceint d'un mouchoir
Son front deux fois blessé, d'où ruisselle un sang noir.
Suivi de sept chasseurs, il défend ce passage :
Criblé de coups, il tombe, et, pleins de son courage,
Près de lui les chasseurs expirent foudroyés :
Sous les canons roulants leurs membres sont broyés !...
Kernn, officier des Francs, à ces braves succède :
Vingt soldats avec lui tiennent ferme ; à leur aide
Vient un noble vieillard, Okelly, dont l'ardeur,
A soixante-dix ans, brille encor de verdeur.
Son régiment le suit, il se met en bataille :
Deux canons, bien servis, et chargés à mitraille,
Pointés devant le pont, en défendent l'abord,
Vomissant, à sa voix, et la flamme et la mort.
Gérard, qui du Jura conduit une phalange,
Accourt à cette vue, et près de lui se range.
Vain et dernier effort ! la rage des Brigands
Mugit de tous côtés, comme les ouragans.
Point d'obstacle pour eux, de frein qui les retienne ;
Ils volent et partout franchissent la Mayenne.
Près des restes sanglans de Bloss, de ses chasseurs,

Combien de vaillans chefs, de braves défenseurs,
Comme eux tombent, frappés d'un trépas magnanime ?
Okelly le premier, vénérable victime,
Parmi tant de héros, à la fleur de leurs ans,
Sur ce pavé sacré pêle-mêle gisans !...

Honneur à ces guerriers, phalanges immortelles,
Qui seuls ont soutenu tout le choc des rebelles !
Une mort glorieuse a décimé vos rangs,
Fédérés, bataillons de Cassel et des Francs,
Volontaires de l'Eure et de la Haute-Saône :
Vous, tant de fois vainqueurs, fiers ennemis du trône,
Que pouvait, en ce jour, votre mâle vertu ?
Mais honte aux régimens qui n'ont pas combattu !
Ces indignes soldats ont eu le sort du lâche :
Dispersés par la peur, poursuivis sans relâche,
Ils sont tombés en foule, et morts déshonorés,
Comme de vils troupeaux, par les loups déchirés.
Et quel destin ! leurs corps, privés de sépulture,
Des oiseaux dévorans deviennent la pâture.
De noires légions, obscurcissant les airs,
S'abattent, dans les champs, sur ces livides chairs.
Une odeur empestée infecte les campagnes,
Et les Chouans futurs, et leurs dignes compagnes,
Viennent, interrompant le festin des corbeaux,
Dépouiller tous ces corps de leurs tristes lambeaux !...

Loin du combat, Léchelle, au fond de sa retraite,
Prête au bruit qui s'approche une oreille inquiète.
A l'aspect du désastre, il fuit épouvanté,

CHANT VII.

Il fuit comme le Parthe, et, dans sa lâcheté,
Quand un effroi mortel trouble sa conscience,
Furieux, il accuse et Kléber et Mayence :
« Ils ont cédé, dit-il, aux offres d'Albion,
« Et son or est le prix de leur défection!... »
— « Misérable! » — Et Kléber, d'une main indignée,
De son glaive aussitôt a saisi la poignée.
On l'arrête, on retient le sabre étincelant,
Qui se lève et s'apprête à punir l'insolent :
« Que fais-tu? dit Marceau : cet homme est en démence;
« Kléber! que le mépris soit ta seule vengeance! »
Le perfide, à la hâte abandonnant ces bords,
Échappe à son courroux, mais non pas au remords.
Le remords lui prépare un horrible supplice :
Nantes, qui le recèle, et Carrier, son complice,
Lui donnent vainement un asile, un appui;
Il n'est plus de repos, plus de grâce pour lui.
Le remords sans pitié le tenaille sans cesse;
Et la fièvre, bientôt, la fièvre vengeresse,
Le saisit et l'agite avec d'affreux transports,
Comme un feu de l'enfer allumé dans son corps.
Des rêves effrayans lui retracent ses crimes :
Il voit, il reconnaît, il entend ses victimes,
Les plaintes des blessés, le râle des mourans,
Le sang républicain qui coule par torrens,
Et, dans le désespoir qu'un tel spectacle inspire,
De honte, de douleur et de rage il expire.
Il meurt, et nul ami, pleurant son abandon,
Pour ses crimes à Dieu ne demande pardon!

Et cependant Kléber, redoublant de courage,

Opposait sa constance aux fureurs de l'orage.
Jusqu'au Lion-d'Angers il a fallu plier;
Et là, par ses efforts, viennent se rallier,
A ceux qui l'ont suivi, les troupes effarées,
Dans les champs, dans les bois par la peur égarées.
L'air est humide et froid; enflé par les ruisseaux,
L'Oudon, en mugissant, roule à pleins bords ses eaux,
Dans un ravin profond, tout hérissé de roches.
Ces lieux de l'ennemi repoussent les approches,
Et Kléber s'y retranche, arrêtant les fuyards,
Tous mêlés, canonniers, fantassins et hussards.
Il veut, avec Marceau, les passer en revue,
Et ne peut retenir ses larmes, à leur vue.
Le soldat pleure aussi : quel sublime moment!
« Amis! ne pleurez pas : un éblouissement,
« Un spectre, dit Kléber, a fasciné vos âmes!
« Sous la fatalité, n'est-ce pas, nous ployâmes!... »
— « Oui! oui! répondent-ils, s'arrachant les cheveux! »
Et, par le repentir d'hommes si courageux,
Tant de fois éprouvés sur les champs de batailles,
Le héros est ému jusqu'au fond des entrailles!

Merlin vient relever tous ces fronts abattus :
« Soldats! rassurez-vous : les Brigands sont battus!
« Dit le tribun; Vimeux nous l'annonce de Nantes.
« Le fier Charette, après deux défaites sanglantes,
« Suivi d'un faible reste, au carnage échappé,
« Se cache en vain : Haxo le tient enveloppé.
« Et pendant que sur terre éclatait notre gloire,
« L'Océan répondait par des cris de victoire!

« Trois vaisseaux d'Albion pris par nos matelots,
« Deux autres, sous leurs mains, engloutis dans les flots,
« Aux yeux de Noirmoutier, que la famine presse,
« Excitaient, sur les mers, ces transports d'allégresse!
« Ainsi, marins, soldats, rivalisent d'efforts :
« La Liberté triomphe au dedans, au dehors,
« Elle écrase partout les rois ligués contre elle;
« Et nous seuls manquerions à sa noble querelle!
« Quoi! par de vils Brigands, de leur pays chassés,
« Vous, braves Mayençais, vous seriez terrassés!
« Vous, vainqueurs de Luçon, de Bressuire!... à la France
« Vous auriez vainement promis sa délivrance!
« Juré d'anéantir ces Brigands sous vos coups!...
« Soldats de la patrie! elle compte sur vous.
« Que deux jours de repos à la lutte suprême
« Vous préparent, Soldats! deux jours, et le troisième
« Retrouvez cette ardeur, cette intrépidité,
« Qu'à ses dignes enfans donne la Liberté! »

Il dit : Angers soudain, aux alarmes en proie,
Patriote cité, les recueille avec joie,
Et l'on voit accourir les soldats dispersés,
Dans ses murs fraternels entrant à flots pressés,
Escadrons, bataillons, par un effet magique,
Se succédant, aux cris : Vive la République!
Les drapeaux déchirés, criblés, couverts de sang,
Les clairons, les tambours, dont le bruit incessant
A l'oreille des fils, plein de charme, résonne,
Quand des mères, hélas! le tendre cœur frissonne.
Quel fracas! quel tumulte! On vient de toutes parts,

On vient toujours! soldats, citadins, campagnards,
Tout se mêle, encombrant les places et les rues,
Par la foule à toute heure, en tous sens parcourues,
Foule immense et joyeuse, et dont plus de moitié,
Sans pain, sans lieu d'asile, est digne de pitié!...
Kléber de ce chaos fait sortir une armée,
Qui se lève soudain, de son souffle animée,
Prête à venger l'ancienne, au signal qu'elle attend,
Et, le troisième jour, Merlin sera content!

FIN DU VIIe CHANT.

CHANT VIII.

CHANT VIII.

Mais la haine poursuit son infernale trame,
Et déjà, dans Paris, le désastre d'Entrasme
Met en feu tous les clubs, toutes les sections,
Ces cratères d'où sort la lave à gros bouillons.
Aux armes, citoyens! sauvez la République!
On nous trahit! Vers nous la ligue catholique
Accourt victorieuse et menace Paris!
Aux armes, citoyens!... Égaré par ces cris,
Le peuple, sur la foi des récits de Léchelle,
Maudit les Mayençais et Merlin, qu'on rappelle;
Et la peur, la colère, aux aveugles transports,
De la Convention assiégent les abords.
L'enceinte va s'ouvrir: elle est muette encore.
Le jour, à peine éclos, pâlit, se décolore,
Et dans le ciel brumeux, qui couvre la cité,
Se cache le sommet de ce lieu redouté,
Nouveau Sina, l'oracle et l'effroi de la terre,
Qui gouverne, impassible, aux éclats du tonnerre,
Et dont la voix puissante, en foudroyant les rois,

Décrète, avec la mort, la victoire et les lois!
Il s'ouvre : son aspect présage la tempête;
La Montagne s'ébranle, et de la base au faîte
On voit déjà l'orage, en grondant, l'investir :
La foudre, avec l'éclair, en va bientôt sortir.

Le peuple impatient, comme aux forums antiques,
A flots tumultueux envahit les portiques,
Et les Représentants, prêts à délibérer,
Attendent le débat qui les doit éclairer,
Des sénateurs de Rome intrépides émules,
Et dévoués, comme eux, sur leurs chaises curules.
Barrère a la parole : au nom du Comité,
Qui, l'œil sur le pays, veille à sa sûreté,
Il monte à la tribune, et sa voix énergique
Expose les dangers de la chose publique :

« Citoyens! la patrie, en ses plus mauvais jours,
« En face du péril vous retrouve toujours,
« Et je viens dans vos cœurs déposer ses alarmes.
« La Victoire, au dehors si fidèle à nos armes,
« Au dedans nous échappe : un infâme ennemi,
« Écrasé, disait-on, ne l'était qu'à demi.
« La Vendée, à l'exil, au dénûment réduite,
« Tout à coup se relève et grandit dans sa fuite :
« L'exécrable Vendée a défait nos soldats!...
« Et l'on dit que, vers nous précipitant ses pas,
« Déjà près de Paris, elle accourt... Bruits perfides,
« Que de la royauté répandent les séides!
« Non! des bords de la Manche elle a pris le chemin;

« Là-bas, son allié, l'Anglais lui tend la main !

« Mais nous, de leurs projets prévenant la furie,
« Sur la cause des maux dont gémit la patrie,
« Nous venons appeler vos regards, Citoyens,
« Et réclamer de vous d'énergiques moyens.
« La lumière se fait,... et ces honteux mystères,
« Divisions des chefs, trahisons militaires,
« De la guerre civile éternels aliments,
« Ces récits fabuleux, trompeurs déguisemens,
« Succès toujours grossis, défaites colorées,
« Toutes ces profondeurs enfin sont éclairées !...
« La Liberté trahie, et le peuple offensé,
« Et le sang généreux, pour leur cause versé,
« Vous parlent par ma voix et demandent vengeance !
« Citoyens ! déployez vigueur et diligence.
« Entrasme, jour fatal, jour de honte et de deuil,
« De nos vils ennemis a ranimé l'orgueil.
« Abattez leur audace, épurez nos phalanges !
« Il nous est parvenu des nouvelles étranges :
« On accuse Kléber, Merlin même !... » A l'instant,
Dans l'enceinte paraît le fier Représentant,
Qu'un décret souverain rappelle de l'armée :
Le front calme, il reprend sa place accoutumée.
Aussi brave guerrier qu'éloquent orateur,
Il vient, prêt à répondre à son accusateur,
Le pistolet au poing, tout poudreux, et la bouche
Noire et brûlante encor du feu de la cartouche ;
Cette bouche où déjà perce un dédain amer.
Et Barrère poursuit : « Oui, Merlin et Kléber

« Sont accusés tous deux d'un échec si funeste,
« Et de leur trahison la preuve est manifeste :
« Kléber, chef orgueilleux, s'arrogeant tous les droits,
« Et de l'Égalité foulant les saintes lois,
« Et Merlin, protégeant cet orgueil intraitable,
« Pour des républicains offense insupportable,
« Qui, blessant tous les chefs et divisant les corps,
« Alluma dans les camps la haine et les discords.
« De là notre défaite !... Et cependant Léchelle
« Nous signale une cause encor plus criminelle :
« Ce désastre, qui met la patrie en danger,
« Serait dû, Citoyens, à l'or de l'Étranger !...
« J'ai dit : délibérez, et prenez vos mesures ! »

A ces mots, dans le peuple éclatent les murmures,
Et des cris furieux, par la haine excités,
Les cris de : *Hors la loi !* partent de tous côtés.
Merlin de ces clameurs méprise l'insolence ;
Debout à la tribune, il attend le silence,
Et, dominant le bruit : « Contre Kléber et moi,
« Dit-il d'une voix ferme, on veut le *Hors la loi !*
« Malheureux Citoyens, vous demandez nos têtes,
« Sans jugement, sans preuve !... Insensés que vous êtes !
« Je plains l'égarement ou vous êtes poussés !...
« Craindrions-nous la mort, dont vous nous menacez,
« Nous que rien n'intimide, et dont l'âme éprouvée
« Au milieu des combats mille fois l'a bravée ?
« Donc, pour notre pays, pour le salut de tous,
« Parlez, Représentans, et disposez de nous.
« Je suis prêt, et ma main, hâtant le sacrifice,

« Cette arme, du bourreau n'attendra pas l'office!...

« Mais Kléber est absent! j'ai suivi tous ses pas,
« Et je l'ai soutenu, je ne m'en défends pas.
« Kléber est un héros, à qui la République
« Doit, au lieu de la mort, la couronne civique!
« J'ai vu les Mayençais de la guerre, à sa voix,
« Braver tous les périls, soutenir tout le poids;
« Et ces âmes de bronze, âmes vraiment romaines,
« Ont toutes les vertus des mœurs républicaines,
« Joignant la modestie et la simplicité,
« A l'esprit d'union et de fraternité.
« Kléber ambitieux!... Citoyen magnanime,
« L'amour de la patrie est le seul qui l'anime.
« La Liberté, sa mère, avec lui ne craint rien :
« Non, non, ne craignez pas que, chef prétorien,
« Contre elle, contre vous il abuse du glaive!...

« Et Marceau, de Kléber le glorieux élève,
« Lui si pur, pensez-vous que d'un lâche attentat
« Il se rende complice et menace l'État?
« Jugez mieux l'amitié, qui du civisme antique
« Inspire les vertus à ce couple héroïque,
« Nœud sacré, resserrant les liens du devoir,
« Et qui de la patrie est la force et l'espoir.
« Ces deux cœurs n'en font qu'un; fiez-vous à leur zèle :
« J'en ai vu les effets; et la ligue rebelle
« Sait avec quelle ardeur et quelle habileté
« Ces guerriers plébéiens servent la Liberté!
« De la Vendée, eux seuls, nettoyant les repaires,

« Ont chassé les Brigands des foyers de leurs pères.
« Eux seuls doivent les vaincre ! et si les Mayençais
« Fléchirent une fois, après tant de succès,
« D'un perfide complot cet échec est l'ouvrage :
« La fortune faillit, et non pas leur courage ;
« Et, croyez-moi, la gloire, en ce dernier combat,
« A couronné leurs fronts d'un immortel éclat !
« Quel feu patriotique animait leur vaillance !
« Quelle ardeur ! Mais, trahis et livrés à l'avance,
« Que pouvaient-ils ? Combattre et mourir en héros !
« Ils l'ont fait : je l'ai vu ! Quand Muller et Chalbos,
« Et tous leurs bataillons, fuyaient, forts par le nombre,
« Sans voir d'un seul Brigand le visage ni l'ombre,
« Ils faisaient leur devoir : sous le feu, sous le fer,
« Ils tombaient, ils mouraient, excités par Kléber !...

« Je l'ai vu, je l'atteste !... Et, loin de la mêlée,
« Où luttait la vertu, par la haine immolée,
« Léchelle, qui tremblait, lâche et vil instrument,
« Léchelle dénature un si beau dévouement !
« Sur ces nobles guerriers, dans un rapport infâme,
« Il déverse, en fuyant, tout le fiel de son âme.
« Il voudrait les flétrir, et, stupide insulteur,
« Impute leur défaite au métal corrupteur,
« A cet or, qui séduit les suppôts des despotes,
« Mais vil et méprisable aux yeux des patriotes,
« Qui, cupides d'honneur, fiers de leur pauvreté,
« Laisseront un nom pur à la postérité !
« Les crimes de Léchelle ont reçu leur salaire :
« De Kléber, par la fuite, évitant la colère,

CHANT VIII.

« C'est en vain que le traître à Nantes s'est caché ;
« Le remords le poursuit, à son âme attaché.
« Haletant sous le poids d'une affreuse agonie,
« Il meurt dans les tourmens et dans l'ignominie,
« Sans secours, délaissé des lâches, des pervers
« Qui trompent le pays et causent nos revers ! »

Il dit. Un grand tumulte autour de lui s'élève :
Ainsi mugit la mer, qui vient battre la grève.
Le peuple est ébranlé par ces mâles accens ;
Les motions, les cris, se croisent en tous sens,
Cris de mort, cris de gloire ! Et, calmant les orages,
La voix du Président proclame les suffrages,
Et, d'un ton solennel : « Peuple ! il est décrété
« Que Merlin et Kléber n'ont pas démérité.
« Kléber reste à son poste, et Merlin, aux frontières,
« Va repousser des rois les menaces altières ;
« Mais l'État ne veut pas de corps prétoriens :
« Il veut pour défenseurs des soldats citoyens.
« Le pouvoir est plus ferme et son bras invincible,
« Quand sa force partout est une, indivisible.
« Telle est la République, et par l'égalité
« Elle entend maintenir partout cette unité.
« Mayence peut se croire une troupe choisie :
« Qu'elle perde ce titre, objet de jalousie,
« Et s'efface, mêlée aux autres légions.
« Plus d'ombrages alors, plus de divisions ;
« Et contre l'ennemi l'armée, unie et forte,
« Marche et répond au vœu du pays qui l'exhorte !
« Enfans de la patrie et de la liberté,

« Hâtez-vous d'accomplir, soldats ! sa volonté.
« Il commande l'accord à vos bras intrépides :
« Trop longtemps ont duré ces luttes parricides,
« Dont l'affreuse discorde a prolongé le cours !
« Pour terminer la guerre, il vous donne huit jours :
« Marchez ! que dans vos cœurs cette loi soit gravée ! »
— « Citoyens ! poursuit-il, la séance est levée. »
Et le peuple, à ces mots, et les Représentans,
Du terrible palais sortent en même temps.

La haine enfin l'emporte, et la ligue royale
Applaudit, avec elle, à cette loi fatale,
Qui donne au Fatanisme un aliment nouveau.
Mais Kléber épargné demeure avec Marceau ;
Et de ses ennemis la vengeance déçue
Frémit de rage, intrigue, et cherche une autre issue.
Ronsin n'a pu le perdre : il faut l'humilier !
Sous la loi d'un rival on le force à plier,
Sous la loi de Chalbos ! Quand on punit Mayence,
O honte ! c'est Chalbos que l'État récompense :
Chalbos, qui, sans combattre, a fui honteusement,
C'est lui qui de l'armée a le commandement !
Ainsi de la Révolte on retarde la chute.

Le rigoureux décret sur-le-champ s'exécute.
Mayence l'attendait, résignée à son sort :
De ces cœurs dévoués nulle plainte ne sort !
Mais il faut se quitter, et ces mâles courages
S'attendrissent, des pleurs sillonnent les visages.
Kléber, non moins ému, cherche à les consoler :

CHANT VIII.

« Ma douleur à la vôtre, amis, vient se mêler.
« Loi dure! Mais de nous ce que l'État exige,
« N'est point un châtiment que l'État nous inflige,
« Dit-il : n'avons-nous pas en hommes combattu?
« Le pays inquiet, qui sait votre vertu,
« Veut retremper l'armée et dans toutes ses veines
« Infuser la valeur, la foi républicaines ;
« Et le nom Mayençais, qui ne saurait périr,
« D'une gloire nouvelle ainsi va se couvrir!
« Oui, ce nom, rassurant la patrie alarmée,
« Amis! sera toujours la force de l'armée,
« Et vos membres épars, terribles et mouvans,
« Partout à l'ennemi vous montreront vivans.
« En dépit de l'envie et des destins contraires,
« Allez, dans tous les rangs vous trouverez des frères.
« Excitez-les, donnez l'exemple du devoir ;
« Que l'Insurgé si fier tremble, et faites-lui voir
« Tous les cœurs enflammés d'une telle vaillance,
« Qu'il craigne, à chaque pas, de rencontrer Mayence! »
Il dit, et le héros dans ses bras à la fois
Voudrait les presser tous, chefs et soldats, sans choix.
Touchans adieux, où l'âme, exaltée, attendrie,
Se console, à l'espoir de venger la patrie!
La tristesse fait place à de nobles transports ;
Et l'armée, entonnant l'hymne aux brûlans accords,
A la voix de Kléber, part, et chaque phalange
Se rend au nouveau poste où le décret la range.

Mais la Ligue s'apprête, en invoquant les Saints :
« Comment, s'est-elle dit, accomplir nos desseins?

« Pouvons-nous de ce peuple étouffer l'âme atroce,
« Et de la République abattre le colosse?
« Vainqueurs, craignons du sort les funestes retours! »
Albion, de nouveau, leur offre ses secours,
Et sa flotte, excitant la discorde civile,
Prête à les recevoir, les appelle à Granville.

Ils partent : la victoire accompagne leurs pas.
Laval, Mayenne, Ernée, ont cédé sans combats;
Fougères les retient, à la course emportée :
Là par un deuil profond leur gloire est attristée.
Lescure était mourant : toute l'armée, en vain,
Seconde, en leurs efforts, Angéline et Silvain;
En vain, dans sa douleur, elle prie, elle pleure;
C'en est fait : le héros touche à sa dernière heure.
On l'entoure, et, la main dans celle de Henri,
A ses chers compagnons son visage a souri :
« Amis, dit-il, adieu : ma tâche est terminée.
« Le ciel à peu d'efforts sans doute l'a bornée!
« Respectons ses desseins : vous, plus heureux que moi,
« Combattez plus longtemps pour le trône et la Foi.
« Puissiez-vous triompher, dans cette œuvre chrétienne!
« Mais voulez-vous, amis, que le ciel vous soutienne?
« Grâce aux vaincus : joignez à l'intrépidité,
« Mon cœur l'attend de vous, joignez l'humanité!...
« Encore un mot, voici ma volonté dernière :
« Epargnez les honneurs à ma froide poussière.
« Qu'une tombe, à l'écart, sans nom, sans ornement,
« De mes restes mortels soit l'humble monument. »
Et, voyant s'approcher le pasteur du Refuge :

« Adieu, braves amis : devant le divin Juge
« Je vais paraître, adieu! Prêts à nous séparer,
« A ce suprême instant laissez-moi préparer ;
« Laissez ma tendre sœur me fermer la paupière!... »
On obéit: au ciel son ardente prière
Comme un parfum s'élève, et le cœur du guerrier
Se confie au bon prêtre et s'ouvre tout entier.
Un doute le tourmente, au terme de la vie :
« Cette cause, dit-il, que mon glaive a servie,
« Cette cause était juste, était sainte à mes yeux...
« Si pourtant nos combats ont offensé les cieux !
« Si la guerre civile est toujours criminelle!...
« Daigne, daigne, Seigneur, ta bonté paternelle
« Sur ton coupable fils étendre ses pardons!...
— « Heureux qui de sa grâce a mérité les dons!
« Dit le prêtre : il est vrai, la voix de la patrie,
« La voix du sang versé, jusqu'à Dieu monte et crie.
« Mais ton cœur était pur, ô mon fils! je t'absous ;
« Et Dieu fera le reste : il nous jugera tous !
« Espérons!.. » Le mourant, dont la force est éteinte,
De l'azyme céleste et de l'onction sainte
Reçoit, avec ferveur, les secours empressés...
La mort saisit sa proie, et de ses doigts glacés
Sur l'auguste victime on voit la trace à peine.
La face du héros est tranquille et sereine ;
Dans les bras d'Angéline et de son digne époux,
Il expire, il s'endort d'un sommeil calme et doux :
L'âme, rayon divin, de la mort est exempte,
Et, déjà dans le ciel, devant Dieu se présente.

Il était nuit: Silvain, près des restes sacrés,

Angéline, ô douleur! tous deux veillent, navrés!
Le camp gémit, la foule, autour, se désespère :
Tous pleurent un ami ; le soldat pleure un père,
Et la Vendée un saint!.. O nuit! cruelle nuit!
Non moins triste, le jour qui lentement la suit!
Partout on se lamente, et la douleur commune,
Vive et profonde, atteste une grande infortune.
Touchés de ce trépas, les Bleus en ont gémi,
Et pleurent, en Lescure, un loyal ennemi.
Nul appareil ; cette ombre à jamais vénérée,
Comme celle du pauvre, est sans pompe honorée :
Ses vœux sont accomplis. Fougères, du héros
Garde le noble cœur, dans le champ du repos;
Et le corps embaumé, précieuse relique,
Suit, au milieu des rangs, l'Idole catholique.
L'héroïne et Silvain, et leur escorte, en deuil,
Près du funèbre char, protégent le cercueil.
Mais de l'affreuse guerre ils craignent les outrages ;
Et leur zèle pieux, la nuit, sous des ombrages,
Choisit un sûr asile, en des lieux retirés,
Où ces restes si chers reposent ignorés.
Là coule un frais ruisseau, dont le triste murmure
Tout bas semble parler aux mânes de Lescure;
L'oiseau qui là s'égare, a des sons plus touchans,
Et tout se montre ému, dans ces paisibles champs.

L'armée était en marche, et son ardent courage,
Partout victorieux, se frayait un passage,
Et de gloire, en courant, faisait ample moisson :
Elle a traversé Dol, enlevé Pontorson,

CHANT VIII.

Et, domptant Saint-Michel, qui domine les ondes,
Le géant de granit, aux entrailles profondes,
Arraché les captifs de ses flancs ténébreux ;
Puis, laissant les blessés, ce peuple malheureux,
Foule immense avec soin dans Avranches gardée,
Elle hâte sa course, et la fière Vendée,
Qui ne prend jusqu'au but ni sommeil ni repos,
Sous les murs de Granville arbore ses drapeaux.

Granville, sur le roc, prêt à livrer bataille,
Au nord, au sud oppose une épaisse muraille.
Site unique : au levant, est la porte de fer,
Et d'un côté, le port, et la plage et la mer ;
De l'autre, une rivière, à l'industrie utile (1),
Au fond d'une vallée, agréable et fertile,
Où l'heureux citadin, en ses jours de loisir,
A l'ombre se délasse et se livre au plaisir.
Aujourd'hui, c'est la guerre ! Au premier cri d'alarme,
La Liberté répond : tout s'agite et tout s'arme.
Carpentier, accouru de la Convention,
Commande, agit, partout donne l'impulsion,
Et quelques régimens, en qui la ville espère,
Brave élite, pour chef ont l'intrépide Peyre.
La place voit sans peur, couvrant les alentours,
Tous ces flots d'ennemis, maîtres de ses faubourgs.

Cependant la nuit vient, et son ombre est épaisse ;
Mais la nuit, la fatigue, à l'ardeur qui les presse

---

(1) Le Bosc, petite rivière, qui fait tourner des moulins, dans une vallée où, le dimanche, les Granvillais vont se promener, danser et boire. (Fr. GRILLE.)

Tout cède : un feu terrible éclate, sans retards,
Du camp de la Vendée et du haut des remparts.
Ici la fusillade, et là l'airain qui tonne :
Affreux concert! Ce bruit, dont l'Océan s'étonne,
L'irrite, le soulève, et ses flots écumans
Y répondent soudain par leurs mugissemens.
Au milieu des transports que ce tumulte excite,
L'Insurgé, que le cœur, que la nuit sollicite,
Ne connaît point d'obstacle, et veut tenter l'assaut!
Pour ce hardi projet les moyens font défaut,
Nul instrument : n'importe! ils ont pour eux l'audace,
L'adresse, ils sauront bien pénétrer dans la place;
Et ces nouveaux Titans, rivalisant d'efforts,
Vont porter leur attaque aux endroits les plus forts.
Le fer qui suit le fer, échelle merveilleuse (1),
Présente à l'assaillant sa route périlleuse.
Prompt et leste, il s'élance à ce nouveau chemin :
Le pied succède au pied, et la main à la main.
Les balles, les pavés, effroyable tempête,
Et l'eau bouillante à flots en vain pleut sur leur tête :
Rien ne peut arrêter ces hommes courageux,
Et pour eux les périls et la mort sont des jeux!
Tels couraient à l'assaut, et moins vaillans peut-être,
Ceux que vit Ilion dans ses champs apparaître,
Les hommes d'autrefois, des dieux mêmes rivaux,
Dont le divin Homère a chanté les travaux.

Un essaim de guerriers monte, avance à la file :

---

(1) Les Vendéens, manquant d'échelles, en improvisèrent avec leurs baïonnettes, enfoncées dans les jointures des pierres.

CHANT VIII.

Guéri de sa blessure, aussi brave qu'agile,
Silvain est à leur tête, il touche aux parapets...
Tout à coup la fumée, en tourbillons épais,
S'élève, enveloppant leur troupe si hardie :
Dans le faubourg éclate un immense incendie.
Et par un coup fatal Silvain est repoussé ;
Sous un débris de roche il tombe renversé,
Et, roulant du rempart, avec l'énorme pierre,
Demeure évanoui longtemps sur la poussière.
Par les flammes chassés, tous ces fiers assaillans
Descendent; les progrès du feu sont effrayans,
Ils arrêtent l'assaut, désormais impossible :
Le faubourg tout entier brûle, spectacle horrible!
Les Brigands, à l'abri, s'y tenaient enfermés ;
Et la place, jetant des boulets enflammés,
Écrase l'ennemi, détruit son embuscade,
Et triomphe, à la fois, de sa vaine escalade.
Quelle nuit! quel tumulte! une affreuse lueur
Se réfléchit au loin sur la mer en fureur,
Et le flambeau du jour, en dissipant les ombres,
N'éclaire qu'un amas de cendre et de décombres!

A cet aspect, Henri recueille tous ses sens.
Près de lui sont les chefs, de rage frémissans :
« Général! dit Stofflet, usons de représailles;
« Renvoyons l'incendie au sein de leurs murailles.
« Ordonnez, et le feu, lancé de toutes parts,
« Bientôt nous ouvrira ces superbes remparts! »
— « Non, non : à l'ennemi cet indigne avantage!
« A ceux qui n'ont laissé, dans notre cher Bocage,

« Que des monceaux de cendre et des débris affreux!
« Mais nous, dans notre exil, soyons grands, généreux;
« Et que par le malheur nos âmes retrempées
« Ne cherchent le salut qu'au bout de nos épées!
« Retournons au combat : tâchons de mériter
« L'appui du saint martyr qui vient de nous quitter,
« Et qui, du haut des cieux, nous regarde sans doute! »
Et, les yeux sur la mer, Henri soudain ajoute :
« La mer est basse : amis! profitons du reflux.
« Puisqu'ici nos efforts deviennent superflus,
« Gagnons le quai : là-bas que le ciel nous assiste;
« Sur la ville, à revers, tombons à l'improviste! »

Du côté de la plage un accès l'a frappé :
Là point de défenseurs. Sur le roc escarpé
Monte un sentier à pic, route ardue et déserte,
Et praticable à peine au pied le plus alerte.
Mais l'audace peut tout; et, par elle guidé,
On gravit, on arrive au lieu le moins gardé,
Et l'on pénètre, à dos, dans la place surprise :
« Compagnons! dit Henri, tentons cette entreprise! »
Il s'élance; les chefs les plus audacieux
Affrontent, avec lui, le rocher sourcilleux,
Et bientôt de la pente ils atteignent la cime.
Les plus hardis soldats, que leur exemple anime,
Osent, d'un même élan, franchir le mont altier;
Mais le reste, à l'aspect du terrible sentier,
Recule d'épouvante, et cent braves à peine
Pour les suivre ont assez de courage et d'haleine.
Leur troupe cependant, loin de se rebuter,

CHANT VIII.

S'avance, et les périls ne font que l'exciter,
Quand des canons du port l'explosion cruelle
Dans sa marche soudain l'arrête et la décèle.
Peyre accourt; l'Insurgé, dont l'espoir est trahi,
Retourne sur ses pas, vivement assailli,
Et, sans perdre un des siens, le héros qui les guide
Ramène dans le camp sa phalange intrépide.

L'ardeur des assiégeans ne se ralentit point;
Cet échec la ranime, et sur un autre point
Avec plus de fureur l'attaque recommence.
Tout à coup l'incendie étend son aile immense :
Des débris du faubourg, avec rapidité,
En mugissant il sort et gagne la cité;
Et, servant l'ennemi, la flamme vengeresse,
Dragon étincelant, contre elle se redresse.
Devant tous ces périls, Peyre, indomptable cœur,
Habile chef, déploie une rare vigueur.
Sa voix, de la mitraille excitant la furie,
Semble prêter une âme à chaque batterie;
La place est toute en feu : la mort, en mille éclats,
De cet ardent brasier jaillit avec fracas.
L'arsenal vendéen, avec non moins de rage,
Rend éclair pour éclair, dans cet affreux orage.
Marie-Jeanne étincèle et fume de courroux,
Et porte à l'ennemi les plus terribles coups.
Elle règne, au sommet d'une haute colline :
Le paysan surpris croit qu'une main divine
Dans les airs la dirige, et l'Idole, à ses yeux,
Paraît lancer la foudre, en tonnant près des cieux.

Miracle ! elle a frappé le rempart, qui s'écroule ;
Une brèche est ouverte, et l'assaillant en foule
S'y précipite : il monte, il redouble d'efforts,
Il entre, et dans la ville un combat corps à corps,
Une lutte acharnée et sanglante s'engage.
Les assiégés au nombre opposent le courage ;
Carpentier les enflamme, et le peuple exalté,
Le soldat qu'affermit la voix du député,
Tout se mêle au combat ; Peyre y fait des prodiges ;
Leurs pieds, sur le pavé, foulent d'affreux vestiges,
Mais comment contenir ces flots envahissans,
Qui viennent du dehors, toujours plus menaçans ?
La place est épuisée, et sa défense est vaine,
Quand s'arrête soudain la fureur vendéenne...
Le cri *Sauve qui peut !* par un traître jeté,
Retentit, dans les rangs par l'effroi répété.
Et le flot qui montait subitement recule,
Rebrousse, entraîne tout... Sur la foule crédule
Cette alarme perfide a produit son effet !
Et vainement le traître, expiant son forfait,
Tombe immolé : l'armée, à ses chefs infidèle,
Sourde à leur voix, déserte ; et la peur, devant elle,
Chasse et disperse au loin, confusément épars,
Les armes, les drapeaux, les canons et les chars !
Frappé des visions que la Manche redoute (¹),

---

(1) La Manche est, dans les campagnes, le pays par excellence des superstitions. On y croit aux sorciers, aux devins, aux fées, aux apparitions d'esprits sous toutes les formes, au nombre desquelles on cite comme les plus effrayantes : le Moine de Saire, et la Milloraine ou Demoiselle, fantôme blanc et gigantesque, qui grandit à mesure qu'on en approche, et qui, en fuyant, fait un bruit pareil à l'ouragan ou au tonnerre, en agitant les feuilles des arbres.

L'esprit des Vendéens est fasciné sans doute,
Et l'armée a cru voir ou le Moine maudit,
Ou le Fantôme blanc, que chaque pas grandit,
Et dont la voix puissante a l'éclat du tonnerre !
La peur, qui la poursuit, la peur imaginaire,
Vers Avranches l'emporte, et les chefs, sans pouvoir,
A rallier leurs corps bornent tout leur espoir.

Mais toujours on se bat dans la ville assiégée ;
Une troupe vaillante y demeure engagée,
Et ces cœurs généreux ne se démontent pas,
Sûrs de trouver au moins un glorieux trépas,
Qui doit conduire au ciel, où leur courage aspire !
Angéline les guide, et l'ardeur qui l'inspire,
Plus vive que jamais, de ses divins rayons
Illumine et soutient ses braves compagnons.
Sa main tient le drapeau, gage de la victoire,
Et tout brillant encor de sa récente gloire.
Mais le sort s'est lassé : trop faibles, aujourd'hui,
Que peuvent ces guerriers, rangés autour de lui !
Déployer un vain zèle, un dévouement stérile !
L'armée est loin ; l'Anglais, sur les flots immobile,
Lui qui les appela, qui les doit secourir,
Dans ses ports se retire... Ils n'ont plus qu'à mourir !
Et soudain l'héroïne, ardente, échevelée,
Se jette et les entraîne au fort de la mêlée ;
Tous, comme des martyrs, ils courent à la mort !
C'en est fait !... Quel secours leur apporte le sort ?
Silvain a rassemblé quelques hommes d'élite,
Pour vaincre ? Le peut-il, quand l'armée est en fuite ?

Non, mais pour arracher à la fureur des Bleus
Angéline et les siens, ou mourir avec eux !
Tel fond sur des vautours l'aigle à la voix perçante,
Pour sauver ses aiglons, dont la mère est absente ;
De ses braves suivi, tel on entend crier,
Tel s'élance au combat le terrible guerrier.
Avec tant de fureur son glaive redoutable
Luit et frappe ; et si prompt est ce choc formidable,
Que la lutte s'arrête, et les fiers combattans
Se séparent, de rage et d'effroi palpitans !
Ainsi, dans un ciel noir, la foudre éclate et brise
Le nuage brûlant, que sa flamme divise.
La mêlée est rompue, et l'intrépide époux,
Défiant l'ennemi, soutenant tous ses coups,
Vers la brèche l'attire, à pas lents fait retraite ;
La troupe qu'il protége au péril est soustraite,
Et, déjà hors des murs, elle appuie, à son tour,
Silvain, qui tient encor, quand l'ombre est de retour.
De ses voiles épais la nuit le favorise ;
Mais l'ennemi l'accable, et sa force s'épuise.
Sanglant, percé de coups, fier d'un exploit si grand,
A ceux qu'il a sauvés il arrive expirant,
Tombe aux pieds d'Angéline, au sein de l'ombre obscure,
Et ne dit que ces mots : « Je vais joindre Lescure...
« Adieu !... » Puis sa belle âme, ainsi qu'une vapeur,
Quitte la terre... et tous sont muets de stupeur !
Mais les momens sont chers : l'ennemi, le temps presse ;
Épouse, amis, soldats, que la douleur oppresse,
Profitant de la nuit, étouffant leurs sanglots,

Se hâtent d'enlever les restes du héros.

Près d'Avranches, à l'aube, ils rejoignent l'armée,
Qui, du sort de Silvain tout à coup informée,
Pousse un profond soupir, un lamentable cri ;
Mais, en voyant ce corps ensanglanté, meurtri,
Ses regrets, sa douleur n'ont plus de retenue :
L'armée ouvre les yeux, au calme revenue,
Et, comme repoussant un songe plein d'horreur,
Avec des pleurs amers, rougit de sa terreur !
Elle pleure, en voyant l'inconsolable veuve
Qui supporte en héros cette nouvelle épreuve.
Les yeux levés au ciel, sa profonde douleur
Se peint dans tous ses traits, si touchans de pâleur ;
Le ciel est son recours, et la foi qui l'enflamme
Sur des ailes de feu semble y ravir son âme,
De ce monde meilleur lui promettant les biens,
Quand la mort ici-bas rompt ses plus doux liens.
Son cœur saigne pourtant et gémit, s'il espère !
Cruelle destinée ! hier, c'était son frère,
Aujourd'hui son époux qui meurt entre ses bras,
Et qui, pour la sauver, se dévoue au trépas !
L'héroïne, soumise aux volontés célestes,
Rend les pieux devoirs qu'elle doit à ses restes ;
Le cœur dirige tout : point d'honneurs fastueux,
De vaine pompe ; un deuil simple et respectueux,
Noble et touchant hommage, où de sincères larmes
Coulent pour un époux et pour un frère d'armes,
Qu'une escorte fidèle, au milieu de la nuit,
A côté de Lescure en silence conduit.

Obscur et saint asile, où reposent ensemble
Ceux qu'une main si chère, inquiète, y rassemble,
Victimes de leur zèle, et, par un sort fatal,
Avant l'âge emportés, loin du pays natal !

La Ligue a réuni ses troupes dispersées,
Mais l'Insurgé se livre à de sombres pensées.
Sur le sol étranger toujours victorieux,
Après tant de succès, tant d'exploits glorieux,
Il tombe : et quel revers, quelle chute rapide !
La France est contre lui ; l'Anglais, l'Anglais perfide,
L'appelle, et du combat, qu'il contemple de loin,
Pendant deux jours, demeure impassible témoin !
Les chefs s'en vont, frappés eux-mêmes par la guerre :
Ainsi tout l'abandonne, et le ciel et la terre.
Plus d'espoir !... Aux tourmens d'un affreux avenir
Des doux champs paternels se joint le souvenir !
Et déjà les regrets, les murmures, les plaintes
De projets avortés, et de promesses feintes,
S'élèvent dans l'armée, où la foi s'affaiblit,
Quand l'ordre avec effort à peine s'établit.
Henri cherche soudain à détourner l'orage,
Et, de ses compagnons relevant le courage :
« Pourquoi donc, mes amis, pourquoi désespérer ?
« Dit-il : un seul échec doit-il nous atterrer ?
« Ce qu'avant nous étions, nous le sommes encore !
« Une perte, il est vrai, que tout le camp déplore,
« Une perte cruelle a terminé l'assaut ;
« Mais ce nouveau martyr pour nous veille là-haut.
« Le Ciel à nos projets est toujours favorable ;

CHANT VIII.

« Et d'un lâche abandon l'Anglais n'est point coupable.
« Non : il était sur mer, prêt à nous seconder ;
« La tempête empêcha ses vaisseaux d'aborder.
« Amis ! pour notre cause, il est des sympathies,
« Qui dorment dans les cœurs, par la crainte amorties,
« Et n'attendent que nous pour se manifester :
« Marchons ! à notre vue elles vont éclater.
« Et, forts de cet appui, nos drapeaux, avec gloire,
« Reprendront, aussitôt, les chemins de la Loire ! »

Il dit, et du départ ordonne le signal :
Dans ses hardis projets, l'habile général,
Pour dissiper l'ennui, qui rend le camp si morne,
Les conduit sur les bords de la Vire et de l'Orne,
Dans cet autre Bocage, au sol accidenté,
Comme le cher pays par eux si regretté !
Il se hâte, il espère y retremper leur zèle,
Et trouver, pour sa cause, un allié fidèle
Dans le peuple rustique, habitant de ces bords,
Qui ne cède jamais, et se plaît aux discords.
Mais l'ennui dévorant, où se plonge l'armée,
La rend sourde à l'appel de cette voix aimée :
Une troupe d'élite à peine suit Henri ;
Tout le reste demeure, et, de chagrins nourri,
Au doux pays natal attache sa pensée !
Le jour, près de la mer, sur les bords de la Sée (1),
Par groupes, on les voit errer silencieux,
Tristes, tantôt priant et regardant les cieux,

---

(1) Rivière qui coule près d'Avranches.

Et tantôt contemplant, à genoux sur la rive,
Cette mer vaste et nue, où nul secours n'arrive !
Honteux de succomber à cet abattement,
Les plus vaillans soldats résistent vainement :
Tout cède à sa langueur, mal profond, incurable,
Qui travaille surtout ce peuple misérable,
Vieillards, femmes, enfans, dont l'exil est affreux,
Sans force pour souffrir, et de cris douloureux
Remplissant la campagne, où leur troupe effarée
Se jette avec fureur, par la faim torturée.
Puis cette foule au camp revient se lamenter,
Et la rébellion commence à fermenter.

Les chefs sont effrayés : avec hâte et mystère,
Talmont tente un effort auprès de l'Angleterre.
La nuit venue, il part, et, d'un essaim nombreux
Marchant accompagné, sous le ciel ténébreux,
Gagne en secret la mer, où, non loin de la plage,
Les vaisseaux d'Albion attendaient au mouillage.
Mais le camp, qui s'éveille aux lueurs du matin,
Apprenant de Talmont le départ clandestin,
S'inquiète, s'agite, et des soupçons infâmes
Se glissent aussitôt dans ces crédules âmes.
Le fier Stofflet les pousse à la sédition,
Et Bernier, le suppôt de son ambition,
Perfidement le sert, ambitieux lui-même.
Stofflet, depuis longtemps, aspire au rang suprême :
Son orgueil plébéien, haineux, sombre et jaloux,
Déteste ses rivaux, La Trémouille, entre tous,
Le premier par l'éclat de sa haute naissance.

CHANT VIII.

De ce héros, sans preuve, il condamne l'absence,
De ses chevaux s'empare, et veut que sur-le-champ
On l'arrête lui-même et le ramène au camp ;
Et, par ses cavaliers, l'insolent garde-chasse
Du prince fugitif fait rechercher la trace.
Il veut que tout fléchisse, à ses ordres soumis :
Le trésor de l'armée en ses mains est remis,
Déjà même aux soldats il en fait le partage...
Mais, rougissant de honte à cet affreux pillage,
Les chefs ne souffrent pas qu'on délivre les parts !
Des cris tumultueux, alors, de toutes parts,
Éclatent : plus de frein, le soldat se mutine ;
Et, maîtresse du camp, la Discorde intestine
Fait pâlir de frayeur ses propres artisans.
« Que tardons-nous encor, disent les paysans ?
« Il faut partir : fuyons une terre maudite ;
« Et si l'honneur des chefs à nous conduire hésite,
« Nous saurons bien, sans eux, abandonnés, trahis,
« Nous ouvrir des chemins jusqu'à notre pays ! »

De ce trouble informé, Henri fait diligence :
Il vient, entend des cris de rage et de vengeance,
Voit le camp révolté, les soldats furieux,
Qui l'entourent soudain de flots séditieux.
Ils accusent Talmont, et lui de le défendre :
« Devons-nous, leur dit-il, condamner sans entendre ?... »
Un tumulte effrayant l'empêche d'achever :
« Le crime est évident ! pourrait-il s'en laver ?
« Un traître ! un déserteur ! qui, maintenant tranquille,
« Aborde en Angleterre, et trouve un sûr asile !

« Tous suivront son exemple, et nous voilà livrés
« A la merci des Bleus, de vengeance enivrés! »

Avec ses compagnons, le héros, qu'on insulte,
Tout à coup se présente, au milieu du tumulte.
La troupe de Stofflet ne l'a pas rencontré.
Majestueux et calme, à peine il s'est montré,
On se tait, on écoute, et le prince raconte
Son expédition, aussi noble que prompte :
« Mes compagnons et moi, que d'un mot je défends,
« Nous venons d'embarquer des femmes, des enfans,
« Des prêtres malheureux... Voilà notre conduite.
« Nous fuir! nous déserter! le lâche prend la fuite!
« Nous, à tous vos périls vous nous verrez courir,
« Et vivre avec l'armée, avec elle mourir!...
« Notre absence du camp devait-elle surprendre?
« Comment sur nos desseins a-t-on pu se méprendre?
« Chevaux et vêtemens, nous avions tout laissé.
« Justice, général! notre honneur est blessé ;
« L'outrage est manifeste, et l'injure sanglante :
« Justice! on nous la doit pleine, entière, éclatante! »

Au récit de Talmont, ce grand soulèvement,
Ce courroux effréné s'apaise en un moment.
Une acclamation chaleureuse, unanime,
S'élève, et le soldat loyalement exprime
Sa douleur, ses regrets d'injurieux soupçons ;
Il en verse des pleurs!... « Mes amis! repoussons
« Le triste souvenir d'un moment de vertige,
« S'est écrié Henri, que ce débat afflige!

« Dans l'intérêt commun, que tout soit effacé,
« Et, d'un cœur généreux, oublions le passé.
« Bannissons la discorde : à des fautes nouvelles
« Bientôt nous conduiraient ces funestes querelles.
« Réparons nos revers, et marchons désormais
« Au but de nos desseins, plus unis que jamais ! »
Il dit, l'armée entend cet appel qui la touche.
Tout s'oublie; et Stofflet, dans un dépit farouche,
Forcé de proclamer son rival innocent,
Aux acclamations se joint en frémissant.

Mais, parmi ces transports, au fond de cette joie,
Se réveille le mal où l'armée est en proie :
Ce regret du pays, indomptable désir,
Qui des cœurs dans l'ivresse attriste le plaisir.
« Retournons, disent-ils, retournons au Bocage ! »
Le prudent général n'attend pas davantage :
D'un instant de retard il voit tous les dangers.
Le Conseil délibère, et l'attaque d'Angers,
Aux soldats annoncée, enflamme leur vaillance,
Et répond à leurs vœux, à leur impatience.
Les obstacles sont grands, les chemins périlleux !
N'importe : ainsi le veut le sort impérieux.
De ces remparts en vain tout leur ferme l'entrée :
Là-bas, à l'horizon, est la douce contrée,
La terre où les rappelle un amour délirant,
Et qu'ils voudraient au moins regarder en mourant !

FIN DU VIIIe CHANT.

CHANT IX.

CHANT IX.

Déjà, quittant le sol de l'antique Neustrie,
L'Insurgé s'en retourne aux champs de la patrie;
Transporté d'allégresse, il vole et ne voit pas
Les périls qui bientôt vont naître sous ses pas.
Tel un vaisseau, jeté sur une onde lointaine,
Battu des vents, et las de sa course incertaine,
Revient joyeux au port, bravant, pour aborder,
Les écueils et la mer qui commence à gronder.

Et, chez leurs ennemis, la discorde et l'intrigue,
La haine, vont prêter des forces à la Ligue.
Mayence désunie et ses rangs dispersés
Pleurant de fiers soldats, des chefs, morts ou blessés;
Westermann et Marceau, Kléber, qu'on humilie;
Et leur ami si brave, ô suprême folie!
Merlin absent!... Prieur, exalté montagnard,
Ceint de l'écharpe, armé du sabre et du poignard,
Prieur vient, et soudain au galop il s'élance;
A travers les fourgons, les affûts, l'ambulance,

Il court, bouillant de zèle, empressé, haletant ;
Il court, et, sans rien voir, il va tout visitant,
Cavaliers, fantassins, avant-garde et réserve.
Rêveur illuminé, quand s'échauffe sa verve,
Il voit la République, aux bords les plus lointains,
Triomphante, accomplir de merveilleux destins,
Et flotter en tous lieux le drapeau tricolore,
A Rome, à Vienne, au Caire, au Kremlin, au Bosphore !
Esprit vif et léger, dans un robuste corps,
Il charme, il éblouit par ses brillans dehors.
Mais bientôt le soldat, malgré cette magie,
Regrette le tribun, dont l'austère énergie,
Dont la voix mâle et fière, et l'indomptable cœur,
Soutenaient son courage, avec tant de vigueur.

Contre les Vendéens s'avancent deux armées,
Qui, pour venger Entrasme, à la hâte formées,
Aux bords de la Vilaine unissent leurs drapeaux,
Et d'une égale ardeur s'arrachent au repos.
Qui les commandera ? Rossignol, qu'on désigne,
Est lui-même effrayé de cet honneur insigne :
« Y pensez-vous, dit-il, et n'est-ce pas un jeu ?
« Moi ! je peux bien mener un bataillon au feu ;
« Mais conduire une armée, et diriger la guerre !... »
— « Va, notre confiance en ton zèle est entière,
« S'est écrié soudain Prieur, en l'embrassant :
« Bannis de ton esprit tout soin embarrassant.
« Patriote éprouvé, cœur pur, exempt de feinte,
« Ton zèle nous suffit, digne ami ! sois sans crainte.
« N'es-tu pas notre orgueil ? Ne sais-tu pas, enfin,

« Que de la République on te dit le dauphin?
« Toi, le fruit le plus cher sorti de ses entrailles,
« A toi de commander! » — « Mais, citoyen! tu railles :
« Quels termes! Non, vois-tu, je ne puis m'abuser,
« Et je sens le fardeau qui sur moi va peser :
« De la guerre, après tout, c'est moi qui vais répondre!... »
— « Toi, répondre! non, non : garde-toi de confondre.
« Voici les rôles : Toi, le drapeau, le fanal,
« Tu mets en mouvement, tu donnes le signal ;
« Et l'armée, à ta voix, s'élance obéissante,
« Et reçoit de ton bras l'impulsion puissante.
« Ceux-là, les généraux, habiles, tu le sais,
« A tes ordres soumis, répondent du succès.
« Vainqueurs, à toi la gloire! et vaincus, la défaite
« Les regarde : ils païront, si tu perds, de leur tête! »

Il dit : les généraux ont souri de pitié ;
Et cet affreux langage est bientôt châtié.
Il faut tracer la marche, et régler la campagne ;
Ce chef si dévoué, si cher à la Montagne,
Se récuse, impuissant : tous les yeux, à la fois,
Se portent sur Prieur, qui rougit d'un tel choix ;
Et Kléber, dédaignant une atroce menace,
Épargne à Rossignol le plan qui l'embarrasse.
« Représentans, dit-il, voici mon sentiment :
« Que Marceau du combat ait le commandement,
« Qu'il dirige ; à Billy donnez l'artillerie,
« Et placez Westermann à la cavalerie ;
« Tous enfin, sous le chef que vous avez élu,
« Nous marcherons! » Le plan est ainsi résolu ;

Et, fier du titre vain que Prieur lui défère,
Incapable d'agir, Rossignol laisse faire.
Le désordre est partout, et d'un chaos pareil
Comment sortir? Marceau, de Kléber prend conseil;
Et cet intime accord de deux âmes si pures
Prépare le succès, par de promptes mesures :
Heureux si l'imprudence et les rivalités
Ne renversent les plans qu'ils auront médités!

Et déjà l'Insurgé, se frayant un passage,
Dans sa course, remporte un facile avantage.
Thiboust, le Jacobin, avait, sur le Couesnon,
Quatre mille soldats, dix bouches de canon,
Et là, dans les marais, couvert par la rivière,
Pouvait tenir un mois, contre une armée entière.
Mais ce chef inhabile en avant s'est porté;
Et, dès le premier choc, repoussé, culbuté,
Il fuit, et l'ennemi, sans brûler une amorce,
Se rejetant sur Dol, le prend de vive force.
Prélude heureux, qui vient secourir le vainqueur,
Et contre les besoins fortifier son cœur.
Mais sous le poids des maux tout succombe : l'armée,
La foule qui la suit, multitude affamée,
Pareilles, dans leur marche, à ces fléaux ailés,
Qui s'abattent parfois dans nos champs désolés,
Et dont le noir essaim, comme un épais nuage,
Les couvre, dévorant récoltes et feuillage.
Quand il voit dans ses murs affluer ce concours,
Dol s'effraie et pour eux s'épuise en vains secours.
Le moyen d'assouvir tant de bouches avides?

Dans un moment, au loin, tous les greniers sont vides,
Et ce peuple, aux abois, des plus vils alimens
S'arrache les débris, avec des hurlemens.
Partout on se lamente : ici des cris d'angoisse,
Là des cris de fureur ! Il est telle paroisse,
O douleur ! qui n'a pas mangé depuis deux jours !...
Dieu, les saints, qu'on invoque, à leurs voix restent sourds.
La faim, d'horribles maux, la saison rigoureuse,
Tout les accable et rend leur destinée affreuse.
L'automne fuit, déjà l'hiver l'a remplacé,
Triste et froid : sous un ciel pluvieux et glacé,
Ils gisent, sans abris, quand la nuit est venue,
Ou sur la paille humide, ou sur la terre nue,
Pareils à des troupeaux, malades et souffrans.
Le sort n'épargne rien, le sexe ni les rangs,
Et marquise et comtesse, au luxe habituées,
S'étendent sur le sol, pâles, exténuées,
Affreuses de maigreur, sous de brillans haillons,
Dans la fange, pieds nus, parmi les bataillons,
Courant du même pas, puis se mettant en quête
Sur l'heure, sans repos, quand leur marche s'arrête,
Et, comme le soldat, préparant au foyer
Les mets que le hasard daigne leur octroyer.
C'est peu : le paysan, aigri par la misère,
Dépouillant tout respect, les repousse en colère,
Et les cris insultans, les menaces de mort,
Viennent mettre le comble à cet horrible sort !

Bernier, dans ce désordre, affectant l'assurance,
Veut, à l'aide du Ciel, ranimer l'espérance,

Et l'évêque d'Agra, des prêtres assisté,
A Vêpres, officie avec solennité.
Imprudent qui se perd ! les femmes de la ville
Ont reconnu d'abord Guyot de Folleville,
Lui qui fut leur pasteur et qui, prêtre apostat,
Se lia par serment à la loi de l'État.
Par leur bouche aussitôt la fraude se révèle :
« Ce n'est pas un évêque ! » Étonnante nouvelle,
Qui dans le camp royal, déjà si tourmenté,
Répand, comme l'éclair, une affreuse clarté.
Bernier pâlit ; l'horreur sur tous les fronts est peinte :
Quel effroyable abus d'une chose si sainte !
Les chefs tiennent conseil ; un cri réprobateur
Soudain s'élève : Il faut fusiller l'imposteur !
La foule, à ce forfait, dans sa rage implacable,
Impute tous les maux dont le Ciel les accable,
Et, sans être entendu, le prêtre infortuné,
Victime expiatoire, est déjà condamné.
Bernier se tait ; et seule, Angéline proteste :
« Que faites-vous, dit-elle ? et par ce coup funeste,
« O peuple malheureux ! n'allez-vous pas sur vous
« Du Ciel, qui vous regarde, attirer le courroux ?
« Croyez-moi, respectez du moins le caractère.
« Dieu le veut : de nos cœurs il connaît le mystère ;
« Et l'homme criminel ne saurait échapper
« A ce bras qui punit, sans jamais se tromper.
« Ah ! laissez donc agir la céleste Justice ;
« Craignez de l'irriter par un tel sacrifice,
« Et dans le sang d'un prêtre, ô fragiles humains !
« Vous, sujets à l'erreur, ne trempez pas vos mains ! »

Et l'accent inspiré de l'auguste héroïne
Fait craindre au paysan la vengeance divine :
Le peuple ému, frémit, l'œil sur elle attaché !
Le prêtre, en ce moment, de l'autel arraché,
Est traîné devant eux, avouant son faux titre ;
Soudain on le dépouille, et la crosse, la mitre,
Les vêtemens sacrés, frauduleux appareil,
Tout tombe... Sa défense attendrit le Conseil :
Le malheureux vivra... Mais quel sort déplorable !
Il vivra dans l'opprobre, errant et misérable,
L'air égaré, stupide ; et, saisi près du Mans,
Il ira, de sa tête, expier ses sermens !

Cependant la Vendée au combat se prépare ;
L'ennemi vient : Henri, sans l'attendre, s'empare
Des postes que Thiboust a livrés en fuyant.
Le jeune capitaine, actif et prévoyant,
Déploie une sagesse à son ardeur égale.
Dol qu'il occupe, au fond du golfe de Cancale,
Dol au nord se défend, par la mer protégé,
Et par le mont voisin, de ses bois ombragé,
Formidable retraite où, gardant chaque issue,
L'élite des tireurs s'embusque inaperçue.
De la ville, autre part, cinq routes débouchant
Vont à l'est, au midi, conduisent au couchant.
Sur tous ces points, l'armée, à la guerre assouplie,
Serpent à mille anneaux, s'étend et se replie,
Puis attend le combat : les généraux entre eux
Se partagent l'honneur des abords dangereux.
Henri commande à gauche, au levant il se place,

Talmont à droite, au centre est le fier Garde-chasse.
Sur eux de tous les chefs les regards sont fixés :
D'un extrême péril se sentant menacés,
Ils veillent attentifs, et leur ferme attitude,
Fière et calme, n'accuse aucune inquiétude,
Cherchant, par un effort d'héroïque vertu,
A redonner courage au soldat abattu.
L'armée est sans vigueur : au nom de la patrie,
Au nom du ciel, en vain on l'exhorte, on la prie.
Elle a vu, tant de fois, le destin la trahir !
De souffrir elle est lasse, et lasse d'obéir.
Les chefs font sentinelle, ils gardent les passages,
Et toujours à cheval ou sur pied, les messages,
Les patrouilles, n'importe, ils sont prêts, et debout
Quand tout dort autour d'eux, ils suffisent à tout.

Il fallait cette ardeur et cette vigilance ;
Des Bleus, à pas pressés, l'avant-garde s'avance.
Kléber occupe Antrain : d'un rapide coup d'œil
Il a saisi des lieux l'avantage et l'écueil,
Et déjà la victoire est mûre dans sa tête,
Tout est prévu ; déjà, les hauteurs à leur faîte,
A ses gués le Couesnon, et dans les alentours
Tout est fortifié, la rivière et les bourgs.
On tient conseil : longtemps, par de vaines paroles,
Le débat se consume en motions frivoles.
Là sont les députés, à défaut de raisons,
Déclamant à l'envi contre les trahisons,
Et, despotes d'un jour, pour imprimer la crainte,
Mêlant la guillotine à la Liberté sainte.

Kléber impatient, et calme toutefois,
Kléber s'écrie enfin : « La Ligue, appui des rois,
« Est à Dol : qu'elle y meure! oui, par nous investie,
« Que là-bas la Révolte expire anéantie !
« Avranches est à nous, et Pontorson, ce soir,
« Ou demain, à son tour tombe en notre pouvoir.
« Nous avons Saint-Malo, tenons Dinan, Hédée :
« Ainsi, vous le voyez, autour de la Vendée,
« Puisque, pour complément, nous voilà dans Antrain,
« C'est un cercle vivant de flammes et d'airain !
« Demeurons, l'arme au bras : Westermann bat l'estrade,
« Et Marigny de même, avec notre brigade.
« Ils coupent les convois, et tiennent enfermés
« Pendant trois jours, à Dol, les Brigands affamés ;
« Trois jours de désespoir, d'horreur et de famine,
« Quand déjà le besoin les tenaille et les mine !
« Et l'armée à dompter coûtera peu d'efforts :
« Trois jours épuiseront et la tête et le corps.
« De cinq points différens nos colonnes sur elle
« S'élancent à la fois, pour vider la querelle,
« Et dans une heure au plus ses membres sont broyés :
« Alors, comme un cadavre, elle roule à nos pieds ! »

Il dit, et le Conseil, que frappe l'évidence,
Du brave général applaudit la prudence.
Le projet qu'il expose avec force et clarté,
Tous l'approuvent : sur l'heure il est exécuté.
Et l'ardent Westermann soudain entre en campagne,
Il court à Pontorson ; Marigny l'accompagne,
Prêt à le seconder, avec trois cents chevaux.

Les Bleus touchent enfin au but de leurs travaux !
Le dénoûment prédit n'est douteux pour personne,
Et des Brigands, bientôt, l'heure fatale sonne ;
Déjà de leur dépouille on dispose... En effet,
Le triomphe est aisé, mais rien encor n'est fait.
La fortune est perfide, et ces trois jours d'attente
Se changeront peut-être en défaite éclatante :
L'ambition, sans frein, dans un funeste écart,
Peut tout perdre, et des rois relever l'étendard !

Westermann, agité par ses rêves de gloire,
N'a qu'un but, un désir : l'honneur de la victoire !
Jaloux de ses rivaux, qu'il voudrait éclipser,
Des avis de Kléber doit-il s'embarrasser ?
Maître de Pontorson, il commande, il ordonne,
A ses élans fougueux de nouveau s'abandonne ;
Et, pour attaquer Dol, le jour même, à l'instant,
Il faut partir... En vain, Marigny, l'arrêtant,
Le conjure, effrayé de l'imprudence extrême,
Qui renverse un projet approuvé par lui-même :
« Tais-toi ! répond soudain Westermann furieux ;
« Je suis l'ancien, c'est moi qui commande en ces lieux,
« Et tu dois m'obéir ! » A cette violence
Marigny cède : il part aussitôt, il s'élance ;
Et son zèle, craignant le soupçon de tiédeur,
Deviendra téméraire, en sa bouillante ardeur.
Les hussards, qu'il dirige, et pleins de sa bravoure,
Volent à l'ennemi, comme une chasse à courre,
Lancée, en nos forêts, sur le fier sanglier
Assailli, dès l'aurore, au fond de son hallier :

L'animal, toujours prêt à venger ses offenses,
Hérissant son poil fauve, aiguisant ses défenses,
Se redresse, effrayant, contre meute et chasseurs,
Et dispute sa bauge aux hardis agresseurs.
Tel, ployant sous l'attaque, à la première alerte,
L'Insurgé se retourne ; et bientôt, avec perte,
Marigny, jusqu'à Dol par sa fougue emporté,
Recule : le héros qui garde ce côté,
L'intrépide Henri le force à la retraite,
Et sur les fantassins brusquement le rejette.
Westermann, qui les guide, est lui-même entraîné,
Et, puni d'un orgueil incurable, effréné,
Réduit à se défendre, il fléchit, il rebrousse :
Au delà du Couesnon, l'ennemi le repousse.
Début funeste ! ainsi commencent les trois jours
Dont Kléber, pour la gloire, avait marqué le cours !

Mais que fait Westermann ? Son âme impétueuse
N'en devient que plus vaine et plus présomptueuse.
Il donne à cet échec de brillantes couleurs,
Et, poussant en aveugle à de nouveaux malheurs,
Cache aux Représentans sa honteuse défaite,
Et leur écrit : « Victoire assurée et complète !
« Les Brigands sont perdus, je les tiens : hâtez-vous,
« Et que deux bataillons viennent se joindre à nous.
« A minuit, nous partons : de tous points, que l'armée
« S'avance en même temps, par ses chefs enflammée.
« Je réponds du succès, par elle secondé ;
« Dans un quart d'heure au plus, tout sera décidé ! »
Se peut-il qu'on approuve une attaque pareille ?

Les chefs sont réunis : aucun ne la conseille.
Kléber à tous les yeux en montre le danger,
Et voit à son avis Savary se ranger,
Puis le Nestor du camp, le sage Dambarère,
Repousser avec force un plan si téméraire.
Pas un esprit, enfin, droit, expérimenté,
Qui ne tienne, comme eux, au projet concerté.
Mais Prieur, s'échauffant : « Point de vaines entraves !
« Écoutons Westermann : c'est le brave des braves !
« Non, il n'est pas suspect ! Quoi ! différer nos coups
« Pendant deux jours encore ! A minuit, partons tous.
« Mort aux Brigands ! allons, enfans de la Patrie ! »
Et l'on répète en chœur, on se lève, on s'écrie ;
La voix de la raison n'a plus d'autorité,
Et tout, d'enthousiasme, est soudain arrêté !...

O démence ! Kléber se demande s'il veille,
A les voir, oubliant les projets de la veille,
Courir, avec transport, à des revers certains,
Et qui peuvent changer la face des destins :
« Trois jours auraient suffi, pour triompher sans peine,
« Sans combattre, en tenant la Vendée à la gêne,
« Et tout perdre, se dit le héros consterné !...
« L'ennemi succombait, étroitement cerné :
« A dos la mer, la faim, au dedans, qui l'assiége,
« La faim hâve et livide, et son hideux cortége,
« La fièvre, le scorbut, la misère en haillons,
« Décimant, dévorant ses plus fiers bataillons ;
« Au dehors, la menace et la mort qui le pressent,
« Un mur de feu, d'acier, dont les pointes se dressent...

« Trois jours, et c'était fait! oui, de gloire enivré,
« Et d'une affreuse guerre à jamais délivré,
« Le pays triomphait, heureux, libre et tranquille!... »

Nobles et vains regrets! espérance inutile!
A minuit, tout s'ébranle, accélérant le pas;
Et, rejoint par Amey, Westermann n'attend pas.
Fier d'un pareil secours, il a devancé l'heure :
En silence il marchait; mais le sol, qu'il effleure,
D'un bruit sourd de chevaux et de canons roulans,
Résonne au loin : la Ligue a des chefs vigilans,
Et l'armée est debout, quant l'assaillant arrive.
Il s'avance : deux fois retentit le qui vive!
L'écho seul y répond; et, dans l'air ébranlé,
Soudain le plomb, le fer, en sifflant, ont volé.
L'airain tonne et vomit un nuage de poudre,
Plus noir et plus épais que celui de la foudre.
La fumée et la nuit couvrent les combattans :
Dans les mêmes caissons on puise en même temps;
Au hasard on se mêle; et dans l'ombre les balles
Sans voir portent leurs coups, aveuglément fatales.
Nuit cruelle, qui rend le combat plus affreux;
Et déjà, des deux parts, coule un sang généreux.
Hélas! sous quelles mains? Aux lueurs du salpêtre,
Les ennemis parfois peuvent se reconnaître.
Alors, homme contre homme, avec plus de fureur,
On s'attaque : témoin d'un spectacle d'horreur,
Le sabre à se venger, tout sanglant, s'évertue,
Et sur les pièces même on s'égorge, on se tue.

Les Bleus ont l'avantage, ils gagnent du terrain;

Mais gibernes, caissons, tout s'épuise, et soudain,
Malgré votre bravoure, Enfans de Maine-et-Loire,
Vous par qui du succès brillait déjà la gloire,
Le feu cesse : que faire, en cette extrémité?
Westermann voit l'effet de sa témérité.
Il rugit, il écume, au revers qui s'apprête;
Il accuse Marceau : « Que fait-il? qui l'arrête? »
Dit-il, pâle, effaré, rejetant sur autrui
Les torts que son orgueil doit n'imputer qu'à lui.
L'Insurgé s'enhardit : prompt comme la pensée,
Sur les Républicains il fond tête baissée;
Et le fier Westermann, après de vains exploits,
Est repoussé, défait, une seconde fois.
Il rentre à Pontorson et ramène écrasées
Ses troupes au péril follement exposées,
Laissant tous ses canons aux Vendéens surpris,
Et les morts, les blessés, chers et sanglans débris!...

Sur le champ de bataille, une noble victime
Est gisante : je vais dire un trépas sublime,
Et fait pour émouvoir les âges à venir,
O muse! si tes chants y doivent parvenir!
Cette nuit, sous Duboys, qui vaillamment les guide,
Marchaient les Angevins, bataillon intrépide;
Et Westermann, voyant cette ardeur des combats,
S'écriait : « Nous vaincrons, avec de tels soldats! »
Là brillait un héros, à la fleur de son âge,
Et de qui les talens rehaussaient le courage :
Toi, généreux Cordier, le chef des artilleurs,
Digne d'une autre guerre et de destins meilleurs,

Toi, des Muses l'amour, plein de génie et d'âme!
Tant d'éclat offusquait : dans l'ombre un trait infâme
Contre ce noble cœur par l'envie est lancé,
Et comme Girondin, Cordier est dénoncé.
Il s'indigne, et résiste à cette calomnie :
« Moi Girondin, dit-il : c'est faux, et je le nie :
« Je suis Républicain, et veux que le Pouvoir
« Par l'unité soit fort, et ferme en son devoir.
« Mais je hais les excès, qu'elle-même déteste,
« Et dont n'a pas besoin la Liberté céleste.
« Il lui faut des cœurs purs, ardens; et la terreur
« Est une arme funeste, et qui lui fait horreur! »
De ce jour il devint suspect aux Terroristes,
Et le bruit en courut au camp des Royalistes.

Il arrive, et le soir apprend, à Pontorson,
Qu'on veut le dégrader, le jeter en prison.
Résolu d'en finir, Cordier, à l'instant même,
Assemble ses amis, dans un banquet suprême.
Au dessert il se lève, et porte la santé
De la chère patrie et de la Liberté!
Puis, après les transports qu'un pareil toste inspire :
« Écoutez, leur dit-il, ce que je vais prescrire :
« Je fais mon testament!... » Et tous de s'écrier
Qu'à la fin du repas, il veut les égayer :
« Non, amis! reprend-il, se hâtant de poursuivre;
« Je suis calomnié, méconnu, las de vivre.
« Le dessein en est pris; la bataille, demain :
« Je me ferai tuer!... » On lui serre la main,

On l'embrasse : « Où t'égare une folle chimère ?
« N'es-tu pas pour nous tous un camarade, un frère ?
« Tous nous t'aimons ! » — « Hé bien, avant d'attaquer Dol,
« Mes frères ! je vous lègue, à toi mon hausse-col,
« A toi mon casque, à toi mon sabre !... » Tous refusent,
Et cherchent à calmer les chagrins qui l'abusent :
« Ami ! lui disent-ils, de ces illusions
« La nuit dissipera les noires visions ! »

L'heure presse, on se quitte : aucun d'eux ne repose ;
L'armée, avec ardeur, au combat se dispose.
Avant minuit, on part ; et, pendant le trajet,
Cordier dit, absorbé dans son fatal projet :
« Au camp des Vendéens, on sait les injustices
« Dont chez nous sont payés le zèle et les services,
« Le péril que je cours, et le sort qui m'attend ;
« Et leur chef près de lui m'offre un grade important.
« Servir le despotisme ! A mon devoir fidèle,
« J'aime la République, et ne servirai qu'elle :
« Non, je ne trahirai jamais son saint drapeau,
« Et mourir pour sa cause est le sort le plus beau ! »
On se bat, et dans l'ombre éclate un feu terrible.
Cordier, les bras croisés, le dirige, impassible,
Toujours calme, écrasant l'ennemi, stupéfait
D'un feu si bien nourri, des ravages qu'il fait !
Le canon va se taire, on épuise la poudre :
Eh ! qu'importe ? à fléchir rien ne peut le résoudre ;
Quand un groupe effrayant vient se précipiter
Sur l'airain qui foudroie, et qu'il veut emporter.
Cordier, seul, les affronte : il s'élance au martyre,

Et, pour la Liberté, sous mille coups expire !...

Paix et gloire à son ombre, aux mânes des guerriers
Que l'orgueil sacrifie en ces jours meurtriers !
Marceau les vengera : sa colonne avertie,
Au mot d'ordre fidèle, à minuit est partie.
Il accourt : la distance, et des chemins affreux,
Ne sont qu'un vain obstacle à ses pas valeureux,
Un lourd matériel vainement le retarde :
Il est devant Stofflet, avec son avant-garde !
Sous lui marche Delaage, ardent et noble cœur.
Trois heures ont sonné : les Bleus, avec vigueur,
Sans attendre l'armée, attaquent les rebelles ;
La nuit prête son voile à ces luttes nouvelles,
Qui, de l'aube effrayée attristant le réveil,
Se prolongent encor sous les yeux du soleil.
Combat opiniâtre, où, seul avec Delaage,
Le jeune chef tient tête aux enfans du Bocage,
De qui l'audace, en vain, contre lui se débat :
Marceau l'emporte, après cinq heures de combat !
Aux vaincus de Cholet il s'est fait reconnaître ;
Et, du champ de bataille enfin demeuré maître,
Il s'écrie à son tour, ne voyant rien venir :
« Où donc est Westermann ? qui peut le retenir ? »

Les Vendéens pliaient : une alarme subite
Se mêle à leur défaite et met l'armée en fuite.
Qui cause cette alerte ? A leur avide faim
Le sort, aux premiers rangs, offre un caisson de pain,
Et, comme des vautours qui fondent sur leur proie,

Tous s'y jettent, saisis d'une effroyable joie.
A ce bruit, la frayeur s'épand de tous côtés :
Le centre, la réserve, en sont épouvantés,
Et jusqu'aux derniers rangs cet effroi chimérique
Produit l'effet soudain de la flamme électrique.
Tout se débande et fuit ; et, contraint de plier,
Stofflet sous leurs drapeaux ne les peut rallier ;
Au torrent qui l'entraîne il cède enfin lui-même,
Et la Ligue se croit à son heure suprême !

Marceau menace Dol, où règne la terreur :
La foule, qui des Bleus évite la fureur,
S'y précipite, et s'ouvre en tous lieux des passages.
La peur, aux yeux hagards, blémit tous les visages,
Les dents claquent ; partout, sous mille aspects divers,
La peur, semant le trouble, annonce un grand revers.
On voit, le long des murs, se ranger éplorées
Les femmes, au départ, à la mort préparées,
Et ployant sous le faix de précieux fardeaux,
Leurs enfans dans les bras, et le sac sur le dos.
De la ville à la fois sonnent toutes les cloches,
Comme si de la foudre on craignait les approches ;
Tous les tambours ensemble, à coups pressés battans,
Cherchent à ranimer le cœur des combattans.
Les prêtres font appel à leur gloire passée ;
Eux-mêmes, jusqu'aux reins la robe retroussée,
Se mêlent au combat, et suivent le chemin,
Où Bernier les devance, un crucifix en main !
Et ce bruit, ces efforts, ces fureurs étaient vaines,
Sans l'héroïque ardeur des jeunes Vendéennes.

CHANT IX.

Angéline a crié : « Poitevines, à moi ! »
Et l'intrépide essaim, embrasé de sa foi,
Arrête les fuyards, dans tous les rangs s'élance,
Du soldat qui retourne excite la vaillance,
Au plus fort des périls, donnant l'exemple à tous :
« Dieu, Vendéens, est là ! sauvez-nous ! sauvez-nous !

Cet élan, cet accord, ces filles inspirées,
Ramènent au combat les tribus égarées.
La lutte recommence, et Stofflet revenu,
A la tête des siens, paraît le sabre nu.
De brume enveloppé, le ciel humide et sombre
De leurs braves, alors, cache le petit nombre,
Et des soldats épars permet le ralliement.
Talmont, de son côté, jusqu'au dernier moment,
Talmont tient ferme, et sait en héros se défendre,
Résolu de mourir, plutôt que de se rendre.
Henri n'a plus d'espoir : dans sa noble douleur,
Il ne veut pas survivre à cet affreux malheur.
Il cherche les périls, à la mort il aspire :
Son cheval est tué, son serviteur expire,
Autour de lui tout tombe ; et lui-même, un seul pas...
Où va-t-il ?... A la gloire, en courant au trépas !

Et cependant Marceau sur la ville tremblante
Marchait victorieux, quand Muller se présente.
Sur un pareil appui Marceau comptait en vain :
En route, ils ont trouvé des femmes et du vin,
A Callonge, où Muller s'est vautré dans l'orgie.
Il vient, les yeux troublés et la face rougie,

Lui, ses aides de camp, et son état-major,
Des excès de la nuit tout dégoûtans encor !
Et ce honteux désordre excite la risée
De la troupe railleuse et démoralisée.
Coup fatal, inouï, qui tombe inattendu :
Marceau ! de tes exploits tout le fruit est perdu !

L'Insurgé, dont l'ardeur s'est déjà raffermie,
Voit le trouble éclater dans l'armée ennemie,
Et Stofflet de sa fuite est prompt à se venger.
Kléber est prévenu de ce pressant danger :
Quel parti prendre ! « Un seul, dit le héros, nous reste
« Qui puisse réparer ce désordre funeste.
« Faire un pas rétrograde ; et, pour nous rallier,
« Sur la forêt voisine, à Trans, nous appuyer. »
Mais cet habile plan, que l'ennemi dérange,
Et mal compris peut-être, en désastre se change.
Le paysan alerte, à son tour agresseur,
Court, vole, au sein des bois intrépide chasseur,
Dans les taillis se glisse, et fusille, au passage,
Les Bleus, qu'il déconcerte et poursuit avec rage.
A Trans, au crépuscule, ils arrivent enfin,
Mais criblés, épuisés de fatigue et de faim.
De ce lieu dangereux Rossignol veut qu'on sorte :
« Non, restons, dit Prieur ! » Et c'est lui qui l'emporte.
De la nuit, au bivouac, on brave les hasards,
Les balles, autour d'eux, sifflant de toutes parts.
Ainsi, par un échec, finit dans l'épouvante
La seconde journée, au début si brillante !

Le lendemain, dès l'aube, à ses rayons naissans,

Prieur, de qui la nuit a rafraîchi les sens,
Court à Kléber : « Hé bien ! du jour qui se prépare
« Que penses-tu ? dit-il. » — « Rien de bon : le pain rare,
« Le froid vif, tout se joint ; le soldat, mal vêtu,
« Mal nourri, mécontent, me paraît abattu.
« Il est las de combattre ; et, la douleur dans l'âme,
« Je te l'avoue, ici je crains le sort d'Entrasme.
« Non, chez nous plus de nerf, plus de cœur, et là-bas
« Le désespoir, qui rend invincible aux combats !
« Crois-moi, regagne Antrain, à l'instant, au plus vite... »
Prieur est indécis ; et, tandis qu'il hésite,
Stofflet vient, et le feu commence : l'ennemi,
Kléber avait raison, ne s'est pas endormi.
Il vient avec fureur, quand l'aube luit à peine,
Et que les Bleus encor n'ont pas repris haleine ;
Et partout, à la fois, les Brigands sont debout,
Sur les ailes, au centre, audacieux partout !

Déjà, vers Pontorson, Henri triomphe encore :
Westermann, de la ville est sorti dès l'aurore.
Honteux de ses revers, pour la troisième fois,
Il attaque ; et les siens s'élancent à sa voix,
Comme lui furieux, respirant la vengeance !
Mais le sort et Henri semblent d'intelligence ;
Et, lorsque la victoire est près de le servir,
Pour la troisième fois ils viennent la ravir.
Et pourtant ses hauts faits, en ce moment insignes,
Et ceux de Marigny de la palme étaient dignes.
La brigade d'Amey cède et fuit lâchement :
Malgré les Angevins et leur beau dévouement,
Cette fuite, bientôt, entraîne tout le reste.

Westermann tient toujours ; Marigny, prompt et leste,
De son cheval blessé saute à bas, près de lui :
Et tous deux, se prêtant un mutuel appui,
Pareils à ces guerriers d'antique et forte race,
Seuls, à pied, contre tous, rivalisent d'audace.
Quel combat! Marigny se voit enveloppé ;
Son sabre, d'une balle, en deux parts est coupé.
Le tronçon qui lui reste est une arme terrible,
A qui sa main imprime une force invincible.
D'ennemis expirans, le héros entouré,
Tombe enfin ; Westermann, d'un bras désespéré,
Lutte encore, et son fer toujours luit, toujours frappe.
Il va tomber aussi : par miracle, il échappe !
Le guerrier, mille fois, à la faux du trépas
Abandonne sa vie, et la mort n'en veut pas.

Mais Stofflet, repoussé, disputait la victoire.
Henri vole à son aide : il vient, brillant de gloire !
Son approche, sa voix, et son front rayonnant,
Tout produit sur l'armée un effet entraînant ;
Et dans les airs s'élève, immense et formidable,
Le cri : *Vive le Roi !* clameur épouvantable :
Tel un tonnerre éclate ; et les Bleus effrayés
Demeurent éblouis, et comme foudroyés.
Puis, un égarement effréné, sans remède,
Un horrible désordre à la stupeur succède.
Et les Brigands, en vain, les viennent assaillir :
Le soldat révolté refuse d'obéir,
Et tire, avec fureur, sur les chefs qui commandent ;
Des bataillons entiers désertent ou se rendent.
Nattes et Chambertin, dont le régiment fuit,

Restent seuls, et leur voix se perd comme un vain bruit.

Kléber, qui voit partout la même défaillance,
Fait un appel suprême aux braves de Mayence :
« Des Mayençais! dit-il ; qu'on en fasse venir :
« Qu'ils viennent!... » Vain secours! et comment contenir
Ce torrent furieux, tous ces flots de rebelles
Qui déjà de l'armée ont débordé les ailes,
Et, de chaque côté, la prenant à revers,
Tombent, de tout leur poids, sur ses flancs entr'ouverts?
Ils approchent d'Antrain : le Couesnon, sur ses rives,
Voit partout affluer les troupes fugitives,
Voit Kléber et Marceau, qui, courant sur ses bords,
Font, pour les rallier, d'héroïques efforts !
Delaage est sur le pont, l'intrépide Delaage :
« Ferme! » lui dit Kléber; mais que peut le courage?
Que peuvent ces héros? Entrasme est dépassé :
Tout se rompt, tout succombe, écrasé, dispersé!
Tout est perdu!... Jamais la ligue catholique
N'a d'un plus rude coup frappé la République !
Inespéré triomphe, et dont le vain fracas
Étourdit le vainqueur, qui n'en profite pas !

Antrain l'arrête ; et là, fatigué de batailles,
Il se repose, après d'affreuses représailles,
Content d'avoir vengé, par un acte cruel,
Le sang dont fume encor le bras de Canuel (1) !

---

(1) La brigade de Canuel venait de commettre, à Fougères, des atrocités, dont les royalistes, vainqueurs, se vengèrent à Antrain, sur des prisonniers républicains qu'ils avaient déjà pris et relâchés.

Les douleurs de l'exil ont desséché son âme.
Eh! que lui fait la gloire? Un seul désir l'enflamme :
Revoir son doux pays! et, plein de cet amour,
Il y rêve la nuit, il y pense le jour!
Le chemin est ouvert : des rives étrangères
Il part, et vers la Loire il descend par Fougères,
Par Laval, et d'Angers le siége va s'ouvrir.
Là tendent tous ses vœux : on le voit y courir!
Désormais plus d'obstacle, et pour cette conquête
A ses yeux éblouis la voie est toute prête.
Mais un destin fatal l'entraîne à cet assaut,
Le vertige l'égare ; et, louant le Très-Haut,
Quand on offrait l'encens, avec le saint cantique,
Le prêtre, transporté de l'esprit prophétique,
Pour l'hymne de triomphe, allait du chant des morts
Par mégarde entonner les funèbres accords!

FIN DU IXe CHANT.

CHANT X.

CHANT X.

Angers! il est venu le jour où cette ville
Va fixer les destins de la guerre civile.
La Liberté, la France, et la terre et les cieux,
Et le noir Fanatisme, ont sur elle les yeux!

Aux Vendéens naguère Angers ouvrit ses portes;
Mais il n'avait, alors, que de faibles cohortes,
Et c'était le moment où Saúmur était pris.
Et les Brigands venaient, fascinant les esprits,
Comme envoyés du Ciel, comme une sainte armée,
Grande et pure, de zèle et d'amour enflammée.
Cathelineau guidait leurs bataillons bénis,
Le front ceint de lauriers, que rien n'avait ternis.
Quel changement! En vain, victorieuse encore,
D'un renom éclipsé la Ligue se décore.
L'éclat de ses revers, l'éclat de ses succès,
L'ont perdue, et son bras, souillé d'affreux excès,
Pour mobile n'a plus qu'une aveugle furie,
Et ce n'est plus enfin qu'une horde flétrie;

Le torrent gronde encor, mais ses flots orageux,
Avec un vain fracas, roulent noirs et fangeux.
Ce sont là les discours, et la rumeur ajoute :
A de valeureux chefs elle obéit sans doute ;
Mais le charme est rompu, tout est désenchanté !
Le cœur des plus vaillans a perdu sa fierté,
Et les lâches s'en vont, jetant partout leurs armes ;
L'armée est inquiète, et, toujours en alarmes,
Traîne un confus amas, vieillards, blessés, mourans,
Que la faim et le froid et des maux dévorans
Font tomber sous la crèche ou l'auge des étables.
Voilà, dit-on, voilà ces bandes redoutables,
Pieuse légion, qui, pliant sous la croix,
N'obtient, à les servir, que le mépris des rois,
Des princes de Coblentz honnie et délaissée !

Et des Brigands aux Bleus la vigueur est passée :
Voyez le Fanatisme exalter le Pouvoir,
Qui mesure au péril son terrible devoir,
Pouvoir aux bras de fer, et dont l'âme est de braise,
Et qui fait de la France une vaste fournaise,
Etna retentissant sous les pesans marteaux,
Où se forge la foudre, où coulent les métaux,
Prenant, sous mille mains, des formes homicides,
Sabres, piques, boulets, bombes, balles rapides.
Tout est prêt pour la guerre, armes et combattans,
Pour une guerre à mort, fût-elle de cent ans !
N'importe ! on l'a juré : guerre incessante aux prêtres,
Aux rois, à leurs suppôts, aux lâches, comme aux traîtres !
Et la mort est partout, montant les hauts degrés,

A l'assemblée, aux camps, dans les salons dorés ;
La mort sert la Montagne et vole, au moindre signe,
Abattre, sans pitié, les fronts qu'elle désigne.
La Montagne triomphe, et n'a plus de rivaux :
Elle règne, et poursuit ses immenses travaux.
Partout l'effroi, partout la démence, la rage :
Tout un peuple en délire ; et, dans ces temps d'orage,
Au milieu des fureurs dont il est transporté,
L'énergique vertu, la ferme volonté !

Que présagent ces temps? et de pareils auspices
Seront-ils, pour Angers, funestes ou propices ?
Fière de ses succès, la Ligue a pris l'essor :
De ses maux irritée, elle est terrible encor.
Elle accourt à grand bruit, et vient comme une trombe,
Et sur Angers, bientôt, tout entière elle tombe !
A cet affreux Typhon quel obstacle, quel frein ?
Les Bleus, se relevant du désastre d'Antrain,
Brûlent de réparer, de venger leur défaite ;
Grâce à Kléber, l'armée à Rennes s'est refaite,
Et Kléber veut marcher... Mais on l'arrête, on dit
Qu'Angers de la Montagne a heurté le crédit,
Et, docile instrument, pour punir cette offense,
Rossignol veut livrer la ville sans défense,
Afin de la reprendre, et de mieux assouvir
L'affreux ressentiment qu'il se plaît à servir !
Kléber presse, et c'est peu d'enchaîner son courage,
Rossignol parle en maître et lâchement l'outrage.
Le courroux du lion éclate, et l'insulteur
Se retire tremblant et pâle de frayeur.

On menace Kléber d'une vengeance infâme !
Et, pendant ces débats, la ville en vain réclame :
Elle est sacrifiée, et d'insolens refus
Sont l'unique réponse à ses courriers confus.

Nul espoir de secours : dans ce péril extrême,
Angers ne doit donc plus compter que sur lui-même.
L'énergie et le cœur ne lui font pas défaut :
La ville soutiendra deux siéges, s'il le faut !
Elle a peu de soldats, deux mille hommes à peine,
Et leur chef, secondant la fureur vendéenne,
Danican est un traître, à l'ennemi vendu !
Mais, avec dévouement, Angers est défendu :
Deux héros, jour et nuit, ont l'œil sur le perfide.
Beaupuy, sauvé d'Entrasme, et toujours intrépide,
Sans grade, et fort d'exemple et d'inspiration,
Est là pour le conseil, est là pour l'action.
Ménard, simple officier, protége aussi la place,
Et devant lui des chefs l'autorité s'efface.
Patriote éclairé, dont le zèle est ardent
Et suit de la vertu le sublime ascendant,
Comme on en voit toujours, dans les momens de crise,
Se levant, aux regards de la foule surprise,
Pour sauver leur pays ou leur ville assiégés,
Puis oubliés par eux, s'ils ne sont outragés !

Ménard, qui de la place est commandant suprême,
Tout entier se dévoue aux Angevins qu'il aime,
Et, faible par le nombre, à des flots d'assiégeans
Oppose un grand courage et des soins diligens.

Tout s'embrase, à sa voix, du feu patriotique,
Magistrats, citoyens, soldats, garde civique,
Vieillards, femmes, enfants, tout montre un cœur viril,
Et tout par lui s'élève au niveau du péril !

Angers se fortifie, et, dans ces temps de guerres,
A celui de nos jours il ne ressemblait guères.
On restaure à la hâte, on ferme les remparts,
Dans ce vaste circuit où de ses boulevards,
Pour l'heureux citadin de nos temps pacifiques,
S'étale un double rang d'ombrages magnifiques.
Là des murs s'élevaient, ceints de larges fossés,
Et là chevaux de frise, ouvrages avancés,
Et cinquante-sept tours, qui flanquent cette enceinte,
Impriment au dehors le respect et la crainte.
Le château, les remparts, dont se croisent les feux,
Se garnissent, armés de foudres belliqueux,
Et deux bouches de bronze, à la gueule effroyable (¹),
L'une à la tour Guillou, l'autre à la tour du Diable,
Épouvantant la Maine et dominant ses bords,
De la place, en tous sens, défendent les abords.

Forte de son courage, et d'aspect imposante,
Telle à ses ennemis la ville se présente.

Ils approchent : la nuit, humide de frimas,
Et surtout la fatigue, ont arrêté leurs pas :
Ils campent à Suette et jusqu'à Pellouaille.

---

(1) Deux pièces de trente-six.

Des deux parts, en silence, on attend la bataille :
C'est le calme effrayant, funeste avant-coureur,
Qui toujours de l'orage annonce la fureur.
Toutefois Angers veille : alimenter la place,
Affamer l'ennemi, qui déjà la menace,
De l'assaut, qu'il médite, enlever les moyens,
Ces soins préoccupaient magistrats, citoyens.
On vide les faubourgs et de vivres et d'armes ;
De leurs toits désolés les familles en larmes
S'arrachent en désordre, et, dans l'obscurité,
Viennent chercher asile au sein de la cité,
Traînant mères, enfans, malades, avec elles.
Puis, la torche à la main, affrontant les querelles,
Les imprécations, les cris de désespoir,
Des soldats vont remplir un rigoureux devoir.
L'incendie, au lever de la naissante aurore,
De toutes parts s'allume, étincelle et dévore
Les maisons, dont les murs, dépouillés et déserts,
Serviraient d'embuscade, à l'assiégeant ouverts :
Scène affreuse de deuil, hélas ! et de ruine !

Mais le bruit se dissipe, et la garde angevine
Accourt comme un seul homme, à l'appel du tambour ;
Au parvis Saint-Maurice, et sous la haute tour,
Elle vient résolue, et la troupe de ligne,
Que frappe tout d'abord un exemple si digne,
Dans les chemins de ronde, attend près des remparts.
Chacun est à son poste, et d'en bas les regards
Se portent sur la tour, qui se perd dans la nue :
Là-haut, Pédralio, braquant sa longue-vue,

CHANT X.

Interroge les lieux, et doit, muet témoin,
Signaler l'ennemi, qu'il observe de loin.
Tout à coup un billet, que l'opticien lance,
Tombe, apportant ces mots : « L'ennemi, qui s'avance,
« Est aux Mortiers : bientôt il sera près de nous. »
A ce cri de leurs chefs : « Citoyens ! garde à vous ! »
Se rangent à l'instant les bataillons civiques.
Ménard est accouru ; ses accents énergiques
Électrisent leurs cœurs, pleins de ses feux guerriers :
« Angevins ! voulez-vous défendre vos foyers ?
« Voulez-vous repousser une horde sauvage ?
« Jusqu'à la mort combattre ? et soustraire à sa rage
« Vos biens et vos drapeaux, vos femmes et vos sœurs ?... »
— « Nous le voulons ! » — « Hé bien, ô braves défenseurs,
« Le moment est venu de montrer qui vous êtes !
« Faites votre devoir : les troupes, déjà prêtes,
« Au sommet du rempart attendent l'ennemi.
« Allez, guidé par vous, et par vous affermi,
« Que le soldat s'échauffe à cette ardente flamme
« Qui brille dans vos yeux, et sort du fond de l'âme !
« Quant à moi, tout à vous, au péril de mes jours,
« Où sera le danger, vous me verrez toujours.
« Suivez-moi : Si j'hésite, effrayé par le nombre,
« Si de la trahison en moi vous voyez l'ombre,
« Point de grâce, tirez, tuez-moi le premier,
« Et périsse tout lâche ainsi jusqu'au dernier !
« Vivent les Angevins ! vive la République ! »
Et soudain la milice à ce chef héroïque
Répond : « Vive Ménard ! vive la Liberté ! »
Le second bataillon, de la sorte excité,

Vole au rempart, et là, gardant la porte Neuve (¹),
La porte Saint-Aubin, met son zèle à l'épreuve.
Bientôt nouveau billet, qui tombe du clocher :
L'observateur a vu les Brigands s'approcher;
Ils gagnent la Chaloire, et s'y portent en foule.
Le premier bataillon suit le tambour qui roule,
Il s'élance, joyeux, d'un pas rapide et fier,
Et se rend à son poste, à la porte de Fer.

Déjà dans les faubourgs l'ennemi se déploie,
Et, se frayant entre eux une facile voie,
Des maisons, des jardins ils ont percé les murs;
Dans les lieux les plus forts, aux abris les plus sûrs,
Ils se posent : déjà leurs bandes agissantes,
En face du rempart, se montrent menaçantes.
Mais canons et mousquets, soudain, en les voyant,
Font jaillir du rempart un éclat foudroyant.
Ce feu subit et vif, dont les murs resplendissent,
Et cet immense cri, dont les cieux retentissent,
Vive la Liberté! ce silence au dehors,
Et les débris fumans entassés sur ces bords,
Tout, dans un tel accueil, annonce à la Vendée
Une place à périr ou vaincre décidée,
Et tout, dans la défense, impose à l'assiégeant
Un effort vigoureux, actif, intelligent.
Henri le voit : son zèle applaudit à ces luttes!

---

(1) L'enceinte des remparts était percée de sept portes et deux passages.
Les portes Toussaint, Saint-Aubin, Mirabeau, Neuve, Saint-Michel, Cupif ou de Fer, Lyonnaise et Saint-Nicolas.
Les passages de la Haute-Chaîne et de la Basse-Chaîne.

Aux angles des faubourgs, et sur toutes les buttes,
L'airain mugit et fume, et foudroie à son tour
La ville et le rempart dans son vaste contour;
Comme à Granville, ici Marie-Jeanne domine,
Et tonne avec fureur, sous les yeux d'Angéline.
Des nuages de poudre obscurcissent les airs :
Déjà, les tirailleurs, au milieu des éclairs,
S'approchant des maisons à demi consumées,
Se glissent, à travers les poutres enflammées,
Et de là tous leurs coups, avec dextérité,
Portent, lancés de près, la mort dans la cité.

Mais, plus hardi, des siens un Brigand se détache,
Le front haut et superbe, où flotte un blanc panache,
Et que pour un des chefs on reconnaît soudain :
C'est le fier Forestier, qui, nouveau paladin,
Bravant les assiégés, auprès de la muraille,
Vient brandissant son sabre et d'estoc et de taille,
Faisant caracoler son coursier orgueilleux.
Le but de son audace est d'observer les lieux;
Et les balles, autour de son manége habile,
En vain pleuvent des murs et de l'Hôtel de Ville.
Le Brigand, sain et sauf, se retire en jetant
Aux assiégés confus le sarcasme insultant!
Quelle perte il leur cause et reste sans vengeance!
Sur le rempart, témoin d'une telle insolence,
Et frémissant de voir tant d'affronts impunis,
Commandait un héros, du régiment d'Aunis,
Le jeune et beau Brillac, enfant de la Réole.
Il venait de quitter sa douce et chère idole,

Noble et charmante fille, à qui, le lendemain,
Devait, comblant ses vœux, l'unir un tendre hymen.
Age des passions, des folles espérances,
Des rêves d'or, mêlés à d'amères souffrances!
Que ne s'étaient pas dit ces cœurs, dans le baiser
Que l'amante, au départ, n'avait pu refuser!
Doux songes! vain espoir! La bataille s'engage.
Brillac d'un ennemi ne peut souffrir l'outrage;
Sur le mur il s'élance, il voudrait défier
L'insolent Vendéen en combat singulier.
Une balle l'atteint : la blessure est légère,
Et du moins, tout d'abord, on le croit, on l'espère!
On l'emporte... En voyant ce visage adoré,
Pâle et sanglant, ce front par le fer déchiré,
L'amante jette un cri, roule à terre et se pâme...
Mais l'amour la ranime, il exalte son âme :
Elle prend dans ses bras ce corps sans mouvement;
De larmes, de baisers couvre ce front charmant,
Et des noms les plus doux que la tendresse inspire
A la vie, au bonheur le rappelle... Il soupire,
Ouvre un moment les yeux pour la voir et mourir,
Et les referme, hélas! pour ne les plus rouvrir!

Le bruit de cette mort, si prompte et si cruelle,
Apporte à la bataille une chaleur nouvelle,
Et, sur tout le rempart, tonnant plus irrité,
Éclate un feu vengeur, sans cesse alimenté
Par la main des enfans, des vieillards et des femmes,
Par les enfans surtout, qui dans leurs jeunes âmes
Déjà sentent germer, dignes de leurs parens,

L'amour de leur pays, la haine des tyrans.
On voit ces faibles mains, à la défense utiles,
Sans cesse aller, venir, pleines de projectiles,
Ne s'arrêtant jamais, puisant aux arsenaux,
Et courant tout le jour des caissons aux créneaux.
Partout la même ardeur, partout le même zèle,
Infatigable, actif, non moins pur et fidèle;
Chacun à ne rien perdre est trop intéressé,
Et contre l'ennemi tout sert, tout est lancé.

Sur la place, où ces mains vont puiser les cartouches,
Se dresse l'instrument des proconsuls farouches,
Qui, docile à leur voix, tue en masse, en détail ;
Appareil inutile, et vain épouvantail,
Il est là, délaissé, sans garde, solitaire :
Quel sang réclamerait son affreux ministère ?
La ville est menacée : un noble dévouement
Suggère aux citoyens le même sentiment.
Plus de dissensions, plus de partis contraires :
Ils sont tous, aujourd'hui, patriotes et frères.
Les Brigands d'un côté, de l'autre Rossignol,
Des deux parts le pillage, et l'horreur du viol !
Dans ce double péril, d'accord sans rien se dire,
Un instinct tout puissant en secret les inspire,
Et leur crie : Angevins ! ne comptez que sur vous ;
Dans vos mains est la perte ou le salut de tous !
Et tandis qu'aux remparts, autour de la muraille,
Des fureurs du combat tout s'anime et tressaille,
Dans le sein de la ville, où de cœur on s'entend,
Tout est silencieux, non pas triste pourtant.

Souvent on se rencontre ; on se dit, au passage,
En se serrant la main, un mot, un seul : Courage !
Et ce mot, un regard à la hâte jeté,
On court à son devoir, avec rapidité.

Et les représentans, où sont-ils ? Invisibles !
Les généraux, comme eux, se reposent paisibles,
Et, pendant tout le jour, se tiennent à l'écart !
Que se trame-t-il donc ? Beaupuy seul, et Ménard,
Sont partout, excitant, où le danger l'exige,
Le combat acharné, que leur zèle dirige.
De généreux efforts viennent se joindre aux leurs :
Partout, faisant briller l'écharpe aux trois couleurs,
A l'honneur des périls les magistrats prétendent ;
Et près d'eux, sans pâlir, tout le jour ils entendent,
Dignes élus du peuple, intrépides soutiens,
Gronder, siffler boulets, balles et biscaïens.
L'artisan, au château, fabrique les machines,
Et porte aux combattans des affûts, des fascines.
Nulle main n'est oisive, et chacune, à l'envi,
S'empresse ! le soldat, à son poste, est servi
Par un essaim brillant de jeunes vivandières,
Qui d'un pareil emploi sont jalouses et fières.
Avec elles soudain le plaisir épandu
Fait taire le combat, un moment suspendu,
Et, le long du rempart, c'est un repas civique,
Où la joie, éclatant, partout se communique.
Là point de sot orgueil, ni de fausse pudeur ;
Tous les rangs sont mêlés : une héroïque ardeur,
Qui s'empare, à la fois, de toutes les familles,

Anime et réunit ces courageuses filles.
Et par de telles mains le soldat restauré
S'enflamme, à leur aspect, d'un feu pur et sacré ;
Il admire, en son cœur, ce dévouement sublime,
Qui, bravant les dangers, fait plus d'une victime,
Et, plein d'enthousiasme, il retourne au combat !

Mais sur les combattans la nuit bientôt s'abat,
Et vient prêter son voile à la ruse qui veille,
Servir la trahison, qui jamais ne sommeille.
La cité veille aussi : les postes vigilans
Ont allumé leurs feux, dans l'ombre étincelans,
Et la lutte du jour à peine est terminée,
La ville resplendit, soudain illuminée.
La nuit, pour les Brigands, est venue à propos :
Épuisés, abattus, ils cèdent au repos.
Leurs braves, et les chefs, pleins de sollicitude,
Sont debout, mais le camp tombe de lassitude ;
Et, dans un lourd sommeil bientôt enseveli,
De ses maux, des combats il goûte en paix l'oubli.

L'assiégé, sur ses murs, frémit d'impatience :
Il voit des ennemis l'aveugle confiance,
Et d'un noble courroux s'anime, en remarquant
Le calme si profond qui règne dans leur camp :
« Attaquons, attaquons ces bandes harassées,
« Que la faim, la fatigue, ont déjà terrassées :
« La nuit et le sommeil les livrent à nos coups ! »
— « Amis ! d'un tel projet, dit Ménard, gardons-nous !
« Craignez qu'à vos désirs le succès ne réponde.

« Tenter une sortie, avec si peu de monde !
« C'est hasarder beaucoup : je connais l'ennemi !
« Ce camp silencieux n'est pas tout endormi ;
« Non ! parmi ces brigands, accablés de fatigue,
« Il est des cœurs d'acier, fiers appuis de la Ligue :
« Ceux-là veillent,... jamais ne se ferment leurs yeux.
« De mille autres suivis, ce torrent furieux
« Va sur la ville, à flots, fondre au moindre avantage,
« Y jeter l'épouvante, et peut-être, en sa rage,
« A la faveur du trouble et de l'obscurité,
« Entrant de vive force, envahir la cité !
« Ici, d'un plein succès nous avons l'espérance,
« Ici nous sommes forts : de la persévérance,
« Du calme, compagnons ! N'allons pas aux hasards,
« Impatiens de vaincre, exposer nos remparts ! »

Ainsi le commandant repousse, inébranlable,
Un élan téméraire, aux complots favorable,
Et ferme en ses desseins, d'accord avec Beaupuy,
Son génie inspiré de la ville est l'appui.
Pour la mieux garantir des piéges qu'on lui dresse,
Aux citoyens zélés l'habile chef s'adresse.
De la garde civique il mande l'adjudant,
Berthe, chaud patriote, homme sûr et prudent,
Et, le prenant à part : « Aide-moi, fais la ronde,
« Lui dit-il ; que ton zèle agisse et me seconde.
« Je connais ton civisme, et sais de quel amour
« Tu brûles pour la ville où tu reçus le jour.
« Les Brigands, dans la place, ont des intelligences :
« Veillons, préservons-la d'effroyables vengeances.

« Va donc, et me viens dire, attentif à tout voir,
« Si, gardant nos remparts, chacun fait son devoir. »

Berthe suit sa consigne avec un soin rigide,
Précédé d'un tambour, dont le falot les guide.
Sur ce feu, qui chemine, et frappe l'assiégeant,
Le plomb de l'ennemi, bientôt se dirigeant,
En vain pleut, en vain siffle aux oreilles de Berthe,
Qui n'en est pas ému, que rien ne déconcerte.
Mais, par-dessus les murs, s'il porte ses regards,
Dans l'horreur de la nuit, il voit de toutes parts
Les faubourgs dévorés par les flammes cruelles,
Il voit de leurs débris jaillir les étincelles,
Que le souffle des vents fait voler jusqu'aux cieux,
Et son cœur est navré, des pleurs mouillent ses yeux !
De la porte de Fer, où sa ronde commence,
Jusqu'aux Lices, partout, sur cette ligne immense,
Les murs sont en état de repousser l'assaut,
Tous les postes garnis, et nul n'y fait défaut ;
Le service est parfait, la vigilance extrême,
Partout l'ordre, et partout l'énergie est la même.
Berthe enfin se rassure ; il descend du rempart,
Et revient, par la ville, à son point de départ,
Ne s'imaginant pas, loin de là sa pensée !
Que du moindre péril elle soit menacée.

La nuit devient plus sombre, et, toujours attentif,
L'adjudant touche à peine à la porte Cupif(1),

---

(1) Nom de la porte de Fer.

Au régiment Dauphin(¹), devant lui, l'ordre arrive
D'évacuer ce poste et gagner l'autre rive.
Jusqu'au bout de la Doutre, artilleurs et soldats,
Et canons, tout enfin doit se rendre... Et là-bas
Quel intérêt pressant, quel besoin les appelle?
On cherche, on s'interroge, et rien ne se révèle.
L'ordre est clair et précis, Danican l'a signé,
Et le régiment part!... Berthe en est indigné.
Il soupçonne une trame, et soudain sa prudence
La déjoue, et du poste assure la défense.
La garde citoyenne, à sa voix l'occupant,
Couvre aussitôt ces lieux et, s'y développant,
Met le Port(²), la Levée(³), à l'abri des injures.
Ménard vient, applaudit à ces sages mesures,
Et de la trahison, que lui-même il poursuit,
Veut arracher le masque aux ombres de la nuit.
Mais la trame, à ses yeux, déjà n'est plus secrète :
Il voit le régiment opérer sa retraite.
Comment douterait-il? Tout à coup Danican
Se montre, accompagné de ses aides de camp,
Et, la torche à la main, des hussards font escorte :
Ils descendent au trot, des ponts gagnant la porte.
Mais de l'infâme chef les projets seront vains :
Là veille, en ce moment, un poste d'Angevins,
Qui, devant lui se range, et, le couchant en joue,
Crie : « On ne passe pas ! » Et le complot échoue ;
Et des aides de camp l'effort ne peut franchir

---

(1) Le 38ᵉ.
(2) Le port Ayrault.
(3) La levée de la Besnardière.

Cette ligne d'acier, qu'ils cherchent à fléchir :
« Nous voulons, disent-ils, notre foi vous l'assure,
« Ménager à la ville une retraite sûre ! »
Mais ces braves : « Allez ! retournez sur vos pas !
« Une retraite ! à nous ! Non, nous n'en voulons pas !
« Vaincre ou mourir ! s'il faut que la ville succombe,
« A tous les Angevins qu'elle serve de tombe !
« Et tant qu'elle verra l'un de nous respirer,
« Les Brigands de ses murs ne pourront s'emparer ! »

A ce ton, à ces mots, Danican tourne bride,
Et, déçu dans l'espoir de sa trame perfide,
S'en retourne au galop, par un prompt mouvement,
Inquiet, furieux d'un pareil dénoûment.
Comme un trait il s'élance et remonte la rue,
Suivi des Angevins, qui le gardent à vue.
Quel horrible dessein le traître secondait !
L'ennemi dans la tour, à Saint-Serge, attendait
Les torches des hussards, ces lumières courantes,
Qui devaient l'avertir, sur les ponts flamboyantes.
L'heure était convenue, et c'était le signal,
Tout était concerté, d'un assaut général.
Grâce à la trahison, et grâce à la nuit sombre,
Les remparts dégarnis devaient céder au nombre.
Tel était leur espoir ! Angers a triomphé
D'un complot odieux, dans ses murs étouffé.

Trompé dans son attente, avec plus de mystère,
L'ennemi veut s'ouvrir un chemin sous la terre ;
Et, seul dans son projet, des moyens plus adroits,

Un plan mieux combiné, le servent cette fois
Forestier, sous les murs, étalant son audace,
Avait examiné les dehors de la place :
La porte Saint-Michel offrit à son regard
Une brèche, laissée au bas de ce rempart.
Et là de l'assiégeant l'espoir nouveau se fonde :
Des hommes courageux, dans la douve profonde,
Se glissent, et leurs mains, avec habileté,
S'efforcent d'agrandir l'étroite cavité.
Que veulent-ils ? Miner la muraille à sa base,
Où, telle qu'un volcan, la poudre qui s'embrase,
Leur frayant un accès par son explosion,
Fasse voler en l'air et porte et bastion.

A leurs vœux, jusque-là, tout se montre propice :
La nuit, il est une heure où l'homme, avec délice,
Abandonne au sommeil ses membres languissans,
Où tout s'affaisse en lui, le corps, l'âme et les sens,
Où se ferment les yeux, sous le poids invincible
De ce charme vainqueur, fatal, irrésistible.
Cette heure était venue : assiégeans, assiégés,
Dans les bras du repos alors étaient plongés ;
Et le calme succède à la rage homicide,
Dans un brouillard épais, dont la vapeur humide
Rend plus lourd le sommeil, plus profonde la nuit.
L'âme des travailleurs, qui se hâtent sans bruit,
D'espérance s'enivre, et rien ne les arrête.
A ce point du rempart, au-dessus de leur tête,
Quand le bronze tonnait, une pièce, le jour,
S'est brisée en éclats, à l'angle d'une tour,

CHANT X.

Tuant ses canonniers, atteints de leur mitraille;
Et, par un sort fatal, sur la même muraille
Dont leur main en secret sape le fondement,
Flottait un crêpe noir, funeste monument!...

Les mineurs, qui sont-ils? Des chefs : Henri lui-même,
Forestier, le moteur du hardi stratagème;
Avec eux, Boispréau, Rinches et des Essarts,
Puis quelques inconnus, courageux campagnards,
Partageant le péril, laissant aux chefs la gloire.
Déjà luit à leurs yeux l'éclat de la victoire :
L'œuvre marche, s'achève, ils ont fouillé, creusé;
Le salpêtre est tout prêt, et bientôt déposé...
Tout à coup, un bruit sourd frappe la sentinelle;
Elle écoute... il persiste; et Ménard, qu'on appelle,
Accourt et reconnaît, à ce bruit souterrain,
Des ennemis!... Il montre un front calme et serein :
Il voudrait à la ville épargner les alarmes.
Mais la garde s'émeut, et soudain crie : Aux armes!
On se lève, et le feu se remet à gronder,
Au-dessus des mineurs, sans les intimider;
Le plomb vole au hasard; et, loin de lâcher prise,
L'ennemi, bravement, poursuit son entreprise.
L'alerte se propage; et, de crainte agité,
Le corps municipal tremble pour la cité!...

« Citoyens! calmez-vous; au mal qui vous menace,
« Dit Ménard, je connais un remède efficace! »
De grands vases d'airain s'emplissent, à sa voix,
Sur un brasier ardent, de résine et de poix,

Et les mains, à l'envi, trempent dans ces chaudières
Des fagots de genêts, des fagots de bruyères,
Que l'on jette, enflammés, dans le fond du ravin.
Cette fois, les mineurs se débattent en vain :
Ces hommes, qui bravaient les boulets et les balles,
Ne peuvent affronter ces flammes infernales.
Dans un goudron bouillant ils se sentent noyés,
Et s'éloignent du mur, et des mains et des pieds,
Marchant et rugissant, comme bêtes féroces
Que le feu, tout à coup, chasserait de leurs fosses.
Dans la douve expirans, et martyrs du fléau,
Périssent, brûlés vifs, Rinches et Boispréau.
Henri, puis Forestier, s'échappent, plus agiles ;
Des Essarts est blessé ; mais en efforts stériles
Les braves paysans s'épuisent, sur leurs pas :
Sous le plomb du rempart ils trouvent le trépas,
Et l'un d'eux, qui grimpait au revers des murailles,
Y demeure accroché par le col aux broussailles.

Le jour, lent à venir dans cette âpre saison,
Enfin commence à poindre, et blanchit l'horizon.
La Ligue aux assiégés ne laisse aucune trêve ;
Des ruses de la nuit s'est dissipé le rêve,
Elle en frémit de rage, et la force, à son tour,
Désormais doit combattre, à la clarté du jour.
On s'attaque ; la ville est prête à la défense,
Et le feu, des deux parts, à la fois recommence.
D'un côté le dépit, la soif de se venger ;
De l'autre, le courage, à l'aspect du danger,
Redouble ; et, déployant une habile tactique,

L'Insurgé joint l'adresse à l'ardeur fanatique.
Sur un point, le rempart, de créneaux dépourvu,
Exposait les soldats, et l'assiégeant l'a vu,
Et c'est là qu'à revers, en flanc, il les accable ;
Son feu devient si vif, à l'endroit vulnérable,
Avec tant de fureur il sait l'entretenir,
Que bientôt, sur ce mur, on ne peut plus tenir.

Beaupuy survient : fertile en ressources de guerre,
Il s'écrie aussitôt : « Des sacs ! des sacs de terre !
« Couvrez-en le rempart, formez des parapets :
« Vos troupes, à l'abri de ces créneaux épais,
« Vont fixer du combat les chances incertaines.
« Hâtez-vous, citoyens ! » Il dit, et par centaines
On apporte les sacs, sur le mur entassés.
Beaupuy dirige tout : avec art espacés,
Les rangs laissent entre eux comme des meurtrières,
Où passent les mousquets et les foudres guerrières.
« Amis ! dit le héros, que le feu soit rouvert :
« Canonniers, fusiliers, vous êtes à couvert.
« Défendez vos remparts ! » Et les troupes alertes,
Vengeant leurs frères morts et réparant leurs pertes,
Répondent à l'appel du brave général ;
Le combat se ranime, et n'est plus inégal.

Les assiégeans, surpris d'une lutte pareille,
Tentent tous les moyens que la fureur conseille.
Par des bras vigoureux avec peine hissé,
Sur la tour de Saint-Serge un canon est dressé,
Et, de cette hauteur, il tonne : vain orage,

Dont la place aussitôt arrête le ravage.
Le bronze, démonté, tombe, à peine affermi.
C'est peu : laissera-t-on aux mains de l'ennemi
Ce poste redoutable, où, superbe et tranquille,
A loisir il observe et domine la ville?
Non : un double intérêt, impérieux, pressant,
Condamne ce refuge, au sommet menaçant:
Le canon du rempart est prompt à le détruire,
Et soudain on entend horriblement bruire
Le boulet que la pince enlève du fourneau,
Et qui part, tout en feu, comme un foudre nouveau.
Quel adroit canonnier (1) dans son vol le dirige?
Un blond adolescent, dont l'art est un prodige.
Avec tant de justesse, à son brillant début,
Il pointe, que jamais il ne manque son but.
Les flammes au dehors en tourbillons s'épandent,
Le bois brûle et pétille, et les pierres se fendent,
L'édifice embrasé craque et tombe en éclats,
Et la flèche et sa croix croulent avec fracas.

Mais tandis que Saint-Serge en ruine se change,
L'ardeur de l'ennemi, par une audace étrange,
Se signale autre part, où brillaient autrefois,
Sous le bon roi René, les fêtes des tournois (2).
Longtemps avant le siége, une tour ébranlée,
La terre s'agitant, là s'était éboulée.
L'ennemi, dans ce lieu, sans espoir de succès,

---

(1) Ce pointeur habile était Jean Sciault, âgé de dix-sept ans.
(2) Les Lices.

Veut, malgré les périls, se frayer un accès;
Et, des mines sortie, une bande intrépide
S'avance : Jacquineau l'encourage et la guide;
Jacquineau(1), des Brigands le plus déterminé.
Sourd à tous les conseils, à sa perte entraîné,
Par le chemin de terre, il vient, avec sa horde;
Au pied de la muraille à la fin elle aborde,
Franchissant tout, jardins, décombres et fossés,
Qui retiennent longtemps leurs pas embarrassés.
Ces hommes résolus commencent l'escalade :
Rien ne les intimide; en vain la fusillade,
La mitraille, sur eux pleuvent de toutes parts,
Du château, des maisons et du haut des remparts.
La troupe audacieuse enfin est repoussée,
Et Jacquineau, puni d'une attaque insensée,
Après de longs efforts, inutiles moyens,
Reste au bas de la brèche, avec trente des siens.

Non moins brave, Stofflet, en guerrier plus habile,
Sait combattre, embusqué sous les murs de la ville.
Maître d'une fabrique(2), aux vastes magasins,
Il menace la porte et les remparts voisins,
Et de ses tirailleurs, là, dirige la bande,
Hommes du braconnage et de la contrebande,
Sauniers, chasseurs, qui tous, au mousquet exercés,
Courageux, pour un siége étaient déjà dressés,

(1) Ce chef d'insurgés était de Montrelais; il avait formé et commandait une compagnie tirée des carrières d'ardoises.
(2) La manufacture Joubert. Stofflet avait son quartier général dans la chambre de l'un des chefs de cet établissement.

Troupe agile, aguerrie, au corps souple et robuste,
A la main diligente, au coup d'œil prompt et juste;
Et, sous le feu mortel de ces contrebandiers,
Tombent, à chaque instant, de braves grenadiers.

Il est midi : malgré cette ardeur incessante,
La rage des Brigands est toujours impuissante;
L'assiégé tient toujours, jusque-là le plus fort.
Henri mande les chefs, et d'un nouvel effort
Le plan, comme inspiré, tout à coup s'improvise :
Prête à l'assaut, l'armée en deux parts se divise,
Et vient précipiter, pareille à deux torrents,
Ses flots tumultueux sur deux points différens.
Des canons précédée, ici l'infanterie :
La porte Saint-Michel sur elle avec furie
La voit marcher; et là, d'un essor qui fend l'air,
Fondent les cavaliers sur la porte de Fer,
Où, quittant leurs chevaux, ils doivent, pleins d'audace,
Escalader le mur, sous le feu de la place.
Tout s'ébranle à la fois, et de nombreux renforts
Viennent de la Chaloire appuyer ces deux corps.
L'armée avance, et rien qui la tienne cachée,
Rien qui pare les coups, gabion ni tranchée;
Marchant à découvert, et pleine de ferveur,
Elle accourt, en criant : « Aidez-nous, Dieu sauveur ! »
De la Levée en vain on coupa les passages,
En vain tous les abords sont hérissés d'ouvrages;
La ville s'épouvante, en voyant se mouvoir
Ces masses d'ennemis, effrayantes à voir,
Et qu'un élan soudain de tous côtés rassemble,

Avec tant de vigueur, de vitesse et d'ensemble;
Et l'on sent tressaillir, sous leurs chocs véhémens,
Le rempart ébranlé jusqu'en ses fondemens!
Autour des magistrats les citoyens se pressent:
Et les Représentants à ce moment paraissent :
Le tumulte, à leur porte, est venu retentir,
Et les cris de la foule enfin les font sortir.
Les enfans, les vieillards, les femmes accourues,
S'agitent près des murs, et dépavent les rues :
Ils ne céderont pas! Des canons sont braqués,
Tournés vers l'ennemi, sur les points attaqués;
Tous brûlent de se battre, et sous la ville en cendre
Veulent s'ensevelir, plutôt que de se rendre!

Le peuple et les soldats rivalisent d'efforts :
Et combien de hauts faits, de glorieuses morts!
Héroïque défense, en dévouemens fertile!
Le Conseil assemblé siége à l'Hôtel de Ville;
Un des siens, Lebreton, courageux magistrat,
Sort et vole au rempart animer le combat :
Il y trouve la mort! Le Conseil délibère,
Et vote des regrets à ce généreux frère;
Et, bravant les périls dont il est entouré,
Demeure inébranlable à ce poste sacré.
Il reprend ses travaux, sans trêve et sans faiblesse :
O douleur, où de l'âme éclate la noblesse!
Attitude sublime! en face du trépas,
Ces dignes citoyens ne se démentent pas.

Le sort devrait enfin servir tant de courage;

Mais de leurs ennemis comment vaincre la rage ?
Le péril croît... On touche au moment décisif...
C'en est fait,... le rempart, à la porte Cupif,
Plus faible, va céder sous l'effort qui le presse,
Et l'on entend des cris d'angoisse et de détresse !...
Quand Ménard et Beaupuy, s'inspirant du danger,
Au bastion Guillou, qu'ils viennent diriger,
Ordonnent, sur-le-champ, de vomir son tonnerre :
L'épouvantable bronze éclate, et sur la terre
Tombent, du premier coup, les chevaux par milliers,
Pêle-mêle étendus, avec leurs cavaliers.
Sous ce confus amas le chemin s'embarrasse,
Le sol en est couvert, et tout change de face;
Et l'on voit, à leur tour, pâlir les assaillans :
De ces fiers cavaliers, naguère si vaillans,
La colonne fléchit, et se heurte, et se trouble...
Le bronze éclate encore, il foudroie, il redouble,
Lance, avec ses boulets, d'effroyables éclairs,
Et fait trembler au loin et la plaine et les airs.
L'ennemi, qu'il écrase et frappe sans relâche,
Ne tient plus, et le brave, aussi bien que le lâche,
Cavaliers, fantassins, artilleurs, tout s'enfuit,
Sous le bronze vainqueur, qui toujours les poursuit.

Les chefs, Henri, Stofflet, Forestier, dans la plaine,
Poussent, au-devant d'eux, leurs coursiers hors d'haleine.
« Rallions-nous !... » Leurs cris ne sont pas écoutés !
Angéline, au galop, volant de tous côtés,
S'épuisant en efforts, ne peut rien elle-même,
Et, les sens égarés, dans sa douleur extrême,

On la voit au hasard se jeter et courir,
Ne s'inquiétant plus de vivre ou de mourir!
Désormais plus d'espoir, et nulle force humaine
Qui, maîtrisant l'armée, au combat la ramène.
Déjà les chariots, les bagages, les chars,
Dans un désordre affreux, tout s'en va, les fuyards
Avec eux entraînant les chefs et l'Héroïne,
Les prêtres, sur leurs pas, se frappant la poitrine,
O douleur! et, pour comble à ces malheurs nouveaux,
Les enfans écrasés sous les pieds des chevaux,
Les plaintes des vieillards, et les horribles transes
Des femmes succombant à l'excès des souffrances,
Tout un peuple épuisé de misère et de faim;
De ce siége fatal telle est la triste fin!...

Les Brigands sont partis, la ville est dans l'ivresse :
Le siége est donc levé! Quels transports d'allégresse!
Que d'acclamations, de cris de toute part,
Et quel enthousiasme éclate, à ce départ!
Quelle joie! On s'embrasse, en ce moment de fête,
On danse... Tout à coup on frémit, on s'arrête :
« N'est-ce point une feinte?... et si l'ennemi fuit,
« N'est-ce pas pour venir nous surprendre la nuit,
« Et changer notre joie en cruelles alarmes?...
« Garde à nous, citoyens! ne quittons pas nos armes! »
La nuit vient : les remparts restent clos jusqu'au jour;
Chacun reprend son poste; et, parti sans retour,
L'ennemi, déjà loin, se hâte dans sa fuite,
Des Bleus, qui sont en marche, évitant la poursuite.
Les efforts de Kléber enfin l'ont emporté :

Ils viennent; et, le cœur de zèle transporté,
Delaage accourt, guidant l'avant-garde légère,
Pour défendre la ville à son amour si chère.
Hélas! comme il souffrait, quand un ordre inhumain
Enchaînait son courage et retenait sa main!
Libre, avec quelle ardeur il s'élance, il arrive
Sur les bords de la Maine, inquiète et plaintive!
Le voilà! par la Doutre il entre, les soldats
Au sein de la cité le portent dans leurs bras.
Comme un libérateur on l'accueille, on l'entoure :
C'est lui! l'enfant d'Angers! et, fiers de sa bravoure,
Peuple, parens, amis, songeant à ses exploits,
De bénédictions le couvrent à la fois!
« Les voilà donc enfin! dit la foule enivrée;
« Mais vous venez trop tard, la ville est délivrée.
« Nous avons aux Brigands porté de rudes coups;
« Achevez leur défaite : amis! réchauffez-vous,
« Puis sur eux, à l'instant, marchez! vos pas rapides
« Les atteindront; marchez, et nous serons vos guides! »

Les Brigands, par la faim, par le froid décimés,
Fuyaient : du cher pays les chemins sont fermés!
Sort cruel! où vont-ils? Des paroisses entières
Succombent, transformant les champs en cimetières;
Et si le désespoir ne les vient secourir,
Tous, par le fer des Bleus, il leur faudra périr!
Combien gisent déjà sous les murs de la place!
La fièvre du vainqueur, qui toujours les menace,
Se calme, et la pitié, s'éveillant pour les morts,
De la guerre, un moment, adoucit les discords.

Sa main des deux partis ensevelit les restes,
Aux lieux mêmes témoins de leurs luttes funestes,
Au pied de ces remparts, maintenant abattus,
Où dorment, sous nos pas, tant de mâles vertus!

La ville cependant, rayonnante de gloire,
Ce devoir accompli, célèbre sa victoire,
Et la Convention, d'un décret souverain
Lui décerne l'honneur sur ses tables d'airain.
Plus d'ombrages : Angers, cité républicaine,
De la fière Montagne a désarmé la haine.
La France est triomphante, et son émotion
Éclate en cris d'amour et d'admiration!
Aux braves qui sont morts, à ceux qui leur survivent,
Les applaudissemens de toutes parts arrivent :
« Gloire à toi, disent-ils, héroïque cité !
« Citoyens et soldats, pleins d'intrépidité,
« Généreux défenseurs, à des hordes d'esclaves
« Vous avez opposé le noble élan des braves !
« Et ces vils ennemis à vos bras triomphans
« Ont cédé! Gloire à vous, vieillards, femmes, enfans !
« Vous étiez animé d'un sublime courage,
« Enfans qui des combats avez devancé l'âge,
« Vieillards qui retrouviez votre jeune vigueur,
« Vous, femmes, égalant les hommes par le cœur!
« Mais de la Liberté que ne peut le génie ?
« Elle marche, et son souffle abat la tyrannie,
« Et les suppôts des rois, devant elle attroupés,
« Disparaissent soudain, d'épouvante frappés !
« Et vous qu'elle inspirait, vous, ses dignes phalanges,

« Frères, amis, sa voix vous comble de louanges.
« Votre nom s'est couvert d'un honneur éternel :
« Gloire à vous ! recevez le baiser fraternel. »

FIN DU Xe CHANT.

CHANT XI.

CHANT XI.

Mais l'armée accourait : elle arrive et s'arrête
Au milieu des festins et des chants d'une fête,
Et ses valeureux chefs, à Rossignol soumis,
L'attendent, pour marcher contre les ennemis.
Surpris de ses retards, qui retiennent leurs armes,
Kléber est agité de secrètes alarmes,
Et près de lui Marceau n'est pas moins soucieux,
Quant tout à coup Daniel se présente à leurs yeux,
Daniel qu'ils n'ont pas vu depuis ce jour de gloire
Où, vainqueurs à Cholet, ils passèrent la Loire!
Depuis ce temps, témoin des fureurs de Carrier,
A Nantes gémissait le poëte guerrier;
Grâce à Vimeux, il fuit des images cruelles,
Et vient, sous leurs drapeaux, combattre les rebelles.
Étonnés de le voir, ravis de son retour,
Les héros dans leurs bras le pressent tour à tour.
Ils vont trouver Beaupuy, dont les forces brisées
Ont besoin de repos, par le siége épuisées,
Tant il y déploya, toujours sur le rempart,

De zèle et de courage, en secondant Ménard!

Ainsi, dans un moment, ensemble ils se retrouvent;
Et quelle joie, alors, ces nobles cœurs éprouvent!
Que Daniel est heureux, après de grands revers,
Quand il serre la main à des amis si chers,
De revoir, plein de vie et de chaleur dans l'âme,
Celui qu'on disait mort des blessures d'Entrasme!
Bientôt le cœur se livre à ses épanchemens,
Et, pour leurs entretiens, combien d'événemens!
Depuis trois mois, combien de choses à se dire!
Le passé, l'avenir qu'ils cherchent à prédire,
Le présent, tout est sombre!... Ils déplorent entre eux
Ce règne impitoyable, effrayant, désastreux,
Donnant des chefs, opprobre et fléau de l'armée,
Et qui de leur drapeau souillent la renommée!

« Règne affreux, dit Daniel, et fertile en forfaits :
« Si vous en aviez vu, comme moi, les effets!
« Non, amis, à ces jours de tragique mémoire,
« Non, la Postérité ne voudra jamais croire.
« Hélas! à tant d'horreurs comment ajouter foi,
« Quand on voit, des deux parts, la valeur et la foi
« Briller en même temps de l'éclat le plus rare?
« Quand, parmi les vertus, la haine qui s'égare
« Dans ses inventions cherche à se surpasser,
« Et s'épuise en moyens, sans jamais se lasser?
« Quel mélange! l'esprit en repousse l'idée.
« Le Fanatisme arma la rebelle Vendée,
« Et, passé dans nos rangs, c'est lui dont la fureur

« Éternise la lutte, en soufflant la terreur,
« Et de la Liberté veut effacer l'empire ;
« C'est lui qui règne enfin, et l'horreur qu'il inspire,
« Servant ses noirs projets, fera sur l'avenir
« D'une époque de sang peser le souvenir !...

« De cruels proconsuls vous suivent en campagne,
« Et l'instrument de mort partout les accompagne ;
« Dans les camps promené, toujours prêt, de ses coups
« Il menace, à la fois, les rebelles et vous !...
« Ce moyen de terreur, la révolte l'explique,
« Et l'immense danger que court la République,
« Et l'ennemi, que frappe un arrêt inhumain,
« Ici tombe, du moins, les armes à la main !...
« Mais un peuple soumis, et qu'en masse on immole,
« Où l'effréné soldat pille, embrase et viole,
« Chaumières, blés, troupeaux, à la flamme livrés,
« Les vieillards brûlés vifs, les enfans massacrés,
« Les femmes !... Quelle excuse à ces fureurs sauvages,
« Qui changent en désert nos malheureux rivages ?...

« Et Nantes, mes amis, dont tous les citoyens
« Sont pour la Liberté de généreux soutiens,
« Tous dévoués, connus par d'éminens services,
« Ou pour elle couverts de nobles cicatrices,
« Nantes dont la bravoure a sauvé le pays,
« Et chassé les Brigands de ses murs envahis ;
« Nantes, paisible enfin, des cités le modèle,
« Est traitée, à son tour, comme ville rebelle,
« Avec plus de fureur et plus de cruauté

« Que des murs pris d'assaut ne l'ont jamais été !
« Dois-je vous retracer ce drame de la Loire,
« Cet amas de forfaits, dont frémira l'histoire ?
« Hélas ! en ce moment, partout ils sont connus !... »

— « Divers bruits, dit Marceau, jusqu'à nous sont venus ;
« Mais ce drame effrayant nous semble imaginaire,
« Tant il surpasserait la mesure ordinaire !
« Non, la méchanceté, dans ses plus noirs accès,
« Ne peut porter sa rage à de pareils excès !
« Quoi ! ces assassinats, ces noyades de prêtres,
« De femmes et d'enfans !... Oh ! non, Daniel, quels êtres
« Pourraient les concevoir et les exécuter ?... »

— « J'ai vu, répond Daniel, et je ne puis douter :
« C'est une frénésie, horrible phénomène !
« Il est des scélérats, monstres à face humaine,
« Et nés, comme le tigre, avec l'instinct du sang,
« Heureux de le répandre, et dont l'âme ressent,
« Au seul aspect de l'homme, une effroyable joie,
« Comme la bête fauve, à l'aspect de sa proie !
« Tel est Carrier, qui tient Nantes dans la stupeur,
« Et, du carnage en paix savourant la vapeur,
« Efface en cruauté, despote impitoyable,
« Les Brigands de l'histoire et même de la fable !
« Un comité, docile à ses commandemens,
« Et des sbires affreux lui servent d'instrumens.
« Le talent, la vertu, la beauté, la jeunesse,
« L'enfance, rien n'échappe à leur scélératesse !...
« Des citoyens proscrits on marque les maisons ;

« Et, forgeant des complots, feignant des trahisons,
« Pour disposer des biens, on arrache la vie !
« De ces nouveaux tyrans la rage inassouvie
« De dépouilles se gorge et se baigne à la fois,
« Dans le sang innocent, hélas ! depuis deux mois !
« A son gré, l'Entrepôt se remplit et se vide,
« Lamentable séjour, repaire infect, avide,
« Où gisent, dans la fange étroitement pressés,
« Hommes, femmes, enfans, pêle-mêle entassés.
« A l'échafaud trop lent le fusil vient en aide,
« Tue en masse ; le sabre à la hache succède,
« Et la barque homicide emporte sur les eaux
« Les prisonniers que l'onde engloutit par monceaux !...
« Souvent on voit le fleuve, indigné de ces crimes,
« De son sein furieux rejeter les victimes.
« Je l'ai vu, tout sanglant, rapporter sur le bord
« Une femme en ses bras tenant son enfant mort,
« Une fille étreignant sa malheureuse mère !...
« Carrier sait tout : il voit, il ordonne ou tolère,
« Tranquille, ivre de sang, d'infâmes voluptés !... »

Les guerriers, au récit de ces atrocités,
Demeurent stupéfaits... « Oh ! quelle affreuse rage !
« Quel monstre on a vomi sur ce triste rivage !
« Et Vimeux, au milieu de toutes ces horreurs,
« Que dit-il ? que fait-il ?... » — « Vimeux à leurs fureurs
« Arrache autant qu'il peut de têtes innocentes,
« Frémit et se consume en plaintes impuissantes.
« Carrier, maître suprême, est fier de son pouvoir,
« Et le tigre jamais ne se laisse émouvoir.

« Longtemps à mon départ il avait mis obstacle :
« Libre enfin et fuyant un si cruel spectacle,
« J'accours; mais ce tableau me poursuit en tous lieux,
« La nuit, le jour, sans cesse, il est devant mes yeux !
« Ces victimes qu'on noie, homme et femme, attachées,
« Ces mains que l'on taillade, aux bateaux accrochées,
« Ces massacres, ces cris de mères et d'enfans...
« Ah ! de ces souvenirs en vain je me défends !
« Tout est là devant moi, chaque scène est mouvante,
« Et me fait frissonner d'horreur et d'épouvante !...

« Voilà le Fanatisme, et ses affreux moyens :
« Quel sujet de douleur pour les vrais citoyens !
« Pour nous, ô mes amis, patriotes sincères,
« Qui, dans tous les Français ne voyant que des frères,
« Rêvions un autre culte à notre déité !
« Un culte qui pour base avait l'égalité,
« Une religion, simple, douce et modeste,
« Joignant à la vertu l'autorité céleste,
« Et qui sur les cœurs purs, ou pleins d'un zèle ardent,
« Établît son pouvoir par ce double ascendant !
« La Liberté, par nous adorée et chérie,
« De ces hommes de sang n'était point la furie,
« Mais la fille du Ciel, dont le souffle divin
« De nos dissensions effaçait le levain,
« Et qui n'a pas besoin, pour soumettre les âmes,
« Du sabre des dragons, ni des eaux ni des flammes !
« Son glaive, s'il le faut, combat ses ennemis,
« Et pardonne aux vaincus, désarmés et soumis.
« A ses autels, parés avec magnificence,

« Les vœux de tout un peuple invoquaient sa puissance.
« Nos mains à la déesse offraient un pur encens ;
« Mais comment pouvait-elle entendre nos accens ?
« Un culte impie et faux mêlait ses vœux aux nôtres :
« A côté de l'autel, de perfides apôtres
« Étouffaient notre voix, et, d'un ton irrité,
« Prêchaient l'intolérance et la fraternité !...
« L'Immortelle s'enfuit, repoussant leurs hommages,
« Et le deuil, depuis lors, a voilé ses images.
« Mais, remontée aux cieux, elle inspire vos cœurs,
« Et c'est par elle, amis, que vous serez vainqueurs.
« L'auguste déité, grâce à votre courage,
« Reviendra, parmi nous, achever son ouvrage ! »

Ainsi parle Daniel, et Kléber, exalté,
S'écrie : « Oui, jusqu'au bout que notre fermeté,
« O mes amis ! traverse une cruelle épreuve !
« Le Pouvoir soupçonneux d'outrages nous abreuve,
« Tient le couteau fatal suspendu sur nos fronts !
« N'importe : sans fléchir, dévorant les affronts,
« Poursuivons la révolte, et, bravant la menace,
« Épargnons l'ennemi, qui nous demande grâce,
« Dût notre humanité nous livrer aux bourreaux !
« Amour de la Patrie, ô vertu des héros !
« Et toi, Liberté sainte, affermissez notre âme !
« Sur le champ de bataille, ou sous la hache infâme,
« Que nous fait le trépas ? il sera noble et doux,
« Si notre bras vous sert, si nous mourons pour vous ! »

Il dit : un messager tout à coup se présente,

Et remet à Marceau sa dépêche pressante.
Un décret! de l'État on reconnait le sceau :
Rossignol se retire, et fait place à Marceau.
A Marceau! ses amis sont transportés de joie :
Le Pouvoir veut donc suivre une meilleure voie!
On l'embrasse, et chacun à ce choix applaudit ;
Mais lui d'un tel honneur est confus, interdit :
« Quoi! dit-il, les premiers par le mérite et l'âge,
« Vous, amis, et Billy, Westermann et Delaage,
« Et tant d'habiles chefs, dignes de cet emploi,
« Tous du plus jeune, enfin, vont recevoir la loi!
« Ah! que de mes aînés la valeur me soutienne ;
« Kléber! plus que jamais j'ai besoin de la tienne.
« Toi, notre maître à tous, daigne, ami, nous régir :
« Sans toi, sans tes conseils, je ne veux pas agir.
« Sois mon guide, organise, à ton gré, la victoire,
« Et sur moi que tout pèse; à toi, Kléber, la gloire! »
Et, luttant avec lui de générosité,
Kléber répond : « Sois fier d'un titre mérité.
« A ta fortune, ami, tout entier je me livre,
« Et si tu meurs, Kléber ne veut pas te survivre! »

Les momens leur sont chers : perdu par Rossignol,
Le temps fuyait sans bruit, et rapide en son vol.
L'ennemi, ralliant ses troupes dispersées,
Vers la Loire, déjà, court à marches forcées,
Et du retard des Bleus profite habilement,
Pour gagner son pays, par un prompt mouvement.
Il est nuit : les héros veillent, et dès l'aurore
On entend le tambour et le clairon sonore.

Tout s'ébranle : Kléber, à ses premiers rayons,
Est en marche, suivi de vaillans bataillons,
Et, protégeant Saumur, aux enfans du Bocage
Du fleuve vendéen il ferme le passage;
Puis Marceau, qui du Loir vole occuper les bords,
Cherche à les enserrer, avec les autres corps.
Pressé par eux, pressé par les gardes civiques,
L'Insurgé se surpasse en efforts héroïques.
Il résiste partout; il résiste à l'hiver,
A la faim, plus cruels que le plomb et le fer.
Frimaire se déchaîne, avec tout son cortége :
Son haleine est de glace; et l'on voit, sur la neige,
Des cadavres épars, et des membres gelés;
Parmi des soldats Bleus écharpés, mutilés,
Des enfans morts de froid, des femmes de misère,
Un pêle-mêle affreux! La lutte dégénère,
Tous les jours plus atroce, en délire, en fureur,
Et n'offre, à chaque pas, que des scènes d'horreur.
De ces champs, aujourd'hui si rians de verdure,
Si fleuris, de ces champs, malgré l'âpre froidure,
Sort un souffle empesté, qui s'épand dans les airs,
Exhalé par les corps, dont ils restent couverts!...

Ainsi par tous les maux la Ligue est combattue;
Mais l'âme de Henri n'en est point abattue,
Et son génie, en lutte avec l'adversité,
Avec plus de vigueur n'a jamais résisté.
Repoussé par Kléber, de la Loire il s'écarte,
Il devance Marceau, se jette sur la Sarthe,
Et, malgré l'ennemi, malgré les élémens,

S'empare de la Flèche, et menace le Mans.
Comme lui, tous les chefs, au sort qui les accable
Opposent un courage, une audace indomptable.
Stofflet soutient le centre, et Talmont, harcelé,
Défend l'arrière-garde, et n'est pas ébranlé.
Henri, les guidant tous, marche avec l'héroïne.
Le Mans est devant eux : sur les bords de l'Huisne,
Aux lieux où dans la Sarthe elle finit son cours,
Ils dominent la ville et tous les alentours.
« Compagnons! dit Henri, que ce point redoutable
« Sous nos actives mains devienne inexpugnable.
« Cette ville est à nous : à l'abri du péril,
« Dans ses murs opulens restaurons notre exil,
« Et formons, en repos, un nouveau plan de guerre.
« Aujourd'hui, soyons tels que nous étions naguère ;
« Amis! que le malheur nous serve de leçon :
« Rappelez-vous Entrasme, et Dol et Pontorson!
« De ces grands souvenirs que la récente gloire
« Nous enflamme, et nous mène en triomphe à la Loire.
« Ici, de ces hauteurs fortifiant l'accès,
« Arrêtons l'ennemi, couronnons nos succès! »

Et d'un camp retranché les puissantes redoutes
S'élèvent à Pontlieue, où se joignent trois routes.
Par là viennent les Bleus, bravant, avec Kléber,
Avec Marceau, la faim, la fatigue et l'hiver.
Mais les troupes du Mans déjà sont accourues :
La garde citoyenne et de jeunes recrues,
Prévenant l'ennemi prêt à les attaquer,

Dans ses retranchemens le viennent provoquer.
Lutte inégale ! ils sont à peine quatre mille,
Contre toute une armée, à protéger la ville.
Les jeunes bataillons, jetant sacs et fusils,
Cèdent au premier choc, d'épouvante saisis.
Ces novices guerriers, dépourvus d'assurance,
Ne peuvent des Brigands soutenir la présence ;
L'Huisne les voit fuir à travers ses coteaux,
Et se précipiter en foule dans ses eaux.
Et, craignant de tout perdre, après cette défaite,
Le chef sur Bonnétable opère sa retraite.
La ville est sans défense, et manque de remparts :
Les Vendéens, à flots, entrent de toutes parts ;
Et l'armée, au dehors, occupant la banlieue,
Attend les Bleus, campée aux sommets de Pontlieue.

Dans leur impatience, ils ne tarderont pas :
Mille obstacles en vain ralentissent leurs pas.
Les voilà près d'Arnage, et, toujours à la tête,
Westermann le dépasse ; il se hâte, et s'apprête
A venger ses revers, à réparer ses torts.
Mais, toujours téméraire, il cède à ses transports ;
Et le bouillant guerrier, sans frein et sans mesure,
Au-devant des périls se jette à l'aventure.
Il compte sur Muller, qui le doit appuyer :
Le lâche l'abandonne ; et, contraint de plier,
Westermann, furieux, à son sabre en appelle ;
Il jure, en frémissant, par ce sabre fidèle,
Que l'ennemi, forcé dans ses retranchemens,

Avant deux fois la nuit, lui livrera le Mans!

Marceau vient, et Tilly, par son ordre échelonne,
Aux deux bords du chemin, sa vaillante colonne.
Westermann, sûr de vaincre, avec un tel secours,
S'écrie, à sa fureur donnant un libre cours :
« Clairons, sonnez la charge ! » Et son coursier l'emporte,
Il fond sur l'ennemi ; jamais, de telle sorte,
Son sabre n'a jeté de sanglantes lueurs,
De l'homme et du coursier n'ont coulé les sueurs !
Lutte affreuse ! Ilion nous vante ses batailles :
Jamais rien de pareil n'effraya ses murailles,
Dans ces combats fameux, sur la lyre chantés.
Une égale valeur brille des deux côtés;
Mais l'insurgé du site a pour lui l'avantage,
Et son camp, où des Bleus vient se briser la rage,
Son camp, fortifié par la nature et l'art,
Se défend de lui-même, invincible rempart.
Comment donc l'enlever, quand une armée entière
Défend, avec ardeur, cette éminence altière ?
Quand Talmont, Angéline, et Stofflet, et Henri,
Sont partout, donnant l'âme à ce peuple aguerri ?
Talmont, comme un soldat, s'expose ; à son panache(1),
Avec acharnement, un cavalier s'attache.
Le héros, devant lui, tout à coup s'arrêtant,
Lui crie : « A nous deux ! Viens ! » Le hussard, à l'instant,
S'élance et croit tenir sa brillante conquête ;

---

(1) Les généraux vendéens ne se distinguaient des soldats que par leur chapeau, revêtu du panache blanc.

Mais, d'un coup furieux, Talmont lui fend la tête,
Et le sabre, en sa main, est si prompt et si fort,
Que le cavalier tombe à ses pieds raide mort !

Et Westermann a fait un vain serment peut-être :
Avant deux fois la nuit, du Mans sera-t-il maître ?
Le deuxième soleil, qui le doit voir entrer,
Déjà décline et semble à regret se montrer ;
Et du fier général les attaques sont vaines !
Deux fois il a chargé les lignes vendéennes,
Et, deux fois repoussé, de rage pâlissant,
Il frémit, il en veut à son sabre impuissant.
Cette âme si superbe est troublée, inquiète...
« Marchons ! lui dit Marceau, marchons ! » La baïonnette,
Sur les pas du guerrier, qu'enflamme cette voix,
Charge, avec les hussards, une troisième fois.
La redoute est forcée, et corps à corps on lutte,
Dans les retranchemens, que l'Insurgé dispute.
On se mêle, on s'égorge, on se tue, et longtems
Le combat acharné tient les destins flottans.
Le combat cesse enfin : les Vendéens fléchissent,
Abandonnent leur camp et le pont qu'ils franchissent.
Henri, désespéré, ne les peut rallier :
Il rentre au Mans, et cherche à s'y fortifier.

La nuit vient : le soleil, dont baisse la lumière,
Va, dans une heure au plus, terminer sa carrière.
Marceau veut, pour l'attaque, attendre au lendemain :
« Arrêtons-nous, dit-il ; Kléber est en chemin.
« Il s'avance ; et, demain, nos troupes épuisées

« Pour un nouveau combat se seront reposées. »
— « Non, non ! dit Westermann, qui songe à ses sermens :
« Notre position, mes amis, est au Mans.
« L'ennemi fuit : pressons-le, exterminons la Ligue !
« Le soldat échauffé ne sent pas sa fatigue,
« Et pour nous la bataille est le plus doux repos.
« Marchons ! dis-je à mon tour. » Tout s'ébranle à ces mots,
Et l'armée, où le cœur du même élan palpite,
Sur la ville, à l'instant, fond et se précipite.
Tel bondit un lion, de coteaux en coteaux,
Quand le pâtre, le soir, rassemble ses troupeaux,
Tel Westermann s'élance, avec son avant-garde ;
Le premier dans la ville il entre, et ne regarde
Si de près on le suit, et s'il est soutenu.
Les Brigands sont postés : Henri l'a prévenu.
Au gré de ses désirs, il trouve la bataille :
Par un feu de mousquets, par un feu de mitraille,
On l'accueille, et d'abord, haletans, décimés,
Les Bleus, malgré l'ardeur dont ils sont animés,
S'arrêtent... Westermann, que sa fougueuse audace
Emporta, d'un seul bond, jusqu'à la grande place,
Résiste en vain, se trouble, et va plier encor.
Mais Marceau l'a suivi dans son rapide essor :
Génie ardent, mais calme, et que la raison guide,
D'un coup d'œil, sur les lieux, Marceau voit et décide.
Il soutient Westermann, fait avancer Tilly,
Et le combat s'échauffe, aussitôt rétabli.
Marceau dirige tout ; et la nuit est venue :
Nuit d'angoisse ! le feu, dans l'ombre, continue.
Le salpêtre s'embrase et tonne avec fureur,

Au sein de la cité, tremblante de terreur.
Mais la lutte, un moment, suspend enfin sa rage :
Des deux parts, la fatigue a brisé le courage !

Il était nuit encore : à peine du matin
Dans la ville se glisse un rayon incertain,
Les Brigands sont debout, et prennent l'offensive ;
La lutte, avec le jour, recommence plus vive.
Le plomb siffle, le bronze ébranle la cité ;
Des deux parts, le soldat, par les chefs excité,
Sent renaître sa force, en voyant la lumière,
Et la mitraille éclate, ardente et meurtrière.
Un élan frénétique anime tous les bras,
Presse et nourrit le feu, qui sort avec fracas
Des maisons qu'on assiége, et du pavé des rues,
De tous les carrefours, par toutes les issues,
Et la ville apparaît comme un brasier fumant,
D'où la flamme en courroux jaillit incessamment !

Marceau, lassé de voir la victoire indécise,
Va, par un coup de maître, accélérer la crise,
Et, fixant aussitôt le destin du combat,
Il arrête le feu : partout la charge bat,
Les troupes, à sa voix, marchent électrisées,
Et les portes, soudain, les fenêtres brisées,
Et les retranchemens, les fossés, vains remparts,
Tout leur cède : bientôt, forcé de toutes parts,
L'Insurgé ne tient plus, et, d'effroi stupéfaite,
La Sarthe voit alors une affreuse défaite.
Les rebelles à peine étaient maîtres du Mans,

Elle a vu le pillage et les égorgemens,
Et des Bleus, aujourd'hui que la fortune change,
Le fer victorieux cruellement se venge.
Dans les rangs ennemis le trouble et la terreur
Du soldat irrité secondant la fureur,
L'impitoyable fer, dans son aveugle rage,
Sans relâche et sans fin, s'abreuve de carnage.
L'armée en fuite étale un désordre effrayant :
A sa ruine entière elle échappe en fuyant.
Mais cinq mille des siens sont tombés sur l'arène,
Et de morts et de sang la ville est toute pleine,
Pleine de prisonniers, d'un immense butin,
De débris, au vainqueur livrés par le destin !

Et, parmi les captifs, Angéline est restée.
Autour d'elle tout fuit ; mais, toujours indomptée,
L'héroïne se montre au-dessus des revers,
Et, courant à la mort, elle trouve des fers !...
Au milieu du désastre, où le ciel les condamne,
La voix d'En Haut lui dit de sauver Marie-Jeanne :
« Du peuple vendéen c'est le suprême espoir ;
« Malheur si l'ennemi l'avait en son pouvoir !
« A toi seule, Angéline, à toi de la défendre ! »
Telle à ce noble cœur la voix se fait entendre ;
Et son ardente foi, qui jamais ne faillit,
Sa foi n'hésite pas : la guerrière obéit ;
Et près d'elle se range une élite éprouvée,
La troupe de Kessler, qui, de son chef privée,
A son pressant appel se hâte d'accourir,
Pleine de son ardeur, résolue à mourir.

Ces fiers aventuriers, ainsi qu'une redoute,
De l'armée, à la fois, protégent la déroute
Et font à Marie-Jeanne un rempart de leurs corps,
Et sur eux du combat pèsent tous les efforts.
Aucun d'eux ne fléchit, et tandis que l'Idole
Sur son brûlant essieu rapidement s'envole,
Rejoignant les débris au désastre échappés,
Ces braves tiennent seuls les vainqueurs occupés.
Marie-Jeanne est sauvée! Angéline ravie
Pour prix d'un tel exploit voudrait donner sa vie;
Mais ce noble désir l'embrase en vain : le sort
Lui refuse l'honneur d'une si douce mort!
Il fallait à son âme une épreuve dernière :
Le Ciel veut qu'elle vive; et, des Bleus prisonnière,
Sans murmurer, soumise à la loi du vainqueur,
De l'arrêt, avec calme, elle attend la rigueur.

Déjà les Comités demandent leurs victimes;
Mais les chefs aux vaincus se montrent magnanimes.
Lion dans le combat, vainqueur humain et doux,
Le généreux Marceau voudrait les sauver tous.
La veuve de Silvain le charme et l'intéresse,
Et, pour elle inquiet, le héros, qui se presse,
La confie à Daniel : « Va, dit-il, hâte-toi,
« Emmène-la : craignons que, s'armant de la loi,
« Le cruel Comité demain ne la réclame,
« Et ne livre au bourreau cette héroïque femme !
« Quelle honte !... Voici pour elle un sauf-conduit ;
« Prends une escorte sûre, et, grâces à la nuit,
« Vole à Nantes, Daniel : là mes sœurs et ma mère

« Offriront un asile à sa noble misère.
« Le chemin t'est connu, qui mène à leur séjour :
« Agis avec prudence, et presse ton retour.
« On dira, s'il le faut, pour apaiser la haine,
« Qu'avec ses compagnons la fière Vendéenne,
« Au sein de la mêlée, est morte en combattant ! »
Fier de sa mission, Daniel part à l'instant.

Cependant, vers Laval, les bandes révoltées
Devant le fer des Bleus fuyaient épouvantées,
Et sur leurs pas traînaient les restes de l'exil,
Débris infortunés, pour qui tout est péril,
Le soldat furieux, le peuple des campagnes,
Accablant les fuyards, leurs enfans, leurs compagnes.
Sort cruel! Et les chefs, tout en les poursuivant,
A ces bras inhumains les arrachent souvent.
Delaage, dont le cœur sur tant de maux soupire,
Signale, à chaque pas, la pitié qui l'inspire.
Entre mille beaux traits, par un rare bonheur,
Une vierge lui doit et la vie et l'honneur.
La foule des vaincus, telle qu'une nuée,
Fuyait, à son approche, éparse, exténuée.
Dans un bois, tout à coup, attiré par des cris,
Il y vole : à ses yeux indignés, attendris,
O douleur! se présente une fille éplorée,
Jeune et belle, qu'il voit, la robe déchirée,
Presque nue, et l'effroi, la mort dans les regards,
Haletante, lutter aux mains de trois hussards.
Delaage fond sur eux : son sabre les foudroie!
Les assaillans, contraints d'abandonner leur proie,

S'éloignent à grands pas, rudement châtiés,
Et sans force l'enfant roule à terre à ses pieds.
Un chasseur le suivait, détaché de sa troupe :
« Relève-la, dit-il, et prends-la vite en croupe,
« Que ton manteau la couvre; et si le moindre affront
« L'outrage, souviens-toi que ta tête en répond ! »
On arrive à Laval; les bandes ennemies
N'y sont plus : le héros, entre des mains amies,
Remet son cher dépôt (1), et suit les insurgés
Devant eux déjà loin, par la nuit protégés.

Les chefs ont dit, rendus à la dernière épreuve,
« Il faut passer la Loire ! » Et sur les bords du fleuve
A la hâte on se porte; et quel temps ! quels chemins !
Quel trajet ! On s'épuise en efforts surhumains,
On souffre, sous la pluie incessante et glacée,
Des maux que n'oserait concevoir la pensée.
Pendant deux mortels jours et deux affreuses nuits,
Des blessés, des vieillards, des femmes, sont réduits

---

(1) Deux ans après, en 1795, Delaage était employé dans l'armée de Hoche, quand un Vendéen, le comte de Maynard, l'envoya prier instamment et en secret de venir dîner à son château de la Claye, qu'il habitait malgré la guerre. Delaage y va, et l'on se met à table : la haine était vive entre les deux partis; mais on y faisait trêve pour boire, chanter, trinquer et profiter même de ces rapprochements pour parlementer. — Au dessert, Delaage est surpris de voir des bouquets que lui présentaient de jeunes filles, et, à leur tête, la plus jolie de toutes, qui, sous le nom de Perrette, l'avait servi pendant tout le dîner. Il ne l'avait pas reconnue. C'était elle pourtant, la fille du comte de Maynard, celle qu'il avait sauvée de l'outrage et de la mort; elle était devant lui tout en larmes : le père, la mère, toute la famille pleurait; Delaage pleurait aussi. Mais la nuit vint : « Adieu, dit-il, mes hôtes! » — On voulait le retenir, mais comment? « Vous êtes royaliste, je suis républicain; aujourd'hui du vin, demain du sang : c'est « le devoir, c'est le sort. Au revoir, Monsieur le comte! » — Il part au galop, rentre à Luçon, et le lendemain il était à cette affaire de Saint-Cyr qui lui valut de Hoche un billet plus beau et plus cher que tous les titres. — (Fr. Grille.)

A marcher sans relâche, à suivre, au pas de course,
Une armée aux abois, et comme eux sans ressource,
Sans pain ! Hélas ! combien en meurent ! que d'enfans,
De misère et de froid sur la route expirans,
Frêle et dernier espoir de leurs tristes familles !
Que d'atroces douleurs ! De pauvres jeunes filles,
Les pieds nus, déchirés, ne peuvent faire un pas,
Sans teindre de leur sang la neige ou le verglas !
Avec gloire, du moins, la charité pratique
Ce qu'elle a de plus saint et de plus héroïque.
Des prêtres, secourant malades et blessés,
Les portent, tour à tour, sous la charge affaissés.
Le pasteur du Grala, parmi ces dignes prêtres,
Donne l'exemple ; et, prêt à servir d'autres maîtres,
L'ambitieux Bernier, voyant l'horizon noir,
Lâchement abandonne un drapeau sans espoir !...

Enfin, à bout d'efforts, de souffrances cruelles,
Ils gagnent Ancenis : deux légères nacelles
Pour tant de passagers là s'offrent par hasard.
Le trajet, cependant, ne veut aucun retard ;
Et, d'un œil inquiet explorant les deux rives,
On voit, à l'autre bord, quatre barques oisives.
Un cri d'espoir s'élève ! et sur les deux bateaux
Se jettent vingt guerriers, qui traversent les eaux.
Ces braves, de la Loire affrontant la furie,
Avec trois chefs, Beaugé, Stofflet et Laugerie,
Retiendront sur le bord les soldats fugitifs...
Tous les yeux sont tendus sur ces frêles esquifs,
Où flottent leurs destins, à la merci de l'onde !

Par les vents soulevé, le fleuve écume et gronde,
Rapide, impétueux, enflé comme un torrent :
Malheur! les deux canots, qu'emporte le courant,
Vont sombrer! On les voit lutter contre l'orage!...
Henri lance aussitôt son coursier à la nage :
N'écoutant que son zèle en ce pressant danger,
Il veut les secourir, et les encourager;
Et le fleuve, indigné de cet élan sublime,
Tourne alors contre lui le courroux qui l'anime.
Les esquifs, désormais, vont au but sans effort,
Et de la rive gauche ils atteignent le bord.
Mais le héros, sur l'onde, est l'objet de sa rage :
La tempête redouble; enflammé de courage,
Le généreux coursier, aux périls aguerri,
La brave, sous la main, à la voix de Henri.
Compagnons d'infortune, ils tiennent ferme ensemble :
Le fleuve, avec fureur, de ses flots qu'il rassemble,
Les poursuit, les harcelle, et du noble coursier,
Par un choc violent, renverse l'écuyer.
Le fougueux animal, au sein de la tourmente,
Se débat, mais, pressé par la vague écumante,
Il regarde son maître, et d'efforts superflus
Épuisé, s'engloutit, et ne reparaît plus!
Seul enfin, le héros, qu'un même sort menace,
Au fleuve impitoyable oppose son audace.
Tantôt il disparaît sous le flot irrité,
Tantôt revient sur l'onde avec agilité;
Et vainement le fleuve à sa perte s'obstine,
L'intrépide guerrier de la vague mutine
Comme Achille triomphe, et, non moins glorieux,

De ce nouveau Scamandre il sort victorieux !

Tous les siens frémissaient du danger qu'il surmonte :
On l'accueille en vainqueur ! et tous, d'une main prompte,
Pour l'armée en péril, s'empressent de vider
Les barques dont le sort ne veut pas les aider...
Une patrouille arrive : avec sa faible escorte,
Henri sort des bateaux, se défend et l'emporte ;
Après un vif combat, il repousse les Bleus,
Qui reviennent soudain, suivis d'un corps nombreux.
O revers ! le héros, que le Ciel abandonne,
Fera-t-il résistance à toute une colonne ?
Il l'ose, et, ralliant, pour un combat nouveau,
Ses vingt hommes, les range au sommet du coteau.
Et sa troupe, longtemps, fait bonne contenance ;
Mais le nombre l'accable ; et, malgré sa vaillance,
Malgré le désespoir qui triple sa valeur,
Elle cède à la force, elle cède au malheur.
Et, seul avec Beaugé, qui lui reste fidèle,
L'Achille vendéen, des braves le modèle,
Ne fuit pas : il résiste, aidé par cet ami,
Et leur noble retraite impose à l'ennemi !

La colonne s'en va, lasse de les poursuivre ;
Mais, pour les éprouver, le Ciel les laisse vivre !
Ils songent à l'armée, à ses maux déchirans !
Loin d'elle, tout le jour, dans la campagne errans,
Pour seul abri le ciel, pour tous mets des racines,
Dans ces champs que leur guerre a couverts de ruines,
Et par un tel spectacle accablés de douleur,

Ils marchent; et, le soir, effrayans de pâleur,
Mourans de froid, de faim, ils abordent sans crainte
Une ferme habitée, hospitalière enceinte.
Ils entrent, et leur vue excite la pitié :
Le fermier les restaure, et leur fait amitié ;
Et le bon paysan, de ces lieux digne maître,
Observe le héros, et croît le reconnaître :

« Général ! lui dit-il, à la fin du repas,
« Croyez-moi, dans ces lieux ne vous arrêtez pas.
« Notre ferme est suspecte, et les Bleus, à toute heure,
« Rôdant autour de nous, visitent ma demeure! »
Mais, déjà dans la grange, et sourds à ce conseil,
Sur la paille tous deux se livrent au sommeil.
Bientôt le paysan : « Fuyez, je vous supplie,
« Fuyez vite : de Bleus la maison est remplie ;
« Dans un moment, ils vont se coucher près de vous ! »
— « Qu'ils viennent, dit Henri : Dieu dispose de nous.
« De fatigue brisés, le sommeil nous accable;
« Le repos, mon ami, nous est indispensable.
« Ici nous dormirons, dussions-nous y périr :
« Daigne la Providence, enfin, nous secourir !... »
Et le paysan sort ; puis, ô destin étrange !
Trente Bleus fatigués, étendus dans la grange,
Auprès des Vendéens s'endorment, sans songer
A troubler leur repos, qu'ils viennent partager.
L'aube annonce le jour : Henri toujours sommeille;
Il dort profondément : Beaugé, qui le réveille,
Sans dire mot, d'un geste est prompt à l'avertir,
En lui montrant les Bleus, qu'il est temps de partir.

Ils quittent sur-le-champ leurs périlleuses couches,
Chacun prend aux soldats un fusil, des cartouches,
Et tous deux, plus dispos, délassés par la nuit,
Pour gagner la campagne, ils s'éloignent sans bruit.

Laugerie et Stofflet (¹), par une habile fuite,
Ont des Républicains évité la poursuite,
Et franchissent déjà la Sèvre à pas pressés ;
Mais eux, toujours errans, et toujours menacés,
Réduits à disputer leur triste nourriture
Aux soldats ennemis qui passent d'aventure,
Un bois est leur asile, et là, pendant huit jours,
Ils demeurent cachés, sans gloire et sans secours.

Henri pleure une cause avec zèle servie,
Et veut lui consacrer les restes de sa vie.
Il sort de sa retraite : un corps de villageois
Autour du drapeau blanc se rallie à sa voix.
Tous jurent de le suivre, et l'intrépide bande,
Digne par sa valeur du chef qui la commande,
Par un brillant début en montre les effets :
Les ennemis, par elle attaqués et défaits,
Cèdent, malgré leur nombre, à l'ardeur qui l'enflamme.

(1) Stofflet était parvenu à gagner Maulévrier ; il ralluma la guerre dans la Vendée, et tint quelque temps avec Charette.

Henri La Rochejaquelein, de son côté, après avoir erré seul, y forma des rassemblemens, et ne fut tué par un soldat, comme on le rapporte ici, qu'en 1794, à Nuaillé. Mais l'auteur a dû, pour l'intérêt du poëme, faire coïncider sa mort avec sa séparation de l'armée.

C'est par la même raison que, dans le chant qui va suivre, la mort du général Haxo est placée à la même époque. Un poëme n'est pas une histoire, et ces deux faits étaient de nature à ne pas être omis et détachés du tableau de la grande lutte vendéenne.

Le héros sent l'espoir renaître dans son âme,
Et cet exploit l'entraîne à de nouveaux hasards :
Il poursuit sa victoire ; et, parmi les fuyards,
Que l'effroi, devant lui, disperse et précipite,
Un grenadier se range à l'écart et l'évite.
Henri veut le saisir, et les siens de crier :
« Arrêtez, général !... » Ce nom, du grenadier
Soudain frappe l'oreille et, réveillant sa haine,
Inspire du soldat l'âme républicaine.
Sûr de périr, il veut, à son dernier instant,
Signaler sa valeur par un trait éclatant.
Au moment où sur lui son rival téméraire
S'élance, avec sang-froid ce terrible adversaire
A bout portant l'ajuste, et le coup est fatal :
Il étend roide mort l'imprudent général.
Et, le front radieux, le soldat dans la tombe
Le suit : percé de coups, sur son cadavre il tombe.

Une fosse est creusée, et les deux ennemis
Y reposent en paix, côte à côte endormis.

FIN DU XIe CHANT.

CHANT XII.

CHANT XII.

Quand le chef vendéen tombait, que son armée,
Après l'adieu suprême à la patrie aimée,
Fuyait de Westermann le sabre triomphant,
La République aussi perdait un noble enfant :
Haxo, qu'avec douleur la Liberté regrette,
Expirait sous les coups des soldats de Charette.

Charette guerroyait, dans ses bois retranché :
Du brave général, à ses pas attaché,
Il craignait la rencontre, et par d'habiles feintes
Il avait su toujours éviter ses atteintes.
Haxo croit le tenir enfin dans ses réseaux,
Il le presse, et parvient à le joindre aux Clouzeaux;
Mais le fier Insurgé cette fois lui tient tête,
Accepte le combat, et sur-le-champ s'apprête.
Joly, les chefs sont là, d'ardeur rivalisans :
« Courage, mes amis ! dit-il aux paysans.
« Le moment est venu : marchons ! cette journée
« Va de notre pays fixer la destinée ! »

Les cris : Vive le roi ! s'élèvent dans les airs :
Charette alors s'élance, et sur trois points divers
Les Bleus sont assaillis... Haxo se persuade
Que l'ennemi déploie une vaine bravade,
Et que, par cette ruse, il veut favoriser
Sa fuite qu'il prépare et cherche à déguiser.
Bientôt le général reconnaît sa méprise :
Sa troupe, à l'improviste, attaquée et surprise,
S'ébranle, et tout s'enfuit, fantassins et chasseurs :
Lui, resté presque seul, contre tant d'agresseurs,
Se défend; mais soudain son coursier, qui s'effraie,
Ardent, impétueux, veut franchir une haie :
Le cheval s'embarrasse aux branches du hallier,
Et tombe à la renverse avec son cavalier.
Par la chute blessé, le guerrier se relève,
S'appuie au tronc d'un chêne, et, brandissant son glaive,
Repousse les Brigands, qui joignent leurs efforts,
Et dont nul n'oserait l'attaquer corps à corps,
Tant son air est terrible, et tant, avec furie,
Son sabre est flamboyant ! Charette en vain lui crie :
Rendez-vous, général ! Haxo n'écoute pas ;
Il veut, criblé de coups, lutter jusqu'au trépas,
Et sur lui vainement une horde se jette :
Lui se rendre ! Au mépris des ordres de Charette,
Un Brigand, à ses pieds, l'abat d'un coup de feu.
On l'achève sur place; et, dans ce même lieu,
Le héros (¹) enterré repose, exempt d'outrage,

(1) Le brave général Haxo repose, en effet, sous l'arbre qui fut témoin de sa bravoure, entre le bourg des Clouzeaux et le village de la Grole, près de la grande route de Napoléon aux Sables-d'Olonne, en face de la rue qui, dans la ville nouvelle

Oublié sous le chêne où brilla son courage !...
Son beau coursier de guerre est là pleurant sa mort,
Et devient aux vainqueurs un sujet de discord.
Charette s'en empare, et Joly le réclame ;
Chacun a son parti : la dispute s'enflamme,
S'envenime, et déjà les sabres menaçans
Se lèvent ! Des rivaux on calme enfin les sens.
Charette obtient le prix ; mais la haine mortelle
Qu'il voue à son rival, survit à la querelle,
Et le sang de Joly bientôt l'assouvira.
Charette aura son tour, et de près le suivra.
Qu'il appelle à son aide et la ruse et l'audace,
N'importe : Haxo n'est plus, mais Travot le remplace,
Et, digne successeur, il jure d'acquitter
La dette du héros qui vient de les quitter !

Ce récit vole au camp, et de leur frère d'armes
Tous plaignent le destin et lui donnent des larmes,
Et tous, en même temps, applaudissent au choix
Du généreux Travot, brave, humain à la fois,
Et qui, plein de valeur, saura par la clémence
D'une guerre cruelle étouffer la semence.

Mais, fuyant Ancenis, et vivement pressés,
Les débris vendéens écrasés, dispersés,
Passent l'Erdre à la hâte, et l'Adou sur ses rives
Bientôt rallie à Blain leurs troupes fugitives.

---

de la Vendée, porte son nom, seul hommage rendu à sa mémoire, et que l'auteur de ce poëme est heureux de lui avoir fait décerner, parmi les dénominations qu'il avait proposées pour les rues de sa ville natale.

Ils se rangent alors, et, les suivant de près,
Marceau, pour le combat, les trouve déjà prêts.
Le choc est imminent : Kléber, avec Mayence,
Accourt; Tilly le suit, Westermann le devance,
Le bouillant Westermann, dont le sabre est levé,
Et qui semble frémir d'un rôle inachevé.
Sur ses récens exploits l'armée enfin s'appuie,
Et marche; mais le ciel à flots verse la pluie,
Les ruisseaux de leur lit sortent à gros bouillons,
Et viennent ralentir les pas des bataillons.
On combat, jusqu'au soir, l'onde qui se déchaîne,
Et la lutte est remise à l'aurore prochaine,
Lutte qui doit fixer le sort des deux drapeaux,
Et de la République assurer le repos.

Il est nuit : Marceau veille, et, plein de la bataille,
Une autre inquiétude en secret le travaille.
Daniel ne revient pas ! et, surpris, tourmenté,
Il s'agite : témoin de son anxiété,
Kléber, qui n'a pas su le départ du poëte,
Demande à son ami quel sujet l'inquiète.
Marceau dit de quel soin il a chargé Daniel,
Et comment ses retards dans un doute cruel
Le plongent... Et Kléber compatit à sa peine.
Pendant qu'ils s'affligeaient, Daniel, tout hors d'haleine,
A pas précipités, pour les joindre, accourait;
Soudain la porte s'ouvre, et c'est lui qui paraît !
Il entre, en s'écriant : « Victoire ! elle est sauvée !
« Marceau, de quel péril Vimeux l'a préservée !
« Elle échappe à la mort, grâce à toi, grâce à lui,

« Et par son dévouement, et par ton noble appui ! »

Le jeune Vendéen, haletant, se repose,
Et continue, après une légère pause :
« Nous avions évité jusqu'au dernier écueil,
« Et de ta mère, enfin, nos pas touchaient le seuil,
« Lorsque des prisonniers, qu'au supplice on destine,
« Passant auprès de nous, l'un s'écrie : Angéline !
« On s'arrête à ce nom, et l'escorte aussitôt
« Avec les prisonniers nous mène à l'Entrepôt,
« Où, malgré ton écrit, les sbires nous retiennent !
« Mes plaintes à Vimeux, après deux jours, parviennent.
« Vimeux réclame en vain : la rage de Carrier
« Reste sourde, insensible à la voix du guerrier,
« Et contre l'Héroïne, à la mort condamnée,
« Elle éclate surtout, implacable, acharnée.
« — « Quoi ! mettre une rebelle au-dessus de nos lois !
« Vous l'avez épargnée une première fois,
« Et votre Dubayet est frappé de disgrâce.
« Non, non, plus de pitié pour elle, plus de grâce !
« Nos soldats, par sa mort, doivent être vengés ! » —
« Et soudain, du cachot où nous sommes plongés
« On l'arrache, et pour toi me remettant ce gage,
« Ce portrait, de son cœur éloquent témoignage,
« L'Héroïne, en sortant, me dit : — Adieu, Daniel ! —
« Le front calme et serein, les yeux levés au ciel,
« Elle part !... Mais Vimeux au bourreau la dispute,
« Avec le proconsul poursuit sa noble lutte,
« Et, fort de cet écrit, que tu m'avais remis,
« Menace, en les bravant, ses cruels ennemis.

« Il court à l'échafaud, où Carrier déshonore
« Et souille dans le sang l'écharpe tricolore,
« Où lui-même, entouré de sicaires affreux,
« Il ordonne. A l'aspect du héros généreux,
« Et des braves soldats que sa parole anime,
« Il pâlit!... Et déjà l'intrépide victime
« D'un pas ferme montait les funestes degrés,
« Les bourreaux, les bras nus, de carnage altérés,
« Attendaient, quand Vimeux et s'élance et s'écrie :
« — « Arrêtez! Quelle est donc cette atroce furie?
« Est-ce en vain qu'à nos lois une femme a recours?
« De quel droit oses-tu disposer de ses jours,
« Carrier? Je la défends, son destin me regarde :
« C'est le vainqueur du Mans qui la met sous ma garde.
« Elle est sa prisonnière : à toi de respecter
« Ses ordres, que nos bras viennent exécuter;
« Et si j'enfreins vos lois, j'en réponds sur ma tête! » —
« Il dit, et le couteau, déjà levé, s'arrête.
« Les bourreaux interdits, et Carrier frémissant,
« Sont atterrés : Vimeux à ces hommes de sang
« Arrache l'Héroïne et, bravant leur colère,
« La remet, saine et sauve, à tes sœurs, à ta mère.
« Et par lui, sur-le-champ, moi-même délivré,
« Marceau! vers toi j'accours, de bonheur enivré,
« Et je viens partager, après cette victoire,
« De vos derniers combats les périls et la gloire! »

Marceau serre Daniel dans ses embrassemens;
Les guerriers, au récit de ces événemens,
De leurs prochains succès y voyant le présage,

Du héros de Mayence admirent le courage ;
Et pour le lendemain plus forts, plus rassurés,
Ils attendent le jour, au combat préparés.
Le jour vient; mais l'armée, ô surprise ! s'éveille,
Sans revoir l'ennemi, qui les bravait la veille :
Malgré la pluie affreuse et l'horreur de la nuit,
Les Vendéens, dans l'ombre, ont quitté Blain sans bruit.
Ils gagnent Savenay; sur ces nouveaux rivages,
On les suit, et l'Adou, grossi par les orages,
Impuissante barrière à l'ardeur des soldats,
Des Bleus impatiens n'arrête point les pas.
Du torrent qui déborde affrontant les secousses,
Dans l'eau jusqu'à l'aisselle, ils portent les gargousses,
Les caissons, et, joyeux sous leurs pesans fardeaux,
Les habits ruisselans, et le sac sur le dos,
Ils reprennent leur course, ardens, infatigables ;
Et, surpassant l'éclat de nos antiques fables,
Ces hommes, sur les pas de Marceau, de Kléber,
Pour dompter la nature, ont une âme de fer !

Cependant l'Insurgé, non moins dur aux fatigues,
Au flot qui le menace oppose mille digues.
Maître de Savenay, par d'inouïs efforts,
Il creuse des fossés, il élève des forts,
Crénelle les maisons, et dresse en batteries
Les pièces, dans leur fuite, à l'ennemi ravies.
Marie-Jeanne préside à leurs derniers travaux :
Sous les vives couleurs de ses rubans nouveaux,
L'Idole, en ce moment, de ce peuple fidèle,
Pour venger ses revers, surexcite le zèle,

Et, par elle animés, résolus à périr,
Ils ne céderont pas, ils sauront tous mourir.
De ses meilleurs appuis pourtant l'armée est veuve :
Où sont Henri, Stofflet, qui passèrent le fleuve?
Elle ignore leur sort ! Talmont lui fait défaut,
Talmont déjà livré peut-être à l'échafaud,
Et fidèle au devoir dont son âme est armée,
Digne de ses aïeux et de sa renommée (¹).
Scépeaux est poursuivi, seul il n'a pu tenir :
Au suprême moment, qui les va soutenir?
Angéline est captive ! Une foule éperdue,
Et qui suit Forestier, croit leur cause perdue,
Et court au Morbihan, dans l'effroi général,
Se ranger sous Puisaye et Georges Cadoudal !...

Vendée ! il est encore un soutien qui te reste,
Homme austère, intrépide à la fois et modeste,
Et qui, fuyant l'éclat, exempt d'ambition,
S'est toujours effacé, hors les jours d'action,
Le frère de Daniel, le brave Laugrenière !
Aujourd'hui que les chefs manquent à leur bannière,
Il est prêt, et sa main, relevant le drapeau,
De la suprême tâche assume le fardeau.
Il a peu de soldats; mais l'armée éclaircie
Lui présente une élite, à la guerre endurcie,
Comme ceux de Lyrot, et comme l'escadron

---

(1) Talmont, à la suite de la défaite du Mans, après avoir erré quelque temps dans la campagne, fut pris et amené à Laval, devant le représentant du peuple, qui voulut l'interroger : « Fais ton métier, lui répondit Talmont; j'ai fait mon devoir ! » Et il périt sur l'échafaud, près du château de ses ancêtres.

Qui, si vaillant, s'élance à la voix de Piron.
Et Laugrenière, enfin, digne chef, se repose
Sur des cœurs éprouvés, fidèles à leur cause.
Le héros ne sait pas que Daniel est venu ;
Il croit toujours son frère à Nantes retenu,
Ce frère, objet constant de sa vive tendresse,
Et, quand pour le combat il s'enflamme, il se presse,
Heureux, dans son erreur, trop heureux de songer
Que Daniel est du moins à l'abri du danger !

Mais le jeune Marceau, dont l'ardeur est la même,
Et non moins résolu pour la lutte suprême,
S'avance, déployant, devant les insurgés,
Ses bataillons, à droite, à gauche dirigés.
Prieur est accouru, criant : « A l'arme blanche !
« En avant ! en avant ! » Et comme une avalanche,
L'énnemi, dans sa rage, au désespoir réduit,
S'en va fondre et bientôt, profitant de la nuit,
Jusqu'à Nantes jeter les troupes refoulées,
Dans la confusion, aux rebelles mêlées !...
Westermann applaudit à ces fougueux transports ;
Mais Kléber les repousse, et ses sages efforts
L'emportent : son génie, aussi ferme qu'habile,
Sait combien la fortune à la guerre est mobile !
Toute la nuit, en vain, Prieur vient l'obséder :
Il résiste et contient Marceau, prêt à céder.
Ce courage élevé, qui froidement raisonne,
Aux caprices du sort jamais ne s'abandonne,
Et par un plein succès, gage de l'avenir,

La guerre des Géans, grâce à lui, doit finir.

C'est l'époque où le Christ naquit sur notre globe :
La bataille s'annonce et commence avec l'aube,
Sous un ciel agité, sombre et tempêtueux,
Le vent d'ouest soufflant, à coups impétueux,
La veille de Noël, du grand anniversaire ;
On entend l'Angelus sonner à Saint-Nazaire,
A Montoire, et le bruit de leurs cloches, dans l'air,
Se mêle aux roulemens de la grondante mer.

Des deux parts la valeur passe toute croyance :
Faut-il s'en étonner? c'est France contre France,
Et deux drapeaux, à mort, accourant se choquer !
L'Insurgé n'attend pas qu'on le vienne attaquer ;
Leur chef, qui ne s'arrête à des paroles vaines,
Dit : « Vendons cher le sang qui reste dans nos veines! »
Tous les cœurs ont compris, ulcérés de leurs maux :
Le feu, comme un cratère, éclatant à ces mots,
Les fusils, avec rage, épuisent leurs cartouches,
Le bronze tonne et fume, et, par toutes ses bouches,
La mitraille vomit le plomb, l'acier, le fer,
Broyant des bataillons et les os et la chair,
Comme on voit des fléaux, tous ardens à la tâche,
Hachant, faisant voler la paille sans relâche.
Et les Bleus, un moment, à ces coups redoublés,
S'ébranlent : vers Kléber des grenadiers troublés
Viennent, pâles d'effroi, comme atteints de la foudre ;
Verger, leur chef, criait : « Nous n'avons plus de poudre! »
Kléber, à ce langage, indigné, furieux,

Et la flamme en longs traits jaillissant de ses yeux,
Répond, haussant sa taille et sa voix de colosse :
« Vous n'avez plus de poudre ! hé bien, à coups de crosse,
« N'est-on pas convenu qu'ils seraient écrasés ?... »
D'une invincible ardeur les soldats embrasés
Retournent au combat, et le feu du cratère
De leur débris sanglans en vain jonche la terre ;
A cette voix puissante, ils marchent résolus,
Et jusqu'à la victoire ils ne s'arrêtent plus.
L'intrépide Verger, qui s'élance à leur tête,
Tombe mort : ô fureur ! et la vengeance est prête,
Est terrible ! Kléber, Marceau, de toutes parts,
Se portent, l'animant du feu de leurs regards ;
Et Prieur, avec eux, déployant ses prestiges,
Presse, excite : pour vaincre, il leur faut des prodiges !
Quel combat ! l'ennemi ne cesse de charger,
Et sur leurs canons même ils se font égorger.
Ce n'est qu'au prix du sang que chaque pièce est prise :
La mort seule, la mort les force à lâcher prise.
L'Idole tonne encore, et ses fiers canonniers,
Quand tout tombe autour d'eux, résistent les derniers.
Attachés, cramponnés à leur chère madone,
A ce dernier espoir de l'autel et du trône,
Ils lui disent adieu, l'arrosent de leur sang,
Et, broyés sous les coups, meurent en l'embrassant !...

Beaupuy, toujours souffrant, dans son ardeur guerrière,
A voulu prendre part à la lutte dernière,
Et, voyant cet éclat de la guerre au déclin,
Sur le champ de bataille, il écrit à Merlin :

« Merlin ! que n'es-tu là ? quel feu ! quelle vaillance !
« D'un côté les Brigands, et de l'autre Mayence,
« D'un merveilleux passé couronnant les hauts faits :
« Tes yeux, comme les miens, en seraient stupéfaits !
« Tu reconnaîtrais là, l'étonnement dans l'âme,
« Ces faces de Torfou, de Cholet et d'Entrasme !
« Qu'on regarde en pitié ces rustiques soldats :
« Guerre de paysans ! Ah ! Merlin, ces combats
« M'ont toujours, quant à moi, paru la grande guerre ;
« Et puisque le géant désormais est à terre,
« Avec les ennemis qui restent à dompter,
« Non, la France n'a plus d'obstacle à redouter ! »

Mais, pendant qu'il écrit, le géant qu'on terrasse
Se relève, et jamais cette rustique face
Aux Bleus stupéfiés n'inspira tant d'effroi ;
Le formidable cri, le cri : Vive le roi !
Va se joindre, en sortant de sa forte poitrine,
Aux hurlemens lointains de la vague marine.
C'est du lion blessé l'affreux rugissement,
C'est le cri précurseur du fatal dénoûment !...

Le bruit cesse, le feu cède à la baïonnette :
Cette arme si terrible, en sa rage muette,
S'élance, atteint, déchire et décime les rangs,
Et remplit Savenay de morts et de mourans.
Le combat se ranime, et ses fureurs accrues
Sont affreuses : le sang ruisselle dans les rues ;
Et le sort incertain longtemps semble hésiter
Entre ces deux drapeaux, si vaillans à lutter,

Et que n'abattent pas tant de pertes cruelles!
Mais, avec désespoir, le drapeau des rebelles
En vain résiste ; il perd ses appuis les plus forts,
Et Lyrot et Piron tombent parmi les morts,
Et Laugrenière, enfin, est seul à le défendre.
Seul contre tous, va-t-il ou plier, ou se rendre ?
Non, comme un autre Ajax, et plus audacieux,
Il combat contre tous, à la clarté des cieux,
Et tient, inébranlable, une journée entière,
Soutenant mille assauts, partout, au cimetière,
Dans l'église, et posté de maison en maison,
D'exploits prodigieux étonnant la raison ;
Et quand il voit, au bout d'une lutte acharnée,
Sans reculer d'un pas, sa troupe exterminée,
Dans un bois il se jette, avec quelques soldats,
Comme lui, par miracle, échappés au trépas.

Le jour tombe, le ciel est tout noir d'un orage,
Qui fond, avec la nuit, sur le champ de carnage,
Et le vent qui mugit, la foudre et les éclairs,
A la fin du combat, bouleversant les airs,
Semblent de la Vendée annoncer la défaite.
Ce bois, à Laugrenière offrant une retraite,
Est gardé par Daniel, dont le zèle éprouvé
Doit défendre ce poste, à son bras réservé,
Et qui dans l'ombre a vu des ennemis paraître ;
Aussitôt il s'élance, et, sans se reconnaître,
Les deux frères, hélas ! de colère brûlans,
De leurs coursiers fougueux soudain pressent les flancs,
Et, le sabre à la main, au sein de la tempête,

Ils s'attaquent !... La foudre éclate sur leur tête :
On dirait, qu'irrité d'un combat plein d'horreur,
Le ciel veut de leur glaive arrêter la fureur.
Mais un destin cruel les pousse, les entraîne :
Soigneux de s'éviter dans l'homicide arène,
Ils ne se doutent pas où le sort les conduit,
Où s'adressent leurs coups, dans cette horrible nuit !
Et, dès le premier choc, les deux malheureux frères
Se frappent à la fois, trop vaillans adversaires ;
Leur sang coule, et tous deux, fatalement blessés,
Tombent en même temps, sur la selle affaissés !...

Au camp républicain on les emporte ensemble :
De flambeaux éclairé, le lieu qui les rassemble
Dessille enfin leurs yeux... O surprise ! ô douleur !
Dans les bras l'un de l'autre, à cet affreux malheur,
Ils se jettent, mêlant et leurs cris et leurs larmes,
Maudissant la fureur de leurs cruelles armes !...
Les amis de Daniel, près du fatal brancard,
Sollicitent pour eux les prompts secours de l'art,
Et chacun des blessés ne songe qu'à son frère.
Laugrenière vivra, sa blessure est légère ;
Mais celle de Daniel ne laisse aucun espoir :
Les soins de l'art, peut-être, auront-ils le pouvoir
De retarder la crise, hélas ! trop manifeste !...
Que devient Laugrenière, à cet arrêt funeste ?
Sur sa couche il s'agite, il accuse le sort ;
Rebelle et fratricide, il implore la mort,
La mort de qui la rage aveugle, impitoyable,
Frappe un frère innocent, et fait grâce au coupable !...

« Ami, lui dit Daniel, c'est la fatalité
« Qui nous poussa tous deux, et non la volonté.
« J'ai failli comme toi, dans cette nuit affreuse,
« Et ta main seulement fut la plus malheureuse :
« Ne t'afflige donc pas!... » Et, voyant près de lui
Ses plus chers compagnons, Kléber, Marceau, Beaupuy,
Les plus vaillans guerriers, que la douleur accable,
Le poëte leur montre une âme inaltérable,
Et son esprit, alors, par le mal exalté,
N'a que plus de vigueur et de vivacité.

Mais, des efforts de l'art secondant la puissance,
Le sommeil, divin baume, assoupit sa souffrance;
Et, durant ce repos, trompeur soulagement,
Avec quel intérêt, quel attendrissement,
Le regard attaché sur ce noble visage,
Doux et pâle, on y cherche un consolant présage!
On y trouve le calme et la sérénité :
Le poëte repose avec tranquillité.
Bientôt ce calme cesse, et son teint, qui s'anime,
Ce front où du génie est l'empreinte sublime,
Et qui semble échauffé par l'inspiration,
De ses traits, de son cœur la vive émotion,
Les cris, les mots confus s'échappant de sa bouche,
Tout dit qu'un songe étrange et l'agite et le touche,
Et longtemps le sommeil, aux charmes si puissans,
Tient plongés dans ce rêve et son âme et ses sens !

Cependant au dehors toujours la foudre gronde :
Le poëte s'éveille, et la sueur l'inonde.

Du songe qu'il a fait encor tout transporté :
« O mes amis ! dit-il, quel sommeil enchanté !
« Quel rêve ! mais combien de pénibles images !...
« J'allais quitter ce monde, et mes derniers hommages
« Fêtaient la déité que nous adorons tous ;
« Mes adieux s'adressaient à la patrie, à vous.
« Dans un hymne, inspiré par le plus saint délire,
« Ma voix, se mariant aux accords de la lyre,
« Célébrait vos vertus, et chantait vos exploits,
« Par qui la République a triomphé des rois,
« Et d'une guerre impie est enfin délivrée ;
« Et, se pressant autour de la lyre sacrée,
« Citoyens et guerriers formaient d'immenses chœurs,
« Qui chantaient, avec moi, la gloire des vainqueurs !...

« Tandis qu'on publiait, amis, vos noms sans tache,
« Des terrestres liens mon âme se détache,
« Et, volant de vos bras au céleste séjour,
« S'élance, comme un trait, jusqu'aux sources du jour.
« Par delà le soleil elle plonge, et, ravie,
« Radieuse, elle y puise une nouvelle vie,
« Et, dans cet océan de lumière et d'azur,
« Respire, avec délice, un air suave et pur !
« Ce beau ciel, où la nuit jamais n'étend ses voiles,
« A de nombreux soleils, d'innombrables étoiles,
« Et toutes les clartés qu'ici-bas nous voyons,
« N'ont rien de comparable à leurs divins rayons.
« Là, près de l'Éternel, la Liberté réside :
« Reflétant sa grandeur sur un trône splendide,
« C'est là, dans le séjour de l'immortalité,

« A la source du bien et de la vérité,
« Que sur tout l'univers elle aime à les répandre,
« Là qu'elle parle aux cœurs dignes de la comprendre.
« Heureux ceux qu'elle éclaire, et dont l'ardente foi,
« Utile au monde, enseigne et pratique sa loi !
« Apprenez le destin de ces âmes d'élite :
« Là, dans la haute sphère où la déesse habite,
« Viennent se reposer les esprits bienfaiteurs ;
« Et je les voyais tous, citoyens, orateurs,
« Poëtes et savans, guerriers, qui l'ont servie,
« Au péril de leurs jours, aux dépens de leur vie :
« Le Christ, au milieu d'eux, d'épines couronné,
« Portant sa croix, brillait, de gloire environné !
« Des chants pleins de vigueur et de grâce infinies,
« Ineffables accords, célestes harmonies,
« Parfois retentissaient et remplissaient les airs,
« Et les astres émus répétaient leurs concerts !...

« Mon âme tressaillait d'allégresse et de crainte,
« Et n'osait approcher de la divine enceinte,
« Quand une voix la nomme et dit : « Viens ! je t'admets ! »
« (Voix pareille ici-bas ne résonna jamais !)
« Je m'avance, et m'écrie : « O déesse immortelle !
« De quelle récompense honores-tu mon zèle ?
« Mon âme est trop heureuse !... O déesse ! dis-moi
« Si la France toujours sera digne de toi ?...
« Dis-moi si les héros que ton génie inspire,
« Pourront de tes bienfaits lui conserver l'empire ?...
« Oh ! daigne rassurer mon esprit incertain !... »
« La même voix répond : — « Le livre du destin,

« Dont l'Éternel traça les sacrés caractères,
« Des choses à venir contient tous les mystères,
« Et par toi les secrets sans peine en seront lus,
« Ce livre d'or, mon fils, s'ouvre à tous mes élus ! » —
« Poussé par un désir inquiet, invincible,
« Je m'élance, je vole à ce livre terrible.
« Il s'ouvre de lui-même, et mes yeux éblouis
« Y cherchent vos destins, ceux de notre pays...
« O douleur !... Vous pleurez ! dit le poëte en larmes,
« Mon sort vous cause, amis, ces poignantes alarmes ;
« Ah ! c'est vous que je pleure !... et la France avec vous !
« Sort fatal ! puisse-t-elle échapper à ses coups !...
« Mais ce triste avenir, où mon esprit se plonge,
« Rassurons-nous, amis, n'est que l'effet d'un songe,
« Et souvent le sommeil, aux prestiges trompeurs,
« Vient effrayer nos sens par de sombres vapeurs... »

Daniel, à qui le mal ne laisse plus de trêve,
Et le sein haletant sous le poids de son rêve,
D'épuisement retombe, et se rendort... Bientôt,
Encor plus agité, s'éveillant en sursaut,
Il s'écrie : « Oh ! quel songe implacable et tenace !
« Et de quel avenir toujours il nous menace !
« Je m'assoupis à peine, et ce livre des cieux,
« Toujours ouvert, ce livre est là devant mes yeux,
« Avec la même page, effrayante, obstinée,
« Qui me parle toujours de votre destinée !...
« Toi si jeune, Marceau, dans les bras de Kléber,
« Tu tombes, et bientôt, sous un indigne fer,
« Frappé par une main perfide et fanatique,

CHANT XII.

« Kléber tombe à son tour, et de la République
« Hélas! je vois périr les plus nobles soutiens!...

« Après vous, un guerrier sort des rangs plébéiens ;
« Il vient dans la Vendée, avec même courage,
« Et, domptant la discorde, achève votre ouvrage.
« Ah! du cruel destin dompte aussi le courroux,
« Héroïque jeune homme, et tu seras pour nous,
« Tu seras Washington!... Tu le pleures, ô France!
« Fonds en larmes, tu perds ta plus chère espérance.
« Il eût, grand de génie et grand de loyauté,
« Sur sa base éternelle assis la Liberté.
« Mais il reste un espoir, héros antique, auguste,
« Que nos ennemis même ont surnommé le Juste...
« La France est en péril, il accourt : son trépas
« La sauve! Un zèle pur a dirigé ses pas ;
« Et, nouveau Décius, comme celui du Tibre,
« Il croit, en expirant, laisser sa Rome libre ;
« Et, lui mort, il n'est plus de héros citoyen :
« La République tombe, et d'elle, amis, plus rien.
« Un homme est à sa place : il commande, il gouverne,
« Et le pays muet devant lui se prosterne!...

« Ici finit la page, et mes cris, dit Daniel,
« Retentissent alors dans les déserts du ciel :
« — O déité, la France, et si fière et si brave,
« Aurait vaincu les rois, pour devenir esclave!
« Et pour toi, Liberté, tant de sang répandu,
« Tant d'efforts, de combats, quoi! tout serait perdu!...
« — La voix dit : « Du progrès elle a frayé les routes,

« Ta grande nation, la première entre toutes,
« La France a des élans, de généreux instincts;
« Mais que j'aurai de peine à fixer ses destins !
« Oubliant mes bienfaits pour une fausse gloire,
« Frivole... Suis plutôt le cours de son histoire,
« Dans le livre divin vois cet enchaînement... » —
« Et la foudre en éclats m'éveille en ce moment.
« Cette page à mes yeux deux fois s'est retracée,
« Deux fois cet avenir à mon âme oppressée
« S'est produit... et je crains, à ne vous rien celer,
« Que le sort n'ait voulu par là se révéler...
« Mais que dis-je? Écartons des images si noires,
« Qui couvriraient de deuil l'éclat de vos victoires.
« Vous avez terrassé nos plus fiers ennemis :
« Ne songez qu'au triomphe, à vos armes promis !
« La Liberté l'emporte, et sa main immortelle,
« Grâce à vous, sur le monde étendra sa tutelle.
« Les peuples, tour à tour, se levant à sa voix,
« Vous devront le bienfait de ses divines lois;
« Et, forcés d'accomplir ses oracles suprêmes,
« Les despotes tremblans l'invoqueront eux-mêmes.
« Malheur, malheur à ceux qui, sourds à ses décrets,
« Oseraient, dans son cours, arrêter le progrès !... »

Il veut parler encor, mais sa voix est éteinte;
La souffrance l'étouffe en sa cruelle étreinte,
Et, vaincu par le mal, le poëte est mourant.
Le cœur de ses amis se brise, en admirant
L'éclat de ce génie, à son aurore insigne,
Et qui les touche alors, comme le chant du cygne !

Et Laugrenière, hélas! qui dirait sa douleur?
Lui, dont la main fatale a détruit, dans sa fleur,
Une gloire à la fois si brillante et si chère!...
Sa foi s'est ébranlée, à la voix de son frère :
« Cher Daniel, quelle erreur de toi m'a séparé?
« Ah! tes nobles accens trop tard m'ont éclairé!
« Tu dessilles mes yeux : à te voir, à t'entendre,
« D'aimer la Liberté qui pourrait se défendre?
« Ah! si je te survis, mon bras, faible soutien,
« Veut combattre pour elle, à la place du tien.
« Puissé-je ainsi, Daniel, faire oublier son crime! »
Et Daniel, à ces mots, tout à coup se ranime;
Il embrasse son frère, et, dans un doux transport :
« O mes amis! dit-il, ne plaignez plus mon sort.
« Me pleurer, quand je meurs, à mon pays fidèle,
« Et pour la Liberté!... Je l'entends qui m'appelle!...
« Je vous devance, adieu!... Mourir!... non, le trépas
« Pour vous que j'aime tant, amis, ne m'atteint pas...
« Je vous laisse mon frère!... » Avec cette parole,
Son âme, sans effort, leur échappe et s'envole,
Et, toujours souriant, son visage serein
Semblait vouloir encor consoler leur chagrin.

Le jour venait de naître, et l'horizon s'épure,
L'orage se dissipe avec la nuit obscure,
Et cette âme, en brisant ses périssables nœuds,
Voit s'ouvrir devant elle un chemin lumineux.
Mais le deuil est au camp : les chefs, l'armée entière,
Dans ses pieux devoirs secondant Laugrenière,
Prenant part à ses pleurs, à ses regrets amers,

Avec lui rend hommage à des restes si chers.
Et quand de la bataille, en vainqueurs magnanimes,
Ils ont, sans différence, honoré les victimes,
Nantes, ouvrant ses murs, prépare, avec orgueil,
A leurs fiers bataillons un triomphal accueil.
Ils entrent, et partout l'ivresse populaire
Salue, avec transport, leur drapeau tutélaire,
Ce drapeau glorieux, espoir de la cité,
Vengeur de la patrie et de l'humanité !
Sur les bords de la Loire, il marche, il se déploie ;
La Terreur, à son tour, tremble en voyant la joie
Éclaircir tous les fronts, enivrer tous les cœurs.
La couronne de chêne est offerte aux vainqueurs :
Un banquet réunit et le peuple et l'armée,
Et le fleuve s'émeut, et son onde enflammée,
Ses vaisseaux pavoisés, répondent aux transports,
Aux chants, aux cris joyeux, dont tressaillent ses bords !

FIN DU XIIe ET DERNIER CHANT.

ERRATA.

Chant III, page 66, vers 16.
Au lieu de : bras *victorieux*, lisez : bras *audacieux*.

Chant IV, page 102, vers 10.
Au lieu de : roule *sans* les vallons, lisez : *dans* les vallons.

Chant IV, page 108, vers 2.
Au lieu de : nous vous *suivront*, lisez : *suivrons*.

Chant VI, page 188, vers 26.
Au lieu de : vaste *pleine* déserte, lisez : *plaine*.

Chant X, page 319, vers 21.
Au lieu de : *animé*, lisez : *animés*.

LA VENDÉE

POËME

EN DOUZE CHANTS

PAR

MOREAU Père

AVOCAT A NAPOLÉON (VENDÉE).

PROSPECTUS.

L'auteur semble avoir voué un culte tout filial à la Vendée, sa terre natale.

On se rappelle les *Géorgiques vendéennes,* poëme qu'il a publié il y a douze ans, et qui, au dire des connaisseurs, n'a pas été sans influence sur le progrès agricole, dans une contrée si rebelle aux innovations.

Depuis cette publication, il a consacré ses loisirs à une œuvre plus grande, d'un intérêt plus haut et plus étendu, quoique le sujet en soit encore particulièrement vendéen. Il a composé un poëme en douze chants sur la lutte de la Vendée et de la République en 93, dite la *Grande Guerre,* pour la distinguer de celles qui l'ont précédée ou suivie sur les deux rives de la Loire, ce Xanthe vendéen.

C'est ce nouveau poëme qu'il vient offrir au public.

L'auteur a pensé qu'un tel sujet était essentiellement du domaine de la poésie, et que les événements en étaient désormais assez éloignés de nous pour se prêter aux fictions qui sont l'âme et la vie d'un poëme épique. Il a pensé, comme il le dit lui-même dans son style figuré, que les cendres du volcan étaient assez refroidies pour permettre à sa Muse d'y poser le pied, de les explorer, et d'en tirer, pour le présent et pour l'avenir, de précieux enseignements.

Le but de ce poëme est de montrer le triomphe de l'idée nouvelle sur l'idée ancienne, de la liberté sur l'absolutisme; mais l'auteur s'est fait une loi sévère de l'impartialité. Toutes ses fictions sont puisées dans l'histoire même, dont il présente un tableau fidèle et animé; et dans la peinture de cette lutte *plus que civile,* lutte politique, sociale, religieuse et humanitaire, où les deux principes qui divisent encore le monde étaient aux prises avec toutes leurs forces vives, il s'est attaché, tout en flétrissant les excès qui ont souillé l'un et l'autre drapeau, à faire ressortir tout ce que les caractères et les dévouements ont produit, de chaque côté, de noble et d'héroïque.

Ainsi, nulle opinion ne se trouve froissée dans ce poëme, où la foi du passé et la foi de l'avenir sont également dépeintes et glorifiées : l'auteur donne toutefois la préférence à celle de l'avenir, à la foi dans la liberté, qui est la sienne. Il y a donc lieu d'espérer que cette œuvre consciencieuse sera bien accueillie par tous les cœurs honnêtes, à quelque parti qu'ils appartiennent, et qu'elle excitera surtout un vif intérêt dans le pays tout plein encore du souvenir des scènes terribles et émouvantes qu'elle retrace, et qui en a été tout à la fois le théâtre, l'acteur, hélas! et la victime.

Tout le monde sentira, du reste, l'opportunité d'une telle publication, dans un temps où l'esprit qui a été vaincu dans la lutte de la Vendée se ranime pour disputer les fruits de sa victoire à l'idée nouvelle, à la liberté, qui doit régénérer le monde et fonder la gloire et le repos de l'avenir.

L'ouvrage formera un beau volume in-8° de près de quatre cents pages, imprimé sur papier collé et satiné.

Prix de la souscription . . . . 5 fr.

Aussitôt après la publication du poëme, le prix en sera porté à 6 francs.

ON SOUSCRIT :

A NAPOLÉON, chez l'Auteur, rue La Fayette.
— Mme Perrot, } libraires.
— Bizière,
A NANTES, And Guéraud et Cie, imprimeurs-libraires, quai Cassard, 5.
A PARIS, Auguste Aubry, libraire, rue Dauphine, 16.
A ANGERS, Cosnier et Lachèse, libraires, chaussée Saint-Pierre.

Pour souscrire à l'ouvrage, il suffit de remplir le bulletin ci-dessous, de le détacher et de le faire parvenir *franco* à l'une des adresses qui viennent d'être indiquées.

Je déclare souscrire à   exemplaire de **La Vendée***, poëme en douze chants, par* B. Moreau *père, formant un volume in-8°, au prix de* CINQ FRANCS, *que je m'engage à payer après réception, contre la remise de ce Bulletin.*

BON pour la somme de ▬▬▬▬

A   , *le*   18   .

*Signer lisiblement
et indiquer son adresse :*

N. B. — Les personnes hors de Napoléon et de Nantes qui désirent recevoir *franco* l'ouvrage à domicile, sont tenues d'ajouter au chiffre de leur souscription : 75 centimes, pour frais de port.

Nantes, Imprimerie-Librairie-Lithographie A. Guéraud et Cie, quai Cassard, 5.

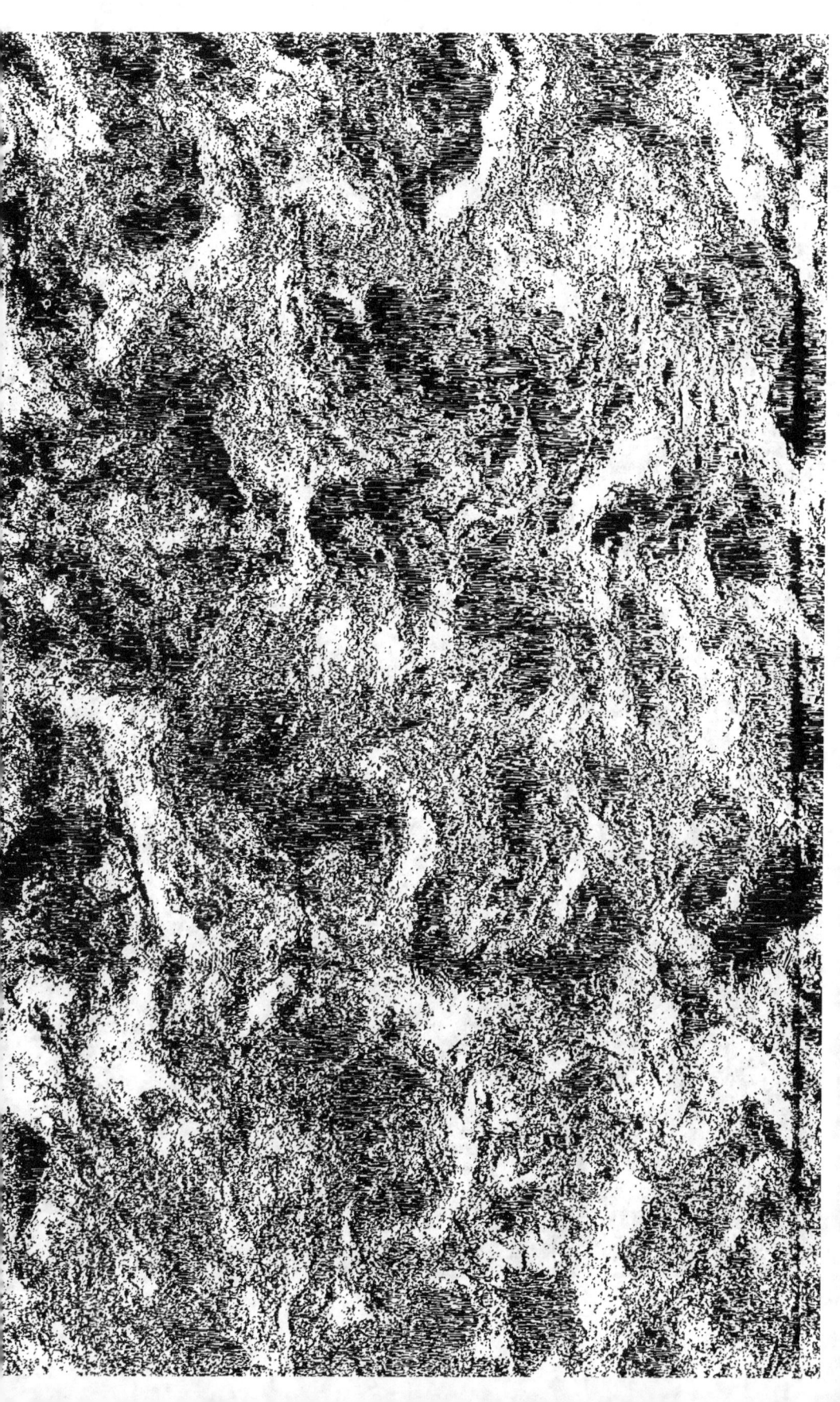

www.ingramcontent.com/pod-product-compliance
Lightning Source LLC
Chambersburg PA
CBHW071855230426

43671CB00010B/1354